U0574619

陈 红　龙如银　王宇杰　著

中国企业绿色发展程度评价

基于能源行业上市公司视角

THE EVALUATION OF
GREEN DEVELOPMENT DEGREE OF CHINESE ENTERPRISES

FROM THE PERSPECTIVE OF
LISTED COMPANIES IN THE ENERGY INDUSTRY

社会科学文献出版社
SSAP
SOCIAL SCIENCES ACADEMIC PRESS (CHINA)

中国矿业大学绿色安全管理与政策科学智库简介

中国矿业大学绿色安全管理与政策科学智库（以下简称“智库”）成立于2018年6月，是为响应“总体国家安全观”视阈下“大安全”科技与管理发展的客观要求，以“美丽中国、健康中国”国家战略为指引，在“双一流”建设目标下实现跨学科创新合作，支持国家“安全发展”“绿色发展”“健康发展”重大战略布局，谋求跨越式发展而搭建的研究平台。团队由百千万工程国家级人才、享受国务院政府特殊津贴专家、国家杰青、中科院“百人计划”专家、教育部长江学者、国家社科基金重大项目首席专家、江苏省“333高层次人才培养工程”中青年科学技术领军人才、江苏省“333高层次人才培养工程”中青年科学技术带头人、江苏省高校“青蓝工程”中青年学术带头人及骨干教师等数十位专家组成。团队的核心成员同时也是“国家社科基金重大项目团队”“江苏省高校哲学社会科学优秀创新培育团队”“中国矿业大学能源－环境－安全管理创新团队”“江苏省十佳研究生导师提名团队”等的成员。

智库自成立以来，积极开展“安全管理理论与政策研究”“绿色发展与生活方式研究”“生态安全管理与政策研究”“职业安全健康战略与政策研究”“新时期国家公共安全与应急管理研究”“经济社会高质量发展研究”“大数据驱动的管理决策与绿色发展集成示范研究”等前瞻性理论与政策研究工作，聚焦社会重大关切问题，促进研究成果的工程化应用，为新时代中国特色社会主义建设贡献中国智慧、中国理论、中国方法，推动中国管理实践创新。

主要作者简介

陈　红　博士，中国矿业大学二级教授、杰出学者，经济管理学院院长/党委副书记，“百千万人才工程”国家级人选、国家有突出贡献的中青年专家（2019），国务院政府特殊津贴专家（2018），江苏省333工程中青年领军人才、中国高校能源经济管理创新战略联盟（中国EEM30）理事长。主持国家社科基金重大项目1项，国家自然科学基金面上项目4项，其他省部级及大型企业集团等合作项目70余项。在国内外重要刊物发表论文150余篇，其中SCI/SSCI检索论文100余篇，任多种国内外重要期刊编委。已出版专著8部，主编教材多部。研究工作及重要成果获教育部高等学校科学研究优秀成果奖（人文社会科学）二等奖及江苏省哲学社会科学优秀成果奖一等奖（2项）等省部级科研奖17项，教学工作获得江苏省研究生教育改革优秀成果奖、江苏省优秀博士学位论文导师（2项）等省级教学奖12项。其研究成果在政府决策、城市治理、企业管理实践中应用，社会经济效益显著。

龙如银　博士，中国矿业大学教授、杰出学者，绿色发展系统建模与管理决策研究中心主任，江苏省数量经济与管理科学学会副会长，国际能源经济学会中国委员会理事。作为首席专家主持国家社科基金重大项目1项，国家社科基金重点项目1项，国家自然科学基金面上项目4项，江苏省高校哲学社会科学重大项目1项，其他省部级项目5项。研究工作获6项省部级科研奖，在国内外重要期刊上发表论文160余篇，其中SCI/SSCI检索论文100余篇。

前　言

伴随着全球经济快速发展和生产水平的不断提升，人类在创造空前巨大的物质财富和前所未有的社会文明的同时，也给这个世界带来环境污染、生态破坏、资源能源过度浪费、安全生产事故与职业病频发等问题。在当前世界经济政治形势日趋复杂的背景下，中国政府从“构建人类命运共同体”的高度积极转变执政方式，彰显大国担当，践行绿色发展理念，将节约资源、保护环境、关注健康放在了突出地位，并纳入国家发展战略。

能源行业作为中国能源消耗、污染物排放和事故与职业病高发的重点行业，是我国实现这一发展战略目标的关键领域。为促进能源行业发展目标与国家战略对接，在对新时代绿色发展理念深度思考的基础上，本书将经济、环境、健康纳入一体化框架，创新形成“从绿色到深绿”的理论研究框架，并构建了企业可持续发展的“深绿”评价体系，包括经营状况子体系、节能环保子体系、安全健康子体系，简称 SHEE 体系。同时，在参考社会责任会计法、声誉评价法、内容分析法、指数法等信息披露计量方法的基础上，结合企业绿色安全管理的实际情况和特点，编制了 SHEE 体系中定量化指标赋值的参考依据。并基于此，以能源行业上市公司为例对能源行业企业“绿度”进行了实证研究。具体而言，通过信息收集提炼、统计分析手段考察了 SHEE 相关信息披露的情况，结合层次分析法和熵权法获得了 SHEE 体系更客观的综合权重，通过云评级模型，仿真分析了各个公司、各个指标的云模型等级情况，探讨了能源行业上市公司的 SHEE 管理水平、薄弱环节，梳理标杆企业和关键指标。进一步的，运用方差分析、均值比较等方法，探究了能源行业上市公司“绿度”总体水平、各公司各年度评价等级情况等。最后，提出了提升能源行业“绿度”水平的政策建议，为全面提升能源行业企业“绿度”水平提供借鉴。

本书的创新点主要体现在以下几个方面：①在对新时代绿色发展理念深度思考的基础上，将健康性要素引入绿色发展的研究范畴，将“经济、环境、健康”纳入一体化框架，首次提出了“深绿”概念，创新形成了“从绿色到深绿”的理论研究框架，并构建了面向实现“美丽中国”“健康中国”国家战略的企业可持续发展“深绿”评价体系（简称SHEE体系）。在此基础上提出了“绿度”概念作为评价的重要尺度，并基于此对能源行业上市公司的“绿度”进行评价，运用公开数据形成对上市公司发展状况的透视性观察，给出了国内第一个针对能源行业上市公司的“绿度”评价指数，促进“绿色发展”向“深绿发展”演变，拓展了绿色发展的相关研究，具有重要的理论创新和现实意义。②在参考社会责任会计法、声誉评价法、内容分析法、指数法等信息披露计量方法的基础上，结合能源行业上市公司SHEE管理实际情况和特点，编制了定量化指标赋值的评价参考依据，提炼SHEE信息，进一步丰富了绿色发展评价相关研究。并基于上市公司披露的相关信息，收集评价指标数据信息，为绿色发展评估研究提供了新颖的研究视角。③结合云模型相关理论，构建了基于AHP-熵权-云模型的SHEE管理评估模型，实现了主观权重和客观权重的综合测算，给出刻画各指标评估均值与云模型数字特征的算法仿真，得出样本公司的经营状况等级、节能环保等级和安全健康等级，并通过建立能源行业上市公司的SHEE管理评估仿真云图，探索基准管理水平云图与综合评价云图的关系，为评估各个指标等级、优化关键指标、提升绿色管理水平提供了技术支持。④基于研究结论，运用归纳与演绎等系统科学的思辨研究方法，对我国能源行业SHEE管理标杆企业和关键指标进行梳理和分析，为我国能源行业绿色管理水平的提高提供科学可行的建议。

本书中所涉及的调查研究部分是在全面收集、提炼、分析能源行业上市公司2006~2019年相关信息报告（社会责任报告/可持续发展报告）基础上形成的，受到经费、人力、时间等多方面因素的限制，调查研究着实不易，幸得多方帮助，得以圆满完成。

在此感谢中国矿业大学绿色安全管理与政策科学智库和江苏高校哲学社会科学重点建设基地安全管理研究中心的大力支持。

感谢中国矿业大学管理学院参与本次工作的学生，他们放弃了宝贵的周末、课余甚至晚间休息时间，投入枯燥、繁重的信息收集、提炼、录入工作中，用优质的工作为本研究奠定了坚实的基础。他们是：王宇杰、杨星星、江世艳、杨檬华、张乐、王燕青、杨滢萤、刘蓓、李姗姗、侯聪美、封燕等。

本书的研究工作得到国家社科基金重大项目（19ZDA107，16ZDA056）、国家社科基金重点项目（18AZD014）、国家自然科学基金面上项目（71673271）、江苏省高校哲学优秀创新团队（2017ZSTD031）、江苏省第五期“333 高层次人才培养工程”第二层次中青年领军人才项目（2016）、绿色安全管理与政策科学智库（2018）等方面的资助，特此向支持和关心本团队研究工作的所有单位和个人表示衷心的感谢。

本书关于能源行业上市公司“绿度”评价的最新研究数据和结果，也是中国矿业大学绿色安全管理与政策科学智库团队第二次发布的年度能源行业上市公司“绿度”评价报告的重要组成部分。

陈 红

2020 年 7 月于中国矿业大学南湖校区

目 录

第一章　导论

第一节　研究背景

一　绿色发展已成为全球发展的共识

随着全球经济的不断发展，人类的物质生活水平不断提高，工业经济发展水平也在科学技术革命的推动下发展到了前所未有的高度。但局限性的发展目标和不合理的生产方式导致全球范围内的生态环境在人类社会迈向现代化进程中遭受了不同程度的破坏，全球气候变暖、物种灭绝、能源资源枯竭，土壤、空气、水持续受到污染，以及生态失衡、生物多样性丧失等生态环境问题正在成为人类社会面临的重大危机。全球生态危机的出现以及各国生态环境遭到严重破坏的现实，是“绿色发展”理念提出的重要背景和根据。近年来，国际上许多国家纷纷制定绿色发展战略、政策并采取行动，以期实现更高质量、更有效率、更加公平、更可持续的发展。例如，英、德、法等国通过行业绿色改造、发展生态工业、打造绿色产业等方式促进经济发展战略转型；美国通过大力发展绿色低碳技术等方式争夺全球竞争的主导权；日本通过鼓励绿色消费、建设“低碳社会”等方式欲引领世界低碳经济革命。一些发展中国家，如巴巴多斯、柬埔寨、印度尼西亚和南非等也制定了绿色经济战略和计划。为架起从理论到实践的桥梁，国际社会开始探究绿色发展评价指标体系，用以评判和诊断相关政策是否合理，以及整个过程是否朝着绿色发展的目标迈进。绿色发展研究方兴未艾。

作为世界上最大的发展中国家，生态环境劣化问题同样困扰着中国。改革开放以来，中国的经济规模迅速扩大，取得了举世瞩目的成就。但是发展的背后隐藏着一系列严重的生态与环境问题。“绿色发展”理念的出现为中国社会的未来走向提供了新的启示。绿色发展是人类文明发展的高级形态，是中国应对全球化问题和在“后金融危机”时代提升国际竞争力的必由之路。因此，在新的历史形势与背景下，中国政府积极转变执政方式，践行“绿色发展”理念，将绿色发展放在了突出位置。中共十八大提出将生态文明建设与经济建设、政治建设、文化建设、社会建设并列，称为“五位一体”。“绿色”成为“十三五”规划的五大理念之一，中国将通过绿色理念引领可持续发展。中共十九大提出了“坚持人与自然和谐共生”的基本方略，并强调“构建人类命运共同体”。坚持在发展中保护、在保护中发展，摒弃“高投入、高排放、高污染”的粗放发展方式，走出一条以资源节约、环境友好为核心，低耗能、高效益的绿色发展道路，加快落实绿色发展理念，是高质量发展的重要内涵，更是建设现代化经济体系的迫切要求。

二　节能减排是我国一项基本国策

在经济社会实践领域，节能减排是实现绿色发展的重要途径。资源、环境、人口是当今人类社会面临的三大主要问题，特别是环境问题，正对人类生存与发展造成严重的威胁。从《联合国气候变化框架公约》的达成到《京都议定书》的签署，政府间气候变化专门委员会不断推动各国参与节能减排，进而达到治理污染和延缓气候变化的环保目标。就中国而言，改革开放以来，取得了历史性发展成就，但也积累了大量生态环境问题，雾霾污染、水污染、土地污染等生态环境问题高发，成为全面建成小康社会的短板。一次能源消费总量及其产生的 CO_2、SO_2、NO_X 排放量更是随着 GDP 一起飞速增长，其中 CO_2 排放量早在 2006 年起便超过美国，居世界第一位。2016 年，中国的 CO_2 排放量约占世界排放总量的 26%，是美国的 2 倍。在这种情况下，我国承担节能减排责任、实施节能减排战略、开展节能环保管理是必然的。

节能减排作为一项治理污染和缓解气候变化的有效措施，已纳入中国国家战略，并成为指导经济社会可持续发展的一项基本国策。2011 年，《节能减排“十二五”规划》中明确提出节能减排的行政指标：到 2015 年，全国万元国内生产总值能耗相比于 2010 年的 1.034 吨标准煤下降了 16%；全国化学需氧量和二氧化硫排放总量分别控制在 2347.6 万吨、2086.4 万吨，比 2010 年各减少 8%；全国氨氮和氮氧化物排放总量分别控制在 238 万吨、2046.2 万吨，比 2010 年各减少 10%（国务院，2012）。2016 年，《“十三五”节能减排综合工作方案（2016—2020）》进一步提出：到 2020 年全国万元国内生产总值能耗要比 2015 年下降 15%，能源消费总量控制在 50 亿吨标准煤以内；化学需氧量、氨氮、二氧化硫、氮氧化物排放总量分别控制在 2001 万吨、207 万吨、1580 万吨、1574 万吨以内，比 2015 年分别下降 10%、10%、15% 和 15%；挥发性有机物排放总量比 2015 年下降 10% 以上（国务院，2016）。此外，在我国历年的政府工作报告中都有对控制环境污染问题的阐述，节能减排作为治理污染的有效手段已上升为国家战略。

在中国，企业特别是能源行业企业（主要的废水、废气、固体废弃物、温室气体排放单位）既是对生态环境劣化产生重要影响的主体，也是节能减排工作能取得显著成效的重点领域。虽然一些企业迫于压力推出了一系列节能减排项目，但节能减排工作的开展在一定程度上是企业的成本负担，导致企业节能减排内生动力不足，因此存在不重视、不实施、不投资等情况。在此背景下，充分了解能源行业企业节能减排的实施情况、使企业积极开展节能减排项目、完善企业节能减排的各个工作环节，成为当前节能减排的重要课题。上市公司是中国各行业发展的领头企业，它们在节能减排领域的表现代表了中国企业整体的先进水平，具有很强的示范带动作用。

三　安全健康管理是可持续发展的重要环节

“绿色发展”的核心内涵是人与自然协调发展，是经济社会的可持续繁荣发展。这一理念必然包括对人本身的关注。在现代社会中，既不能以牺牲生态和环境换取发展，也不能以牺牲人的健康特别是产业从业者的健康换取发展。安全生产、健康生产应当是人类生存永恒的主题，也应是人类文明社会的重要表征。20 世纪以来，以大机器生产为标志的工业化大发展在促进人类现代文明飞速发展的同时，也带来生产事故、技术灾害等威胁人类生命安全和身体健康的劣性因素。2017 年，据国际劳工组织初步估算，全球每 15 秒钟就有 1 名员工死于职业事故或者职业病，每年约有 234 万名员工因工死亡，其中 86.32% 死于职业病，并且这些数字还在增加。每年因生产安全事故和职业病造成的经济损失巨大，占世界 GDP 的 4% 左右，约为 3.3 万亿美元（Wu，2017）。就中国而言，职业安全健康危害的形势更为严峻，接触职业危害人数、新发职业病人数、职业病患者累计数及因工伤事故死亡人数均居世界首位。原卫生部数据显示，2011 年约有 1600 万家企业存在有毒有害作业场所，2 亿劳动者在劳动过程中遭受不同程度的职业病危害。2013 年，全国共报告职业病 26393 例，其中尘肺病 23152 例，急性职业中毒 637 例，慢性职业中毒 904 例，其他类职业病 1700 例。同时，不容忽视的是，中国的职业病新发病例数是从覆盖率仅为 10% 左右的健康监护中发现的。如果考虑到众多因职业致病而未被纳入职业病统计范畴的从业者，数量更多，危害更为严重（陈红等，2017；陈红、祁慧，2013）。

安全健康（SH）管理作为一项全面提升中华民族的健康素质，以及中国积极参与全球健康治理、履行《2030 年可持续发展议程》国际承诺的重大举措，已被纳入国家发展战略。2016 年，《“健康中国 2030”规划纲要》明确提出，把健康摆在优先发展的战略地位，立足国情，将促进健康的理念融入公共政策制定实施的全过程，加快形成有利于健康的生活方式、生态环境和经济社会发展模式，实现健康与经济社会良性协调发展。同时还指出，要强化行业自律和监督管理职责，推动企业落实主体责任，推进职业病危害源头治理，强化矿山、危险化学品等重点行业领域的安全生产监管。开展重点行业领域职业病危害专项治理。强化职业病报告制度，开展用人单位职业健康促进工作，预防和控制工伤事故及职业病发生（国务院，2016）。

对中国企业而言，安全健康管理承担着更多实现“健康中国”发展方略的历史责任。然而，在现实中，许多企业特别是能源行业上市公司（主要安全事故、职业病高发单位）在此方面离国家要求和公众期待依然还有很大的差距。科学评价企业的安全健康管理工作，对促进全社会树立安全健康发展理念，推动建立“绿色发展”“以人文本”的核心观念至关重要。

四 社会责任运动的发展为研究提供了坚实的社会环境基础

企业社会责任（Corporate Social Responsibility，简称 CSR）最早由美国学者谢尔顿（Sheldon）于 1924 年提出。此后，随着全球经济化和企业竞争国际化的发展，社会责任运动的浪潮波及的范围也日益广泛，越来越多的公司通过社会责任报告（也称“企业可持续发展报告”“健康安全报告”“慈善报告”“全球契约”等）的形式来展示企业社会责任的履行情况。KPMG 在 2017 年发布的一份研究报告，披露了 45 个国家中最大的 4500 家企业（每个国家选 100 家，报告称为 N100）的社会责任情况，结果显示，大约有 75% 的 N100 发布了社会责任报告。而在世界 500 强企业中排在前 250 位（报告称为 G250）的企业中，有 93% 发布了社会责任报告。不仅如此，大约 3/5 的被调查公司在自己的年度财报中披露了社会责任信息，而在 2011 年仅为 1/5（KPMG，2017）。与此同时，国际上一些非政府机构致力于建立统一的社会责任报告，如全球报告倡议组织（Global Reporting Initiative，GRI）推出的《可持续发展报告指南》，这表明企业社会责任履行与规范性披露已经成为一种全球的趋势。

我国近年来也明显加强了对这一领域的政策引导，出台了一系列指引和标准，督促在我国境内开展经营活动的国内外企业能够切实履行好社会责任，并及时向社会公众披露其经验和成果。同时，从上到下、从局部到整体开展了一系列企业社会责任倡导活动，具体包括：①开展顶层设计，植入战略与规划。2006～2018 年，逐步明确了企业应确立的新发展理念，并从法律和政策层面提出了企业要承担的社会责任，强调“加强企业社会责任立法”，顶层设计成为中国企业树立社会责任的基本保障（见图 1－1）。②开展社会责任国家标准建设，引领中国企业社会责任发展。从行业出发，从局部出发，逐步向整体推进。特别是在企业社会责任国际标准 ISO 26000 的影响下，企业社会责任国家标准引领中国企业发展（见图 1－2）。③国务院国资委的政策引导。从基本指导到融入战略，从注重责任实践到提升责任管理，从推动责任沟通到指导责任规划，国资委对中央企业社会责任的履行进行了系统的引导（见图 1－3）。④地方政府积极探索。以上海浦东新区政府等为代表的地方政府深入探索区域责任竞争力理论和实践路径，其中浦东新区在企业社会责任推进体系、企业社会责任地方标准、区域责任竞争力指数等方面进行了创新性探索。⑤行业组织推动行业标准建设。中国工业经济联合会、中国纺织工业联合会、中国对外承包工程商会、中国五矿化工进出口商会成为推进行业社会责任标准建设的佼佼者。⑥不同所有制企业的实践，共同推进社会责任发展。作为企业社会责任的实施主体，中国企业从意识提升到不断实践，走出了一条发现责任价值、提升责任管理水平、加强责任沟通之路。在这期间，国有企业、外资企业、民营企业各领风骚，共同推动中国企业社会责任发展（见图 1－4）。

我们明确认识到，盲目追求经济与技术的高速发展在一定程度上正将人类社会推向危机。相较于传统的衡量企业发展的核心经济性指标，环境性、健康性因素正在上升为与经济性指标同等重要的考量因素。

正是基于上述背景，本研究将“经济－环境－健康”纳入一体化评估框架，构建面向实现“美丽中国”“健康中国”国家战略的企业可持续发展“深绿”评价体系（简称“SHEE 体系”），并提出了“绿度”概念作为评价的重要尺度，对能源行业上市公司的“绿度”进行评价，这对引导我国能源行业上市公司完善 SHEE 管理具有重要的现实意义。我国能源行业上市公司 SHEE 信息披露的现状如何？SHEE 管理水平分布状况如何？需要提升的环节有哪些？关键性的影响因素有哪些？对这些问题的解答，有助于大家了解能源行业上市公司的 SHEE 管理现状。跟踪分析整体和分行业 SHEE 状况及变化趋势，针对 SHEE 管理方面的薄弱环节提出改进和加强相关工作的对策建议，能够为深入实施“节能减排”战略、“健康中国”战略、“可持续发展”战略，不断提升 SHEE 能力提供基础支撑。

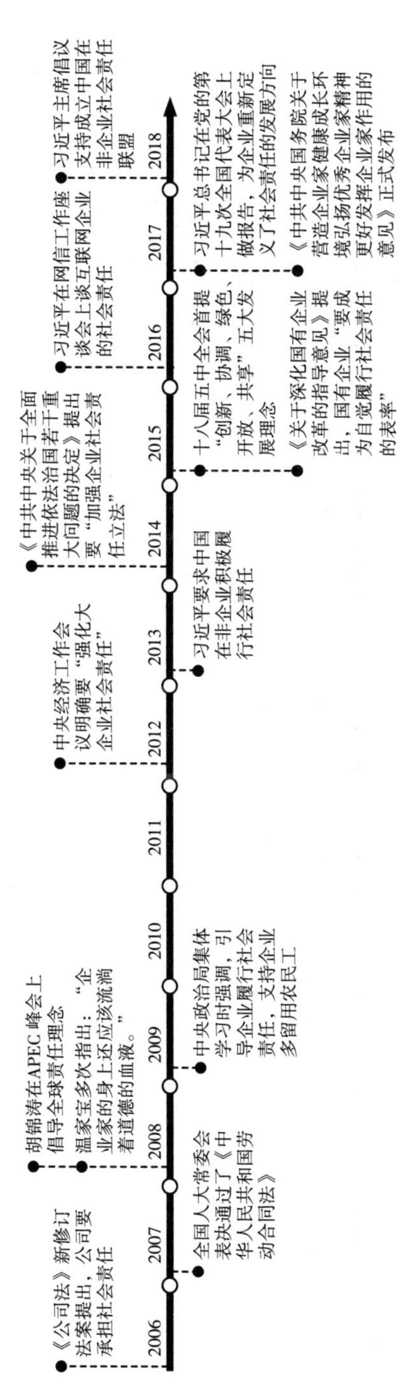

图1－1　中国企业社会责任的顶层设计之路

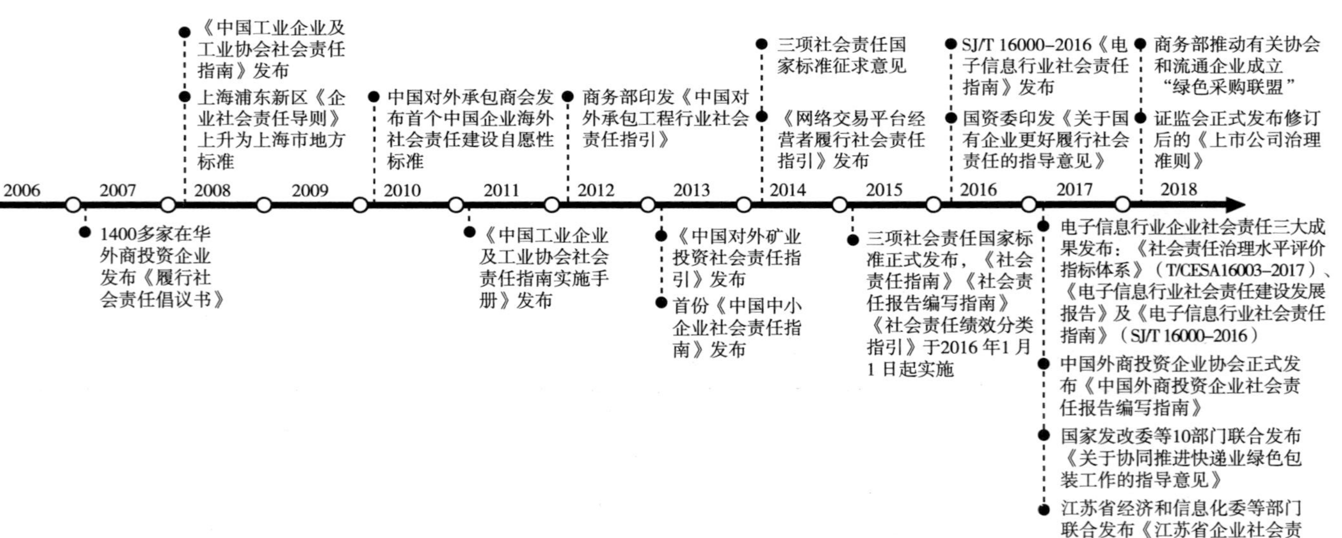

图 1－2　中国企业社会责任的国家标准建设之路

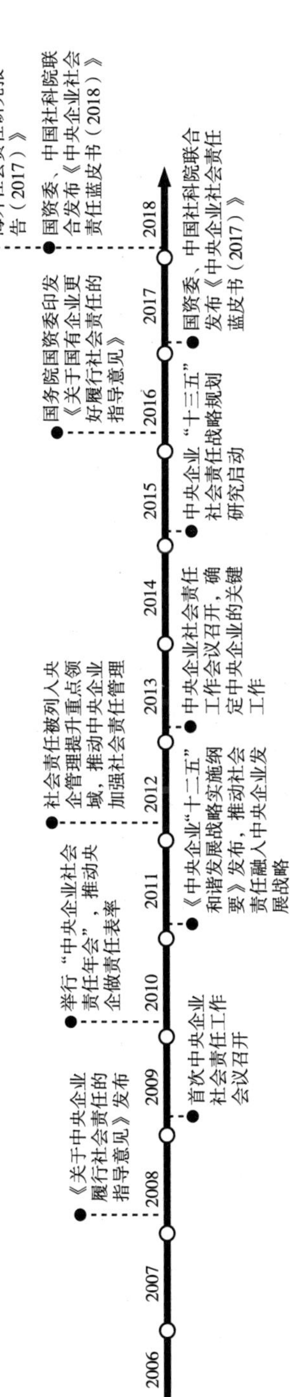

图 1－3　国务院国资委推进中央企业社会责任建设

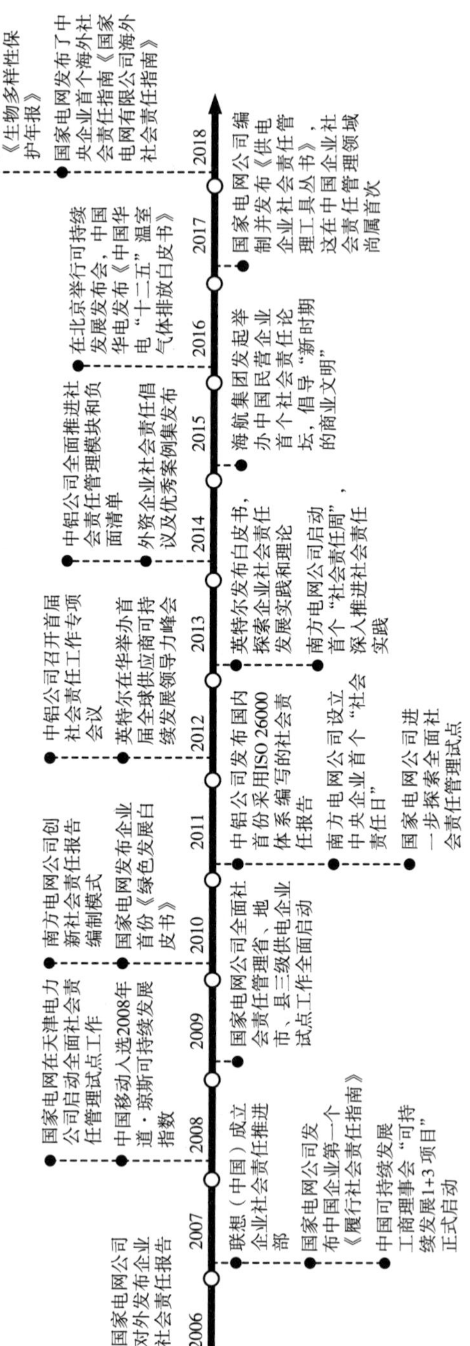

图 1-4　中国企业社会责任实践的创新之路

第二节 研究的切入点及研究框架

一 研究的切入点

本研究旨在创新构建面向实现“美丽中国”“健康中国”国家战略的企业可持续发展“深绿”评价体系，并基于此对能源行业上市公司的“绿度”进行评价，运用公开数据形成对上市企业发展状况的透视性观察，以此明晰薄弱环节、关键影响因素等，进而促进从“绿色发展”向“深绿发展”演变。首先在查阅大量相关文献资料、咨询相关专家及对新时代“绿色发展”理念深度思考的基础上，将“经济－环境－健康”纳入一体化框架，创新形成“从绿色到深绿”的理论研究框架，并构建了企业可持续发展的“深绿”评价体系，包括经营状况子体系、节能环保子体系、安全健康子体系（亦称“子系统”），简称 SHEE 体系。同时，在参考社会责任会计法、声誉评价法、内容分析法、指数法等信息披露计量方法的基础上，结合企业相关管理的实际情况和特点，编制了定量化评价指标赋值的评价参考依据。再基于获得的数据，结合层次分析法和熵权法获得更客观的组合权重，并通过信息收集提炼、统计分析手段考察 SHEE 相关信息披露的现状，通过云评级模型，仿真分析各个公司、各个指标云模型的等级情况，探讨能源行业上市公司的 SHEE 管理水平、薄弱环节，梳理标杆企业和关键指标。进一步的，运用方差分析、均值比较等方法，探究能源行业上市公司的“绿度”总体水平、各公司各年度评价等级情况等。最后，提出提升能源行业“绿度”水平的政策建议，为全面提升能源行业企业“绿度”水平提供借鉴。

二 研究意义

定期开展中国上市公司“绿度”评估工作，发布年度《中国上市公司“绿度”评价报告》，跟踪分析整体、分行业、分区域“绿度”状况及变化趋势，针对绿色管理方面的薄弱环节提出改进和加强相关工作的对策建议，具有重要的理论意义和现实意义。本书是以中国能源行业上市公司为研究样本形成的有关中国能源行业上市公司“绿度”评价的研究成果，该工作在绿色发展研究与实践领域具有原创性和开拓性，必将对我国绿色发展理论与实践创新起到重要的推动作用。

（一）理论意义

本书将健康性要素引入绿色发展的研究范畴，构建企业可持续发展的“深绿”评价体系，在此基础上提出“绿度”概念作为评价的重要尺度，并在全面收集、提炼、分析能源行业上市公司2006～2019年度相关信息报告（社会责任报告/可持续发展报告）的基础上提炼SHEE信息，进而对能源行业上市公司的“绿度”进行评价，形成对上市企业发展状况的透视性观察，促进由“绿色发展”向“深绿发展”演变，拓展了“绿色发展”的相关研究，具有重要的理论创新和现实意义。

（二）实践意义

在国家政策方面，企业SHEE评价体系的构建和评价工作的实施，为政府部门制定合理的安全健康、节能减排政策提供了参考。通过比较企业不同时期的“绿度”等级，可以了解企业SHEE管理状况在时间维度上的变化规律，并找出造成这些变化的原因。通过比较不同领域的SHEE“绿度”等级，可以了解不同领域的健康战略、节能减排战略的实施效果，引导和推动“经济－环境－健康”三位一体的发展观念，有针对性地制定和实施相关战略，为政府部门做出SHEE相关决策提供帮助。

在企业发展方面，企业SHEE评价体系的构建和评价工作的实施有助于形成和规范SHEE管理的建设标准，促进企业可持续发展。企业按照评价标准开展SHEE管理，可节约相关投资成本，明晰自身在SHEE管理各环节上的状况，有针对性地进行整改完善，促进相关企业管理的改革和发展。

在社会监督方面，企业SHEE评价体系的创新构建和评价工作的实施为企业绿色管理项目的考核、审计提供了参考标准。企业SHEE管理评估是一项专业性、综合性较强的工作，社会对其的认知程度相对有限。采用一个简洁的“绿度”等级就能将SHEE管理涉及的多个方面统一起来，反映出企业的 SHEE 管理水平，可为政府、企业、社会公众之间搭建一个沟通的桥梁，将有利于社会公众对“健康中国”战略、“节能减排”战略的认识和理解，进一步形成对“高质量发展”战略的共识。

总之，本研究的相关成果将在促进从“绿色发展”向“深绿发展”演变、引导企业“绿度”升级、辅助社会监督评价、推动“绿色”管理水平提升等方面发挥积极的作用，具有广阔的应用前景，必将对我国“绿色”发展理论与实践创新起到重要的推动作用。

三　研究方法与研究框架

（一）研究方法

本研究从“从绿色到深绿”的理论研究框架搭建及“深绿”评价体系的构建出发，综合运用行为经济学、行为心理学、质性研究方法、层次分析法、熵权法、模糊数学方法、多元统计分析方法等多学科的理论与方法进行研究。在研究过程中科学选择相应的研究方法，以便更好地服务于研究内容和研究对象。

（1）在搜集和阅读相关文献并多次向专家咨询的基础上，充分结合企业绿色安全管理的实际情况和特点，遵循科学性、系统性、可比性、可操作性等原则，设计企业“深绿”评价指标体系并进行多阶段修正。

（2）基于社会责任会计法、声誉评价法、内容分析法、指数法等信息披露计量方法，编制了 SHEE 评价体系中定量化指标赋值的参考依据，并基于此对能源行业上市公司的数据进行提炼、收集。

（3）基于层次分析法思想，将定性分析和定量分析有机结合，实现了主观权重的测算。基于熵权法思想，结合实际获取的数据，实现了客观权重的测算。

（4）基于所获得的数据，运用统计分析手段对能源行业上市公司 SHEE 信息披露的现状进行评价，探究其披露的特征及缺陷等。基于云评价模型，结合组合权重，仿真实现了各个公司、各个指标云模型隶属度的测算及云模型等级的评价。运用方差分析、均值比较等方法，识别不同“绿度”等级企业的群体特征，探究 SHEE 管理水平的关键影响因素。

（5）基于研究结论，运用归纳与演绎等系统、科学和思辨的研究方法，对我国能源行业 SHEE 管理标杆企业和关键提升指标进行梳理和分析，为我国能源行业 SHEE 管理水平的提高提供科学可行的建议。

（二）研究框架

本书的研究框架如图 1－5 所示。

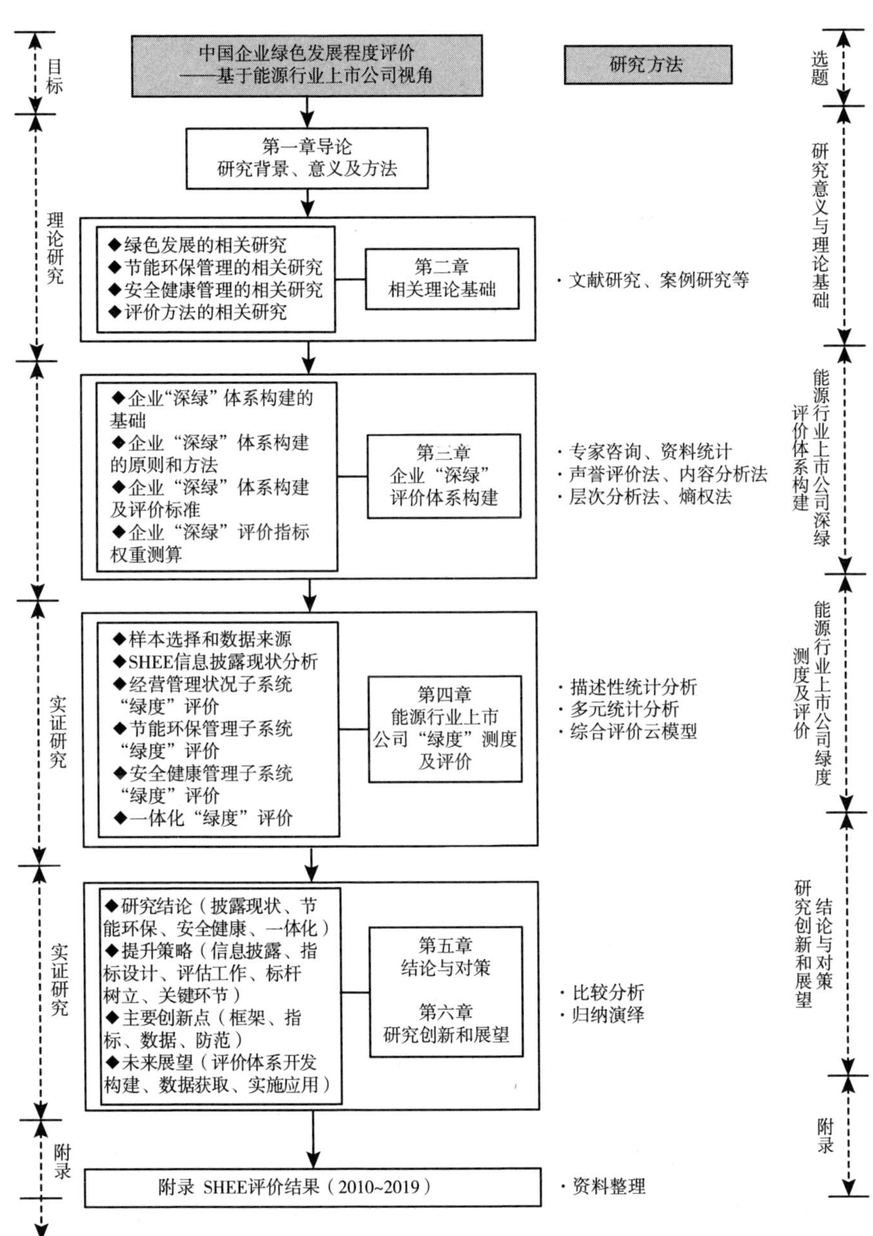

目标
中国企业绿色发展程度评价
——基于能源行业上市公司视角
研究方法
选题
第一章导论
研究背景、意义及方法
理论研究
◆绿色发展的相关研究
◆节能环保管理的相关研究
◆安全健康管理的相关研究
◆评价方法的相关研究
第二章
相关理论基础
·文献研究、案例研究等
研究意义与理论基础
◆企业"深绿"体系构建的基础
◆企业"深绿"体系构建的原则和方法
◆企业"深绿"体系构建及评价标准
◆企业"深绿"评价指标权重测算
第三章
企业"深绿"评价体系构建
·专家咨询、资料统计
·声誉评价法、内容分析法
·层次分析法、熵权法
能源行业上市公司深绿评价体系构建
实证研究
◆样本选择和数据来源
◆SHEE信息披露现状分析
◆经营管理状况子系统"绿度"评价
◆节能环保管理子系统"绿度"评价
◆安全健康管理子系统"绿度"评价
◆一体化"绿度"评价
第四章
能源行业上市公司"绿度"测度及评价
·描述性统计分析
·多元统计分析
·综合评价云模型
能源行业上市公司绿度测度及评价
实证研究
◆研究结论(披露现状、节能环保、安全健康、一体化)
◆提升策略(信息披露、指标设计、评估工作、标杆树立、关键环节)
◆主要创新点(框架、指标、数据、防范)
◆未来展望(评价体系开发构建、数据获取、实施应用)
第五章
结论与对策
第六章
研究创新和展望
·比较分析
·归纳演绎
结论与对策
研究创新和展望
附录
附录 SHEE评价结果(2010~2019)
·资料整理
附录

图 1-5 研究框架

第二章　相关理论基础

第一节　绿色发展的相关研究

一　“绿色发展”的内涵与演化

绿色发展的相关研究起源于对现代工业文明的批判，其概念可以追溯到20世纪60年代美国学者博尔丁的宇宙飞船经济理论，以及后来戴利、皮尔斯等人有关稳态经济、绿色经济、生态经济的一系列论述。随着人们对经济活动和资源环境之间关系认识的不断深入，以及2008年国际金融危机的影响，绿色发展不断地被赋予新的内容。

许多国家在绿色理念的指导下，把绿色发展作为推动本国发展的重要举措和基本国策。但由于发展阶段和区域的差异，各国对绿色发展的理解也有所不同，对其内涵的解读并未形成清晰的共识。处于“后工业化”阶段的发达国家，已经基本解决了传统环境污染问题，所以重点关注气候变化等全球性环境问题，以及解决全球环境问题的国际制度框架的构建和各国的合作行动。对绿色发展的理解则强调将绿色清洁产业作为新的经济增长点，并特别突出社会包容性。在该类范畴的研究中，学者们认为绿色发展就是低碳、资源节约、环境友好、社会包容的一种发展模式。而我国目前仍处于工业化发展阶段，还没有解决传统的环境污染问题，对绿色发展的理解则更多侧重于国内经济发展和生态环境保护等问题，而较少关注社会包容。如一些学者认为，绿色经济是指那些同时产生环境效益和经济效益的人类活动，主要包括两个方面：①经济要环保，即要求经济活动不损害环境，或有利于环境保护；②从环保中要经济，即通过环境保护活动获取经济效益。还有一些学者认为，绿色发展应更加强调经济发展与环境保护的协调统一，走更加积极的、以人为本的可持续发展之路。尽管国内外对绿色发展的定义和理解各有侧重，但本质上均体现了资源环境与经济发展之间的协调关系，要求在追求经济增长的同时，减少对资源环境的影响。

二 绿色发展评价的相关研究

一套科学、规范、可操作的绿色发展评价指标体系对于诊断和评价绿色发展工作具有重要意义。因此，对评价指标体系的研究是绿色发展工作的关键。对国内外关于绿色发展评价的研究进行回顾和梳理，主要涉及区域层面、省级层面、城市层面等（见表2－1）。

表2－1 绿色发展评价的相关研究

分类	研究者举例	研究内容
区域层面	蔡绍洪等（2017）	构建了涵盖经济、资源、生态环境以及政府政策等多个方面的三个层次指标测度体系，对西部地区绿色发展水平进行测度。
	郭兆晖等（2017）	基于低碳竞争力，从低碳效率、能耗效率、低碳社会、低碳引导四个方面构建了低碳经济国际竞争力评价体系，对“一带一路”沿线区域绿色发展水平进行评价。
省级层面	张欢等（2016）	从绿色美丽家园、绿色生产消费、绿色高端发展三个方面构建了湖北省绿色发展水平测度指标体系，测度湖北省2004～2013年各地市（州）的绿色发展水平。
	刘冰、张磊（2017）	借鉴《绿色发展指标体系》《生态文明建设目标考核目标体系》，从经济增长绿色化程度、资源环境承载力、政策支持力度三个方面构建指标体系，对山东省的绿色发展水平进行评价。
城市层面	欧阳志云等（2009）	从环境治理投资、废弃物综合利用、城市绿化、废水处理、生活垃圾处理、高效用水、空气质量等七个方面构建了中国城市绿色发展评价体系，对城市绿色发展状况进行评价。
	魏微等（2018）	根据“驱动力－压力－状态－响应”模型（DPSIR），从环境健康、生态保护、环境治理、资源与能源可持续利用四个方面构建了城市环境绩效评估指标体系。

续表

分类	研究者举例	研究内容
企业层面	吴利华、陈瑜（2014）	从企业整体流程视角构建了全过程绿色环境管理绩效评价指标体系，包括绿色采购、生态设计、清洁生产、绿色运输、绿色销售、绿色使用和绿色企业文化建设七个方面。
	朱珠、钟飚（2013）	基于可持续发展目标，从经济效益、环境效益、社会效益三个方面构建企业环境绩效审计指标体系。
	武晓龙、李妍锦（2016）	基于可持续发展视角，从经济性、社会性、生态性三个方面构建企业绿色财务评价指标体系。
其他	杜永强、迟国泰（2015）	从绿色产业内涵出发，选取绿色生产、绿色消费、绿色环境三个方面的指标进行实证研究。研究表明：万元地区生产总值能耗、煤炭消费总量等23个指标是评估绿色产业发展状况的关键指标。
	李维安等（2019）	侧重绿色行为，从绿色治理架构、绿色治理机制、绿色治理效能和绿色治理责任四个维度构建绿色治理评价体系，对中国上市公司绿色治理的状况进行评价，主要选取环境类指标。

三　其他相关研究

此外，进一步对绿色发展的相关文献进行梳理，可知其他相关研究主要集中在绿色发展理论、绿色发展效率、绿色发展动力机制、绿色生活、绿色创新政策体系等方面（见表2－2）。

表2－2　绿色发展的其他相关研究

分类	研究者举例	研究内容及结论
发展理论	黄志斌等（2015）	绿色发展是人与自然日趋和谐、绿色资产不断增值、人的绿色福利不断提升的过程。绿色发展理论关涉到绿色发展、绿色资产、绿色福利等概念。其中，绿色发展是主题，绿色资产是基础和载体，绿色福利是归宿。三者之间相互依存、彼此制约。
发展效率	岳书敬等（2015）	采用SBM方向性距离函数测度了中国96个地级市2006～2011年的绿色发展效率。结果显示：2006～2011年全国城市绿色发展效率显著提升；绿色发展效率高的城市多集中在东部地区，中西部地区城市的绿色发展效率相对较低。
动力机制	任胜钢、袁宝龙（2016）	长江经济带产业发展由资本驱动转向创新驱动，是改善产业发展低效率的重要路径。其创新驱动要素包括技术创新、组织创新、商业模式创新、制度创新、体制机制创新。

续表

分类	研究者举例	研究内容及结论
绿色生活	张雅静、胡春立（2016）	消费模式实现绿色转型是社会发展的必然趋势，也是我国抵制不可持续消费蔓延的必然选择。实现绿色发展，需要每个人都自觉贯彻"绿色化"的消费理念。
	陈凯等（2014）	借鉴计划行为理论构建了绿色出行心理因素的概念模型，并应用结构方程模型进行实证分析。结果表明：意愿、感知行为控制两个因素都对绿色出行有直接的影响。而意愿对绿色出行的预测作用更大；态度、主观规范两个因素均对意愿有直接的影响，而态度对意愿的影响更强；在影响绿色出行的因果链条中，最重要的链条是感知效力→态度→意愿→绿色出行。
创新政策体系	毕克新等（2012）	从产学研合作、人才培养与引进、知识产权信息服务、财政补贴、税收优惠和金融支持六个方面构建了信息化条件下我国制造业绿色创新政策体系，以期为我国在信息化条件下制定制造业绿色创新政策提供依据。

第二节　节能环保管理的相关研究

一　节能环保管理的内涵与发展

企业节能环保管理的效果直接体现在节能减排的成效方面。"节能减排"这一概念2007年出现在《节能减排综合性工作方案》（国务院，2007）中，该方案明确指出节能减排包含两个层面：节约能源及减少污染物排放。①节约能源是指，通过制度创新、技术创新及文化创新等手段深化能源利用管理体制，加强上层规划，采取一系列有效措施。这些措施要具有技术可靠性、经济的合理性、环境保护性以及社会承受性等特征，实现经济、社会、环境三者的协调可持续发展。其重点环节是从能源生产到消费的不同阶段，以降低能耗、减少损失和污染物排放，有效、合理地利用能源为目标。《节约能源法》对"能源"范围的规定是：煤炭、石油、天然气、生物质能和电力热力以及其他直接或者通过加工、转换而取得有用能的各种资源。对能源的基本划分有两种方式：第一种，按取得方式（直接取得与间接取得）分为一次能源与二次能源；第二种，按再生方式分为可再生能源与不可再生能源。②减少污染物排放。我们首先要知道什么是“污染物”。污染物是指进入环境中以直接或间接的方式对环境造成危害的物质，主要是工业“三废”与生活中产生的有害物质。其中，工业“三废”中的废水成分包括氨氮、化学需氧量、挥发酚、砷、汞、镉、铅、六价铬、氰化物、石油类等；废气成分包括工业粉尘、二氧化硫、氮氧化物、烟尘、一氧化碳、氟化物与碳氢化合物等；固体废物包括煤矸石、冶炼废渣、炉渣、尾矿、粉煤灰、污水处理造成的污泥、脱硫石膏等。

节能是“节约能源”的简称，节能必定减排。从狭义上看，节能减排即节约能源消耗，减少环境污染物的排放。从广义上看，节能不仅仅指节约能量资源，还包括节约其他物质资源，比如生产材料、固定资产等；减排也非单纯地减少对环境有害的废弃物排放，还包括减少其他不会造成环境破坏的排放物，比如二氧化碳等。

许多专家学者分别从不同的研究领域、不同的视角去阐述节能减排的内涵。从经济学视角来看，刘戒骄（2007：10－12）将资源配置方式视为节能减排的实质，即在对资源和环境进行合理有效的分配与利用时，通常采用某种特定的机制和政策组合。张炜、攀晶（2008：64－68）则从环境保护视角考虑，认为节能减排将经济发展和环境保护有机结合，融合清洁生产、生态规划设计和可持续性消费，进而实现环境污染的低排放甚至零排放。他们还从资源综合利用的角度出发，认为节能减排以资源的高效和循环利用为核心，以减量化、再利用和资源化为原则，呈现出低消耗、低排放和高效率的特征。谢晶莹（2009：7－10）则将节能降耗当作一种社会效益，认为节能是降低能源和资源的消耗，减排是减少系统对生态环境的输出，节能减排工作关乎我国经济发展方式的转变，是推进我国经济社会可持续发展的重中之重，同时也对促进全球环境改善有积极作用。

二 节能环保管理评价的相关研究

一套科学、规范、可操作的节能环保评价指标体系，对于诊断和评价一家企业的节能环保管理工作具有重要意义。因此，对评价指标体系的研究是企业节能环保管理的关键。国内外关于节能环保管理评价方面的研究主要涉及区域、行业、企业等层面（见表2-3）。

表2-3 节能环保管理评价的相关研究

分类	研究者举例	研究内容
区域层面	石峻驿等(2017)	在充分比较和分析单一视角、可持续发展视角、核算视角三种视角节能减排指标体系的基础上，构建了综合视角的节能减排指标体系。该体系包括能源生产、能源使用、经济发展、污染排放、环境治理、水资源利用等一级指标，并据此测度了中国1992~2013年的节能减排综合指数。
	龙如银等(2014)	引入数据包络模型(DEA)中SORM-BCC超效率评价模型，构建以万元GDP能耗、工业二氧化硫排放量和万元GDP二氧化碳排放量为投入指标，以地区生产总值、工业二氧化硫削减量和二氧化碳排放强度降低量为产出指标的节能减排绩效评价体系，对江苏省13个地级市的节能减排绩效进行实证研究。
	李霞(2013)	区域节能减排评价指标包括节能减排工作的实现程度、努力程度和潜力程度三个方面。
	张丹等(2012)	基于资源环境绩效指数理论，从能源消耗、资源利用、污染物排放、环境治理四个方面构建节能减排绩效评估指标体系，对中国30个省份的节能减排绩效进行测度。
行业层面	牛鑫森(2015)	建立涵盖车辆结构、车辆运输能力、车辆排放情况、车辆新技术情况、交通行业管理、道路运输、基础设施、环境因素等八个方面共63个评价指标的节能减排评价指标体系，对道路运输业的节能减排情况进行评价。
	陆忠梅(2015)	通信业的节能减排评估体系应该包括经济类指标(话务量、数据流量)、能耗类指标(电力、汽油等消耗)、环境指标(废水、废气、固体废弃物的排放)、综合类指标(业务能耗比例、节能比例)等。
	许凯、张刚刚(2010)	从资源与能源损耗、生产技术特征和产品特征、资源的综合利用、污染物的排放以及环保制度的落实情况等五个方面构筑了面向化工行业的节能减排评价体系。

续表

分类	研究者举例	研究内容
企业层面	刘秋华、冯奕(2017)	从全生命周期的视角，选取天然气、标煤、汽油、柴油中的 CO_2、CH_4、NO_X、SO_2，粉尘中的 CO 指标，构建海上风电节能减排指标体系，对海上风电项目从原材料获取到报废的整个过程的耗能和排放进行分析与计算。
	郑季良、王希希(2018)	构建了高耗能企业的节能减排评价指标体系。该体系分为节能子系统和减排子系统，其中节能子系统的指标主要有能耗总量、余能回收总量、综合节能量等，减排子系统的指标主要有 SO_2 排放水平、废水排放水平、化学需氧量(COD)排放水平等。
	张雷(2015)	将基于多属性决策模型的综合评价思路与基于复杂系统理论的综合评价思路相结合，构建了包括能源和资源消耗指标、资源综合利用指标、污染物排放指标、能源资源增效类指标、节能减排技术类指标在内的火电企业节能减排绩效综合评价体系。
	王世进(2013)	基于利益相关者理论、生态效益理论及企业战略绩效评价理论，并借鉴平衡计分卡的思想，设计出一套基于节能减排视角的煤炭企业战略绩效评价体系。该体系包括观念维度、组织维度、过程维度、财务维度。
	杜元伟等(2012)	从企业耗能效率、机构匹配程度、节能投资强度、节能创新能力、政策执行力度五个方面提出了企业节能减排绩效评价指标体系。

三　其他相关研究

此外，进一步对节能减排相关文献进行梳理，可知其他相关研究主要集中在节能减排的影响因素、相关政策以及能源效率、技术创新等方面（见表2－4）。

表 2－4　节能环保管理评价的相关研究

分类	研究者举例	研究内容及结论
影响因素	王兆华、丰超(2015)	基于2003～2010年的省际面板数据，从外部运营环境和能源生产/消费的行业内部因素两个角度揭示影响中国全要素能源效率的关键因素。研究发现：外部运营环境中的产业结构、经济开放程度、基础设施，以及行业内部的技术、管理、规模水平每提高1个百分点，区域全要素能源效率分别提高0.0601个、0.0179个、0.0136个、0.4679个、0.3972个、0.4350个百分点。

续表

分类	研究者举例	研究内容及结论
影响因素	金桂荣、张丽（2014）	对中国30个省（区、市）的中小企业节能减排效率及影响因素进行研究。结果表明：中小企业的技术水平、管理水平、发展规模以及产业结构是对节能减排效率具有显著影响的因素。
	张丹等（2012）	影响不同区域节能减排绩效的因素存在一定差异，高节能减排区域的关键影响因素是人类发展指数，中节能减排区域的关键影响因素是产业结构调整，低节能减排区域的关键影响因素是经济增长。
	董锋等（2015）	应用LMDI分解模型将碳排放增量变化分解为经济规模、产业结构等四个效应，根据分解结果，运用协整方法建立碳排放量与经济发展等四个变量的长期均衡协整关系模型。基于协整方程采用蒙特卡洛动态模拟方法模拟了我国2020年的碳排放情况。结果表明，经济规模是影响我国碳排放增长的主导因素，技术进步对碳排放有明显的负效应，产业结构与能源结构的影响相对有限。
相关政策	张国兴等（2017）	基于我国1997～2013年颁布的1052条节能减排政策，从政策力度、政策措施和政策目标三个维度对我国的节能减排政策进行量化，构建了针对不同措施与目标协同的计量模型，研究了政策措施与目标协同对节能减排效果的影响，并分析了节能减排政策措施与目标的协同状况及我国政府对其的使用状况。
	李程宇、邵帅（2017）	在供给侧改革、碳税政策以及RD补贴政策等不同外部条件的冲击中，供给侧改革对未来宏观经济的整体影响最大，单独的碳税政策不会引发“绿色悖论”效应。而在碳税政策与考虑资本市场反应的供给侧改革共同作用的情景下，引发“绿色悖论”的可能性则大大提升，即中国面临有条件“绿色悖论”的风险，碳税与RD补贴的组合政策产生的节能减排效果是最好的。
	王班班、齐绍洲（2016）	基于中国工业行业专利数据，就不同的节能减排政策工具，如市场型和命令型工具是否能有效促进节能减排技术创新进行研究。结果表明：市场型工具的效果存在外溢性，而命令型工具则更针对节能减排技术创新，而创新程度更高的发明专利效应更强。政策工具向行业的有效传导是引发技术创新的前提，因此，市场型工具在电力行业的作用受到限制，而命令型工具在国有化程度高的行业效果更明显。
	龙如银等（2017）	政策变量能够影响燃煤电力工业燃煤电力碳排放量，低碳化效果显著。上调煤炭资源税和电煤价格，加大节能减排专项基金投入力度，使低碳化效果较为显著。电源结构因素与清洁利用贷款额度因素的减排效果相对较弱。随着时间推移，各政策因素的减排效果不断增强，具有政策积累效果。

续表

分类	研究者举例	研究内容及结论
相关政策	张国兴等 (2014)	在概述我国节能减排政策出台情况的基础上,对我国节能减排政策以及政策协同研究的主要方面进行梳理,发现我国节能减排政策的研究主要集中于分析其不足和实施困境、评估其效果、分析不同政策情景的节能减排潜力和成本、探寻最优的政策途径、分析政策福利以及进行国际比较与借鉴等方面,而对我国节能减排政策的协同问题关注较少。
能源效率	龙如银等 (2017)	基于中国30个省份2003~2013年的面板数据,研究产业转移对我国的工业能源效率的空间溢出效应。结果表明:我国的工业能源效率存在显著的正向空间相关,产业转移对中国各省份工业能源效率有明显的空间溢出效应。外来工业产业进入某一地区每增加1%,当地的工业能源效率将降低2.779%;而相邻地区外来工业产业每增加1%,也会导致该地区工业能效降低2.028%。
	田泽等 (2016)	对2006~2014年长江经济带沿线各省市节能减排效率进行评价,结果显示:考察期整个长江经济带节能减排效率得到提高。从空间分布看,长江经济带省际节能减排呈现东高西低的特点;从时间看,整个长江经济带节能减排效率呈现先降后升的U形趋势。长江经济带省际节能减排效率经历了先增后减的过程,并有持续下降的趋势。
	王兆华、丰超 (2015)	基于2003~2010年的省际面板数据,对中国区域全要素能源效率及其影响因素进行分析。研究结果表明:2003~2010年,中国区域全要素能源效率从0.8391降至0.8202,主要是因为行业内部效率总体下降,而行业内部效率下降则应归咎于行业内部规模效率的逐年降低。
	蔡宁等 (2014)	基于松弛变量的SBM-DDF模型构建工业节能减排指数,评估2005~2011年我国30个省(区、市)的工业节能减排效率。研究发现:我国工业节能减排效率呈现"东部较高、中西部较低"的局面。
	吴琦、武春友 (2009)	从综合投入、技术效率和有效产出三个角度界定能源效率概念,并构建了以能源消费总量、从业人员总数和固定资产折旧为投入指标,以及以经济产出和环境影响为产出指标的能源效率评价指标体系,对中国的30个省份进行实证研究。
技术创新	叶琴等 (2018)	基于2008~2014年中国285个地级市的节能减排技术专利申请、综合能源价格、污染物排放等面板数据,研究命令型和市场型两类不同的环境规制工具对中国节能减排技术创新的影响。结果表明:环境规制对即期技术创新起阻碍作用,对滞后一期起促进作用,"弱波特假说"成立有时间约束条件。滞后一期的命令型环境规制工具对技术创新的促进作用要大于市场型规制工具。狭义"波特假说"不成立

续表

分类	研究者举例	研究内容及结论
技术创新	钱娟、李金叶（2018）	利用1994～2014年中国35个工业行业的面板数据，探讨了科技创新（狭义的纯技术进步）、纯技术效率和规模效率三种不同技术进步路径对节能降耗、CO_2减排的影响绩效。研究发现：技术进步能有效推动工业行业的节能降耗和CO_2减排，但不同技术进步路径的节能降耗绩效和CO_2减排绩效存在异质性，科技创新的节能降耗绩效最高，纯技术效率的CO_2减排绩效最高。
	蔡宁等（2014）	重点分析了内生创新努力、本土创新溢出、国外技术引进三种类型技术创新对工业节能减排效率的影响。研究结果表明：三种类型技术创新对工业节能减排效率都具有显著正影响，且影响程度上，内生创新努力在东部、中部、西部三个地区的作用最大；本土创新溢出在创新环境优异的东部地区更显著；而国外技术引进在开放程度相对较低的中部和西部地区作用更突出。
	曾萍等（2013）	以广东珠三角地区348家制造业企业为实证研究对象，探讨节能减排对企业技术创新的影响。结果表明：节能减排对企业技术创新确实有显著的积极作用。具体而言，企业降低能耗对新产品产值率有正面的影响；与其他企业相比，节能先进或排放达标的企业有更高的新产品产值率；企业是否通过ISO 14000认证对于新产品产值率没有显著影响。

第三节 安全健康管理的相关研究

一 安全健康管理的内涵与发展

员工的安全健康问题是伴随着欧美国家工业化、城市化进程而出现的，从20世纪初开始逐渐受到各国的重视。20世纪60年代，由于美国慢性病患病率不断上升，医疗费用急剧上涨，美国保险行业率先提出了“健康管理”的概念，并受到政府和企业的广泛关注。美国许多企业陆续开展了员工援助计划（1962年至今），此后该计划逐步拓展出职业健康促进计划（1980年至今）、员工增强计划（1988年至今），这些计划的施行使得学者们对职业安全健康管理开展了积极的探索。此外，随着职业安全与健康法案（The Occupational Safety and Health Act of 1970）的颁布，美国疾病控制中心（CDC）授权美国密西根大学健康管理研究中心专门从事员工健康管理的相关研究，并在美国各地推广使用健康管理体系。同时，该研究中心还根据前瞻性医学技术手段制定了美国健康风险评估工具（HRA）和健康管理方法等。此时，职业安全与健康（OSH）管理具有了一定程度的理论基础和实践操作方法，逐渐开始在企业中规模应用和快速发展。90年代，随着国际一体化进程的加快，与生产过程密切相关的OSH问题受到国际社会的重视。除了美国以外，英国、德国、芬兰等欧洲国家也逐渐对OSH管理进行探索，相关立法、政策不断出台和完善，逐步建立了不同形式的健康管理组织。1999年，英国标准协会等13个全球主要的标准制定机构、认证机构和专业组织，整合诸多安全管理体系，共同发布了职业健康安全管理体系标准OHSAS 18001，此后该标准被许多发达国家广泛应用。截至2009年，全球已有116个国家的56250个机构和部门获得OHSAS 18001认证（英国标准协会，2011）。许多跨国公司（如苹果、波音、惠普、可口可乐等）不但自身获得了OHSAS 18001认证，还要求它们的供应商获得认证。2000年以后，随着企业竞争压力的增大，工作事故增加、工作效率下降，直接或间接影响了雇主的收入和利润。雇主为了提高生产效率、获取更多利润，逐渐有意识地满足雇员的心理需要，因而引发了学者们对员工职业倦怠、抑郁等心理健康问题的关注。学者们对这些心理健康问题的影响因素（Bronkhorst et al.，2015）、影响效果（Wright et al.，2011）、干预措施（Greden，2017）等进行了积极的探索。

近年来，OSH管理越来越受到我国学者的关注。中国矿业大学陈红团队长期致力于职业安全健康问题的相关研究，取得了丰硕的研究成果，并于2016年获批国家社科基金重大项目“我国职业安全与健康问题的合作治理研究”（16ZDA056）。这是国家社科基金在职业安全健康领域资助的首个重大项目。与此同时，有关安全健康管理的内涵等方面的研究也得到了发展。黄始建、陈君石（2007）提出，员工健康管理是针对员工的健康需求进行计划、组织、指挥、协调和控制的过程，以达到员工的身体、精神和社会生活处于完好状态的目的。王云锦、陈学礼（2011）认为，企业职业健康管理是专门针对企（事）业单位的团体用户设立的健康服务项目，它是以员工个人健康信息为基础，以维持个人健康为目标的服务过程，是从社会、心理、生理等多方面向员工提供全方位的健康保障服务。朱妍（2014）将“企业安全健康管理”定义为：企业从管理策略、支持性环境、健康教育、保健服务等方面采取措施，对员工的安全健康进行检测、评估和干预的全过程。

本研究对“企业安全健康管理”的定义为：企业从管理的结构和制度、管理文化、管理体系、政策条款、健康教育、预防预控、疾病管理、管理投入、管理影响力等方面采取措施，针对员工及其工作环境的安全健康与否进行检测、评估和干预的全过程。

二　安全健康管理评价的相关研究

一套科学、规范、有可操作性的企业安全健康评价指标体系，对于诊断和评价企业的安全健康管理工作具有重要意义。因此，对评价指标体系的研究是企业安全健康管理的关键。国内外关于企业安全健康管理评价的研究可大致分为针对过程的和综合的两类（见表2－5）。

表2－5　安全健康管理评价的相关研究

分类	研究者举例	研究内容
过程	Lamontagne et al.（2004）	基于改编的职业安全健康项目评估指标，从管理承诺与员工参与（36）、工作场所分析（28）、灾害预防控制（24）、培训和教育（12）四个方面对15个制造业工作地的职业安全健康项目进行评估。
	Bennett & Foster（2005）	对相关文献进行综述，认为以往的OSH管理评价指标主要包括健康和安全文化指标（5）、健康和安全系统指标（22）、健康和安全人员指标（8）、健康和安全场所指标（9）。并基于上述指标，提出了自己的OSH管理评价指标模型：高级管理层承诺（4）、持续改进（8）、沟通（3）、胜任力（3）、员工参与（1）、职业健康管理（1）。
	梁戈清等（2007）	在职业健康安全管理体系中，健康因素审核的要点应该包括对健康监护与健康管理相关内容的审核、对职业健康管理设施的审核、个人防护用品管理、职业病防治四个方面。

续表

分类	研究者举例	研究内容
综合	陈春(2010)	根据文献案例法,构建了6个一级指标(管理层的安全支持、安全教育培训、全员参与及安全交流、风险控制管理、事故事件、应急管理)和26个二级指标,对中国铜矿企业安全健康管理绩效进行评价。
	朱妍(2014)	基于企业健康管理的相关理论,构建了包括2个一级指标(管理过程,管理结果)、9个二级指标(健康教育和培训,健康环境管理,安全管理,疾病管理,压力与情绪管理,医疗与保险管理,员工健康状况,企业非财务绩效,企业财务绩效)、34个三级指标在内的评价体系,对企业员工健康管理进行评价。
	Sorensen et al.(2013)	通过对相关研究的整合,提出对OSH管理应该从以下层面进行评价:组织领导和对工人健康的承诺(3);健康保护与健康促进的协调(3);支持性政策和实践[包括问责制和培训(6)、协调管理和员工敬业度策略(3)、工作场所健康促进和保护的好处和激励措施(3)、综合评估和监督(2)、综合项目内容(2)]。
	刘素霞等(2014)	构建了企业组织安全行为、员工安全行为对安全绩效影响的结构方程模型。其中,运用安全后果类指标(人员伤亡、发生事故次数、经济损失、职业伤害次数)和安全系统运行效果类指标(安全措施、操作设备、应急预防、管理机构)对安全绩效进行测度。
	Pawłowska(2015)	OSH绩效可以通过滞后指标(职业事故率、病假天数、职业病患病人数等成果类指标)和领先指标(教育培训覆盖率、防护措施、隐患排查等活动类指标)进行衡量,其中领先指标常用于绩效水平较高的公司。
	荣昊鹏(2017)	通过对相关评价因素的归纳,构建可包括8个大项(制度建设、管理机构、前期预防、工作场所、危害防护、教育培训、健康监护、应急管理)、24个小项的职业安全健康管理评价体系,并对热电企业进行OSH管理评价。
	Yan et al.(2017)	基于中国石油天然气集团公司(CNPC)安全环保技术研究院2009年发布的SHE系统绩效评价标准,对大型石油公司的健康安全和环境管理绩效进行评估,其中有几个因素被确定为关键性指标,即领导和承诺、SHE使命、胜任力、教育培训、条款政策文件、承包商和供应商的SHE管理、事件/事故报告、调查和管理等。
	Liu et al.(2018)	根据相关文献建立了建筑业安全绩效评价的多层次指标体系。包括6个一级评价指标(人员、材料、设备、环境、管理和技术因素等)和36个二级评价指标。
	Alruqi & Hallowell(2019)	通过对安全领先指标的全面回顾,区分了领先指标和其他安全预测指标,并定义了区分主动和被动指标的方法,确定了9个与工伤相关的常见领先指标:安全记录,安全资源,安全人员配置,业主参与,安全定向培训,个人防护设备,安全奖励计划,安全检查和观察以及预防安全会议。

三　其他相关研究

通过对安全健康管理相关文献的梳理，我们发现目前针对员工职业安全健康管理的其他相关研究主要集中在以下六个方面：管理模式与方法；管理体系与标准；风险评估与管理；管理与其他工作要素；心理健康与生活质量；特定职业病管理（见表2－6）。

表2－6　职业安全健康管理相关研究进展

主题	研究者举例	研究内容及结论
管理模式与方法	Gregory (1979)	在员工患病的时候，企业要投入成本帮助员工进行治疗，以减轻他们的负担。主张通过医疗诊治的模式进行OSH管理。
	Musich et al. (2004)	管理模式分健康促进和预防、急性期治疗和疾病管理三种。早期以检查和预防为主，中期以治疗、恢复健康为主，生活方式干预体现在健康生活的各个方面。
	Floyde et al. (2013)	认为通过知识管理和在线学习的方式对员工进行培训教育是应对职业安全健康挑战的关键。
管理体系与标准	Fernández－Muñiz et al. (2009)	职业安全健康管理体系对企业安全绩效、经济财务绩效、企业竞争力等具有正向影响作用。
	Hohnen & Hasle (2011)	企业获得职业安全健康管理体系认证，主要是为了使职业安全健康管理绩效可审计，满足外部利益相关者的需求。
	Simon et al. (2012)	集成管理系统可以改善公司协调，减少行政负担，提升安全健康管理水平，最终提高效率和生产力。
	Bianchini et al. (2017)	职业安全健康管理体系对于提升企业的安全健康管理水平有积极作用。
风险评估与管理	Joy (2004)	澳大利亚安全状况的提升很大一部分得益于风险评估管理方法的发展和应用，职业安全健康风险评估管理不仅可以降低事故的发生概率，还可以提高企业的生产力和财务绩效。
	Haslam et al. (2005)	分析了100起建筑业事故，认为缺乏适当的风险管理是最相关的潜在原因之一，如果进行适当的风险管理，84%的事故是可以预测并且避免的。
	Sousa et al. (2014)	回顾了建筑业OSH领域的事故致因研究、事故分析研究、事故建模研究等，认为有必要对建设项目中的OSH风险进行量化，并提出OSH潜在风险评估模型(OSH－PRM)。

续表

主题	研究者举例	研究内容及结论
管理与其他工作要素	Fan et al.（2014）	企业的管理者应该认识到安全、健康、环境与传统的企业管理是不可分割的统一体，企业的绩效发展与员工的健康状况密切相关。
	Choudhry et al.（2007）	员工在工作场所感知到的安全文化有助于减少不安全行为，进而提高企业的安全绩效和工作产出等。
	Pulich & Tourigny（2004）	员工的身心健康会导致工作场所偏离行为，通过员工健康管理可以有效降低缺勤、怠工、工作场所暴力等工作场所偏离行为的发生概率。
心理健康与生活质量	Häusser et al.（2010）	工作要求、工作控制与员工自身能力之间的不匹配所产生的工作压力会导致情绪失常和精神上的疲倦，进而对员工的身心健康产生负面影响。
	Swider & Zimmerman（2010）	心理健康的负面效果体现为工作倦怠、焦虑、抑郁等，其中工作倦怠往往与高缺勤率、高离职率密切相关，它会损害工作绩效，带来恶化与同事关系、家庭问题和糟糕的个人健康等不好结果。
	Amponsah - Tawiah et al.（2014）	身心健康风险对员工健康和生活质量有影响，采矿设备、环境条件以及工作要求和控制可以作为生活质量和幸福指数的重要预测因子。
特定职业病管理	美国劳工联合会报告（2012）	美国劳工联合会和工业组织大会报告显示，美国肌肉骨骼疾病（MSD）占所有涉及离职的职业伤害和疾病的29% ~35%。
	Waddell & Burton（2001）	职业性腰背疼痛（LBP）是在员工中广泛存在且较为严重的职业病，最基本的特点就是疼痛和运动功能障碍。随着工作节奏的不断加快，LBP已成为人群就诊、住院和做手术的最常见病因。

第四节　所采用的评价方法的相关研究

一　指标赋值方法

通过研读绿色安全发展评价相关领域的文献可知，通常采用的评价指标可分为定量指标和定性指标两类。定量指标数据可以通过统计年鉴、监管年度报告、社会责任报告或相关网站获取或计算得到。而定性指标数据则可以通过专家调查法、主观评分法、外推法、指数法等方法得到。比如，专家调查法是主要的大宗节能减排项目绩效研究的办法，不同领域的专家学者凭借自身的经验及相关知识，估计和分析目标企业现行的节能减排方式可能产生的绩效情况等。声誉评分法主要通过向被调查者发放问卷，由被调查者给不同企业的各个指标打分，分值加总就是企业的声誉分值。这种方法用来考察不同被调查者对同一企业或多家企业某一方面的评价情况。指数法在社会责任信息披露的研究中被普遍采用，是指设计一个指数来评价一个公司社会责任信息的披露情况。其步骤为：首先，把公司所披露的相关信息分为大的类别；其次，确定这些大类所包括的小类，对每个小类分别进行定性和定量描述，并对描述进行赋值；最后，将得分汇总，总分就是一个公司社会责任方面的信息披露得分。

二　权重测算方法

由于企业绿色安全管理评价是一个多指标综合测度的过程，各个指标对评价结果的影响程度也不尽相同，因此有必要先对其进行科学赋权。常用的赋权方法可分为主观赋权法和客观赋权法两种（Ma et al.，1999）。其中，层次分析法（Analytic Hierarchy Process，AHP）是一种主观赋权的方法，可以将对复杂问题的主观判断用简洁而实用的数量形式表达和处理，因而被广泛应用于经济计划、能源分析、绩效评价等领域（Vaidyaab，2006；Freeman & Tao，2015）。熵权法（Entropy Weight，EW）是一种客观赋权的方法，其核心是通过各指标数据信息量的多少来确定权值，由于其具有适用性广、准确度高、客观性强等特点，因而被广泛地应用于生态环境评估、企业绩效评估、可持续发展评估等领域（Freeman & Tao，2015）。

（一）层次分析法

层次分析法是美国运筹学家 Saaty 教授于 20 世纪 80 年代提出的一种实用的多方案或多目标的决策方法。基本思路是：把和决策有关联的因素分解成四个方面，分别是目标、准则、指标、方案，并基于此将定性和定量相结合。简单通俗地讲，该方法就是让最低层次和决策最高总目标进行比较，确定孰优孰劣。该方法自 1982 年被介绍到我国以来，以其系统、灵活、简洁的优点迅速被应用到社会经济各个领域，如能源系统分析、城市规划、经济管理、科研评价等，受到广泛的重视和应用。

运用层次分析法获取权重的具体步骤如下。

第一步，建立递阶层次结构。对问题进行深入剖析之前，需要依据有关属性将因素划分为几个层次，同一层次中的各因素属于上一层的因素或对上一层因素有影响，同时又包含下一层的因素或受到下层因素的作用。

第二步，构造判断矩阵。在处理数据时，必须对每一层次各因素的重要性做出严格的判断，用具体的数值将判断结果表示出来，即构造判断矩阵。建立判断矩阵是层次分析法的关键步骤，该步骤的实质是对上一层次的某指标在该层次上与相关子指标之间的重要性作比较。在这个过程中，往往使用1~9标度法。在某一准则中，对 n 个策略一一进行对比，再根据重要性去评估等级。α_{ij} 表示第 i 项和第 j 项策略的重要性之比，重要性等级及其赋值如表2-7所示。此外，2、4、6、8为各重要性等级判断的中值。

表2-7　判断矩阵标度

α_{ij} (x_i : x_j)	极端重要	强烈重要	明显重要	稍微重要	同样重要	相邻中间值
量化值	9	7	5	3	1	2,4,6,8

将最终的比较结果进行整理，得到矩阵 $A = (\alpha_{ij})n \times n$，即判断矩阵。

第三步，计算指标相对权重。判断矩阵的特征根问题，即 $AW = \lambda_{max} W$ 的解，进行归一化处理，对某一层次指标相对于上一层指标的重要性的权重进行计算。步骤为：

将判断矩阵的每一列正规化：

$$\bar{b}_{ij} = \frac{b_{ij}}{\sum_{k=1}^{n} b_{ki}}, (i,j = 1,2,\cdots,n) \quad (1)$$

再按行相加：

$$\bar{W}_i = \sum_{j=1}^{n} \bar{b}_{ij}, (i = 1,2,\cdots,n) \quad (2)$$

将向量 $\overline{W}=[\overline{W}_1,\overline{W}_2,\cdots,W_n]^T$ 正规化，计算判断矩阵的最大特征值 λ_{max}：

$$\lambda_{max}=\sum_{i=1}^{n}\frac{(AW)_i}{nW_i} \tag{3}$$

第四步，对判断矩阵进行一致性检验。层次分析法的判断矩阵是一致性矩阵，即使满足 $b_{ij}=b_{ik}/b_{jk},(i,j,k=1,2,\cdots,n)$，也不能说明全部判断矩阵都具有完全的一致性，所以要对判断矩阵实施一致性检验。在层次分析法中使用 $CI=(\lambda_{max}-n)/(n-1)$ 作为衡量判断矩阵一致性的评价因子，n 为判断矩阵的阶数。将平均随机一致性指标 *RI* 也应用进来，阶矩阵 *RI* 对应的值如表 2－8 所示。判断矩阵的一致性检验往往利用 $CR=CI/RI$ 的值来判断，当 $CR<0.1$ 时，则判定矩阵的差异度在允许的范围内，也说明其具有一致性。

表 2－8　阶矩阵 *RI* 对应的值

判断矩阵阶数 n	1	2	3	4	5	6	7	8	9
RI 值	0.00	0.00	0.58	0.90	1.12	1.24	1.32	1.41	1.45

（二）熵权法

熵最初只是物理中的热力学概念，代表能量在空间中分布的均匀度，后由申农（C. E. Shannon）引入信息论，称为“信息权”。熵权法是一种客观的确定权重的方法，其原理是依照各个指标输出的信息量的多少去确定权值。已知评价体系里的指标值后，每个指标在竞争上展现的激烈度能从侧面折射出其输出的信息量有多少，最终确定得到的属性权重显示出属性值的离散度。熵权法具有很强的数学理论依据，应用这个方法能够客观准确地确定指标权重，避免其他客观赋权法的主观因素影响。熵权法具有适用广、准确度高、客观性强等特点，因而已在各个工程和经济领域获得广泛的应用。

运用熵权法获取权重的具体步骤如下。

第一步，构建初始指标矩阵。构建包括 m 个评价方案、n 个评价指标的

初始数据矩阵 X：

$$X = (x_{ij})_{m\times n}(i = 1,2,\cdots,m;j = 1,2,\cdots,n) \tag{4}$$

第二步，进行标准化处理。由于评价指标在单位、性质等方面存在差别，需要对矩阵 X 进行标准化处理，获得无量纲的指标矩阵 $Y = (y_{ij})_{m\times n}$。

若该评价指标是效益型指标（越大越优的指标），则：

$$y_{ij} = \frac{x_{ij} - \min_j\{x_{ij}\}}{\max_j\{x_{ij}\} - \min_j\{x_{ij}\}} \tag{5}$$

若该评价指标是成本型指标（越小越优的指标），则：

$$y_{ij} = \frac{\max_j\{x_{ij}\} - x_{ij}}{\max_j\{x_{ij}\} - \min_j\{x_{ij}\}} \tag{6}$$

第三步，计算各指标的信息熵值。第 j 个指标的数据的信息熵值为：

$$E_j = -\frac{1}{Ln(n)}\sum_{j=1}^{n} P_{ij}\,\mathrm{Ln}\,(P_{ij}) \tag{7}$$

式中：$P_{ij} = y_{ij}/\sum_1^n y_{ij}$，若 $P_{ij} = 0$，则 $\mathrm{Ln}\,(P_{ij}) = 0$。

第四步，计算各指标的权重向量。第 j 个指标的权重向量为：

$$\mu_j = -\frac{1 - E_j}{n - \sum_{j-1}^{n} E_j} \tag{8}$$

第五步，计算各指标的组合权重。第 j 个指标的权重向量为：

$$\omega_j = -\frac{\mu_j\,\lambda_j}{\sum_1^n \mu_j\,\lambda_j} \tag{9}$$

三　综合评价方法

总结归纳以往相关研究成果，可知常见的评价方法主要有模糊综合评价法、数据包络分析法、云模型评价法等。

（一）模糊综合评价法

社会生活中很多事物是不能定量化处理的。模糊综合评价法指的就是，利用模糊数学中的隶属度原理对经济社会中的定性问题作定量化处理，从而完成评价工作。该方法适用于多个指标受多重因素影响的评价活动。基本原理如下：首先，分析、确定影响评价结果的因素集合和评价等级集合；其次，进行单因素评价，也就是为各指标赋权，同时确定每个因素在相应评价等级中的隶属度；最后，通过连续的矩阵乘积运算确定模糊综合评价结果。在使用该方法的过程中，研究对象之间不会相互影响，评价结果唯一。最后，通过对评价对象的优劣情况进行排序，确定最优者。

（二）数据包络分析法

数据包络分析（Data Envelopment Analysis，简称 DEA），是美国著名运筹学家 A. 查恩斯和 W. W. 库柏在 1978 年提出的。它是一个线性规划模型，用来计算投入产出比，比值越小，表明该单位或公司的产出率越低。该方法可以不用考虑指标计算时的单位，因为效率比率即能代表从多种投入到多种产出的转化，不再需要换算成相同单位的数值，因此受到很多行业及部门的研究人员的青睐，被用于评价绩效以及节能减排项目的效果等方面。

（三）云模型评价法

云模型是李德毅等（1995）在传统模糊集理论和概率统计理论的基础上提出的一种专门研究复合不确定性的现代数学理论。由于其可以较好地描述变量的随机性和模糊性及其关联性，实现定性与定量不确定性之间的映射和转换，因此已广泛地应用于智能控制（Zhang et al.，2015）、决策支持（Ren et al.，2015）、风险评估（Yang et al.，2018）、绩效评估（Liu et al.，2018）等领域。基于此，本文将采用云模型对能源行业的 SHEE 管理水平进行评价。

1. 云的基本概念

设 U 为一个定量论域，x 为 U 内的定量值。论域 U 所对应的定性概念 T 对于任意一个 x 都存在一个有稳定倾向的随机数 $\mu \in [0,1]$，其含义是 x 对 T 所表达的定性语言的隶属度。隶属度在论域上的分布被称为云，每一个 x 被称为一个云滴。云滴是定量概念在数量上的一次实现，即对定性概念的定量描述。云滴是因定性概念和定量值之间的不确定性映射而产生，由多个云滴组成的云反映出这个定性概念的整体特征。

2. 云的数字特征

云的数字特征通过期望 Ex 、熵 En 和超熵 He 这三个数值来表示，记为：$A = (Ex,En,He)$ 。云的数字特征可以产生云滴，云滴经过一定量的累积汇聚为云，实现从定性到定量的映射。云的数字特征反映了定性概念的定量特征，Ex 为云滴在论域空间分布的期望；En 为定性概念的不确定性度量，它反映了云滴中可被期望概念接受的确定度大小和云滴的离散程度；He 为熵的不确定性度量，一个概念被普遍接受的程度越高，超熵的值越小，反之则越大。

3. 云发生器

云发生器是实现云数字特征与云滴相互转换的工具，是实现定性概念与定量数值相互转换的过程，是不确定人工智能推理的重要工具。根据生成条件不同，云发生器主要分为正向云发生器、逆向云发生器和条件云发生器，其中条件云发生器又分为 X 条件云发生器和 Y 条件云发生器。

（1）正向云发生器（Foward Cloud Generator）：是从定性概念到定量数值的映射，输入云的三个数字特征（Ex，En，He）和想要产生的云滴个数 n，输出 n 个云滴的值及由这些云滴构成的云图（见图 2 – 1）。

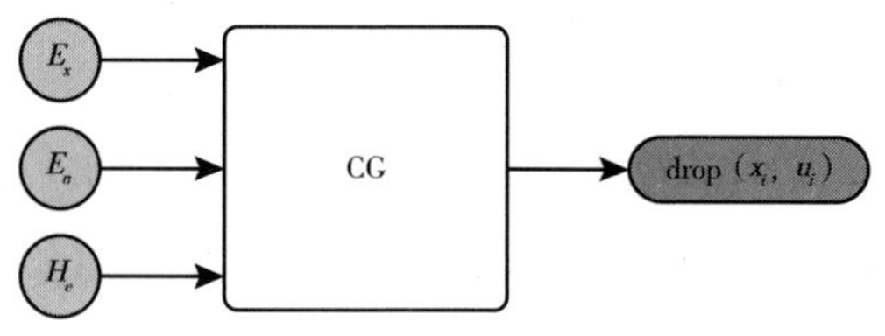

图 2 – 1　正向云发生器

正向云发生器的算法如下：

输入数字特征（ Ex , En , He ）和生成云滴的个数 n ；

输出 n 个云滴 x 及其定量值 u ，即 drop（x_i，u_i），$i=1，2，\cdots，n$ 。

具体步骤如下：

Step1：产生一个以 En 为期望值、He^2 为方差的正态随机数 En_i，$En_i = NORM(En, He^2)$；

Step2：产生一个以 Ex 为期望值、En_i^2 为方差的正态随机数 x_i，$x_i = NORM(En, En_i^2)$；

Step3：计算 $\mu = e^{-\frac{(x_i - Ex)^2}{2En_i^2}}$；

Step4：设 drop（x_i，u_i）为一个云滴，式中 x_i 为自然语言的定性概念在论域 U 中转换一次得到的数值，u_i 为数值 x_i 隶属于该语言的程度的量值；

Step5：重复 Step 1～4，直到产生 n 个云滴为止。

（2）逆向云发生器：逆向云发生器（Backward Cloud Generator，CG－1）是从定量到定性的映射。输入一定量的数值（云滴），输出代表定性概念的云的数字特征。逆向云发生器的精确度与云滴的数量 n 有关，n 越大，精确度越高，相应求出的数字特征的误差越小。逆向云发生器见图 2－2。

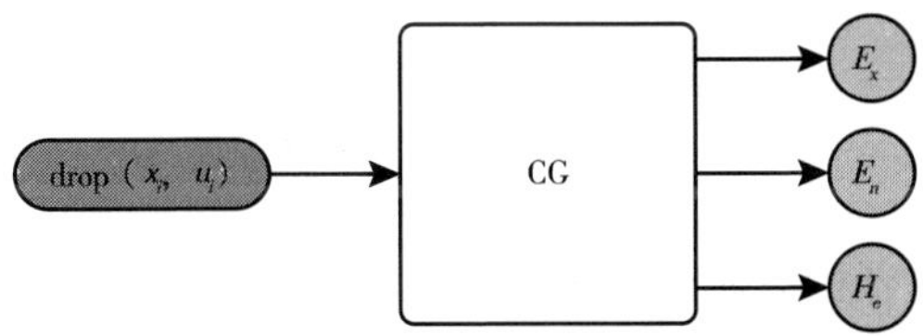

图 2－2　逆向云发生器

逆向云发生器的算法如下：

输入 n 个云滴 x 及其定量值 u，即 drop（x_i，u_i），$i=1$，2，…，n。

输出反映 n 个云滴的定性概念的数字特征（Ex，En，He）。

具体算法步骤如下：

Step1：根据 x_i 计算该组数据集的平均值 $\bar{X} = \frac{1}{n}\sum_{i=1}^{n} x_i$，一阶样本绝对中心距 $\frac{1}{n}\sum_{i=1}^{n} |x_i - \bar{X}|$，样本方差 $S^2 = \frac{1}{n-1}\sum_{i=1}^{n}(x_i - \bar{x})^2$；

Step2：得到期望值，$Ex = \bar{X}$；

Step3：由样本均值得到熵，$En = \sqrt{\frac{\pi}{2}} \times \frac{1}{n}\sum_{i=1}^{N} | x_i - \bar{X} |$ ；

Step4：根据样本方差和熵得到超熵，$He = \sqrt{S^2 - En^2}$ 。

（3）条件云发生器

①X 条件云发生器：在确定了云的数字特征值（Ex，En，He）的前提下，若论域中设定条件 $x = x_0$ ，则在 $x = x_0$ 条件下实现的云发生器被称为 X 条件云发生器。X 条件云发生器所产生的所有云滴均分布在 $x = x_0$ 的垂直线上。X 条件云发生器见图 2－3。

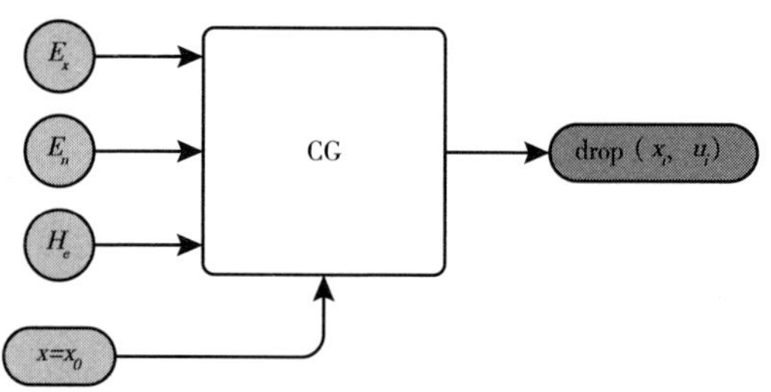

图 2－3　X 条件云发生器

X 条件云发生器的算法如下：

输入数字特征值（Ex，En，He）、想要生成的云滴个数 n 及特定值 x_0 ；

输出对应特定值 x_0 的 n 个云滴及其定量值 u_i 。

具体步骤如下：

Step1：产生一个以 En 为期望值、He^2 为方差的正态随机数，$En_i = NORM(En, He^2)$；

Step2：计算 $u_i = e^{-\frac{(x_0 - Ex)^2}{2En_i^2}}$；

Step3：生成 n 个特定值 x_0 对应的云滴，即 drop（ x_0 ，u_i ）。

②Y 条件云发生器：在确定了云的数字特征值（Ex，En，He）的前提下，若论域 U 中设定隶属度条件隶属度值为 u_0 ，则在隶属度值为 u_0 的条件下实现的云发生器被称为 Y 条件云发生器。Y 条件云发生器产生的所有云滴均分布在 $y = u_0$ 的水平线上。Y 条件云发生器见图 2－4。

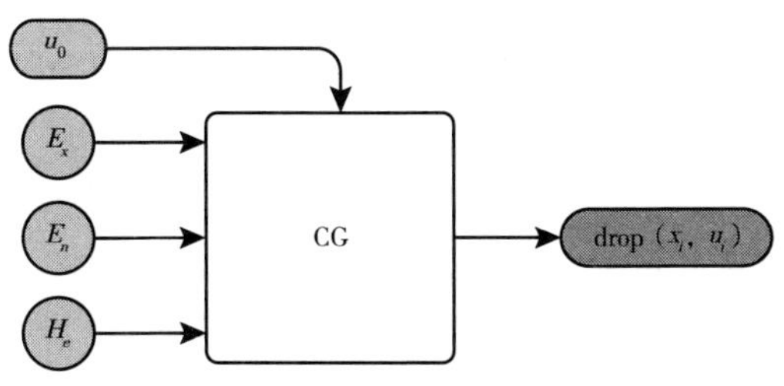

图 2－4　Y 条件云发生器

Y 条件云发生器的算法如下：

输入数字特征（Ex，En，He），想要生成的云滴个数 n 及特征值 u_0；

输出具有确定度 u_0 的云滴 x_i。

具体步骤如下：

Step1：产生一个以 En 为期望值、He^2 为方差的正态的随机数，$En_i = NORM(En, He^2)$；

Step2：计算 $x_i = Ex \pm \sqrt{-2\ln(u)\ En_i}$；

Step3：生成 n 个具有确定度 u_0 的云滴 x_i，即 drop（x，u_0）。

4. 熵权－云评级模型

①建立指标的权重因子集。根据调研数据，利用 AHP－熵权法运算来确定论域内各指标的权重，$W = \{\omega_1, \omega_2, \cdots, \omega_n\}$。

②确定指标集和评价语论域。建立评价对象的指标集：评价指标内有 n 个指标，可确定评价指标集 $U = \{C_1, C_2, \cdots, C_n\}$。建立评价语论域 $V = \{V_1, V_2, \cdots, V_n\}$。例如，将评价语分为极差、较差、一般、较好、极好 5 个等级。

③确定各指标各等级云参数矩阵。每个等级云的特征参数（Ex, En, He）是由各评价指标所对应等级的上下边界值确定的，具体可通过相应的特征值参数公式求出。

$$\begin{cases} Ex = (C_{max} + C_{min})/2 \\ En(C_{max} - C_{min})/6 \\ He = \mathrm{k} \end{cases} \tag{10}$$

其中，k 为常数，可根据评语本身的不确定程度/模糊阀度进行调整。

对于单边约束 C_{max} 或 C_{min} 的评语，可以选确定缺省期望值，再按照上述公式计算云参数，用半升半降云描述，选取相应对称云熵值的一半作为各自的熵值。根据本研究的实际情况，假定评语集所对应的论域为［1，5］，从而可以获得各个定性评语相应的变动区间及对应的参数（见表 2 -9）。

表 2 -9　定性评语对应的变动区间与云模型参数

评语	警惕级	改进级	过渡级	可接受	可宣称
区间	[1,1.5)	[1.5,2.5)	[2.5,3.5)	[3.5,4.5)	[4.5,5]
Ex	1	2	3	4	5
En	1/12	1/6	1/6	1/6	1/12
He	k	k	k	k	k

④隶属度计算。根据计算得到的三个特征参数（Ex, En, He）和筛选后的实际评价指标数据，利用 X 条件云发生器，得到各个指标所对应等级的隶属度，用所得的每个指标的隶属度构造隶属度矩阵 $D = (\mu_{ij}^{*})_{m\times n}$。

⑤确定评价等级。将已获得的权重向量 W 和各评价对象的隶属度矩阵进行模糊变换，进而得到评价集上的模糊子集 C，即隶属度最大的等级 $C = W \times D$。

组合权重云评价模型参见图 2 -5。

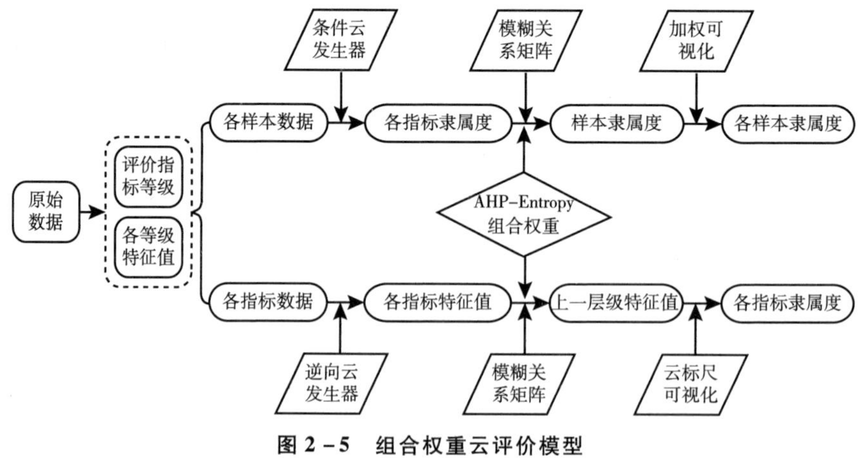

图 2 -5　组合权重云评价模型

第三章　企业"深绿"评价体系构建

第一节　企业"深绿"体系构建的基础

一　"深绿"体系构建的哲学依据

从哲学层面来看，企业是社会发展的产物，在诞生之初就肩负着实现利益相关者利益最大化的使命。科斯（R. H. Coase）发表于1937年的《企业的本质》一文，是对企业社会存在必然性思考的发端。企业的发展受到资源的限制和约束。从哲学视角看，企业发展应该秉承"天人合一"思想，关注生态环境问题，遵循自然规律，节约、高效利用自然资源，实现绿色发展，这是在社会中确立长期存在价值的必然选择。

绿色发展实质上是一个关系的概念，是对企业与世界的关系、主客体关系的反映，任何离开人本身的发展都是不完备的。虽然现有的绿色发展理念根植了经济发展与自然系统（环境）协调的内容，但对系统中最为核心的创造与驱动主体的力量——人与健康的关注是远远不够的。基于"主客体关系"这一概念范畴去认识"深绿"的概念，意味着我们应当从主体、客体和实践活动三个方面去分析其结构维度。换句话说，企业发展的"深绿"结构不仅仅体现在企业自身的经营绩效上，还涉及与自然的关系、与人的关系等方面。如果仅看到节约资源、保护环境、经营状况等方面，显然无法完整把握企业的"深绿"发展。因此，深入剖析企业绿色发展时，需要同时考虑主体、客体及实践活动，即从"深绿"视角构建一个完整的体系。

二 “深绿”体系构建的经济要素

从经济学层面来看，企业的经营状况一直都是衡量企业可持续发展的基础，其优劣与否直接决定企业是否有足够的资金开展绿色管理，这是提升企业绿色发展水平和可持续发展能力的基础和关键。许多企业如石油石化、电力、国防、通信、运输、矿业、冶金、机械等领域的企业，作为国家重要的支柱产业，肩负着保障国家安全、维护国民经济健康发展的重任，因此其经营状况直接影响到社会经济的可持续运行。因此，在深入剖析这些企业的“深绿”结构时，需要考虑企业的经营状况。

三 “深绿”体系构建的生态要素

从生态学层面来看，企业生产运营活动的“资源节约、环境友好”要求是提升企业绿色发展水平和可持续发展能力的重要环节。许多企业如石油石化、电力、矿业、冶金、机械等领域的企业，通常以开采和初级加工不可再生性资源为主要生产和作业方式，其生产加工过程会对自然环境造成不可避免的破坏，如地下水污染、植被破坏、空气污染、资源浪费等。因此，在深入剖析企业的“深绿”结构时，需要考虑企业在节约资源、保护环境方面的表现。

四 “深绿”体系构建的健康要素

绿色发展的核心内涵是人与自然的协调发展，是经济社会的可持续繁荣发展。这一理念必然包括对人本身的关注。在现代社会中，既不能以牺牲生态和环境换取发展，也不能以牺牲人的健康特别是产业从业者的健康换取发展。许多企业如石油石化、电力、矿业、冶金、机械等领域的企业，生产风险较高，且生产环境恶劣，容易发生安全事故，一线员工长期面临粉尘、噪声危害，工作环境很差，身心健康受到严重威胁。因此，在深入剖析企业的“深绿”结构时，需要考虑企业在安全健康管理方面的表现。

五　“深绿”概念的提出及企业“深绿”体系构建

目前，国内外对“绿色”内涵的界定主要围绕两方面展开：一是以应对气候变化和资源环境保护为逻辑归宿，强调在经济发展过程中应当重视温室气体减排、加强资源环境保护；二是以促进经济增长为逻辑归宿，强调将绿色新兴产业作为新的经济增长点，获取经济增长的新动力，如韩国政府将“绿色增长”视为一种以绿色技术和清洁能源来创造新的增长动力和就业机会的新发展模式。本团队认为，随着人们对社会发展系统性认识的深化，“绿色发展”的内涵和理念也不断被深化，从仅关注生态环境的视角扩展到关注整个社会系统，即“绿色发展”应是对经济、自然、社会三大系统的完整诠释。社会系统层面的绿色发展强调，经济发展“绝不靠牺牲生态环境和人民健康来换取经济增长”，人民健康已成为社会繁荣发展的重要标志。但无论从理论研究还是企业实践来看，现阶段鲜有学者或组织将经济系统运行过程中人的安全健康纳入绿色发展的框架中进行研究。在前期系统研究的基础上，本团队将经济、环境、健康纳入一体化框架，首次提出“深绿”体系框架（见图3－1）。

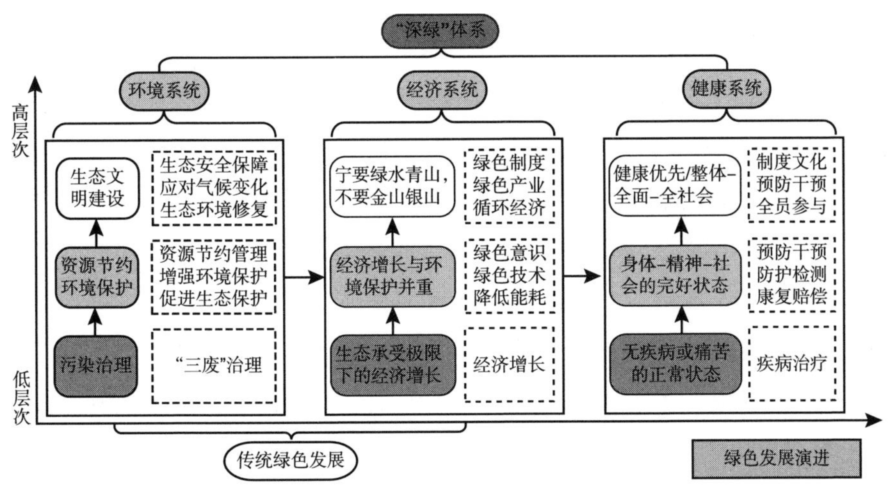

图3－1　企业可持续发展的“深绿”体系框架

"深绿"体系是对传统"绿色发展"（侧重于经济－环境）概念的系统升华，既包含经济发展方式的低碳节能和注重生态与环境保护，也强调对人的安全健康的持续关注。它通过全面构建"经济－环境－健康"协调发展的整体性结构，推进形成系统、和谐、共荣的发展模式，达到经济富民、生态文明、健康纳福的"深绿"社会发展状态，最终为人类社会贡献新的中国智慧、中国理论和中国实践，实现社会发展的永续性。

第二节　企业"深绿"体系构建的原则和方法

评价指标体系的选择和确定是评价研究内容的基础和关键，直接影响到评价的精度和结果。因此，在构建评价体系时需要遵循以下原则。

一是科学性原则。科学性原则是指标体系设置应遵循的最基本原则，它是构建评价体系的基础。构建企业"深绿"体系的科学性体现在，所选择的指标数据能对指标基本概念进行完整、正确、严谨、合理的描述，能够准确反映评价对象的实质和内涵，对评价对象开展正确评价。此外，指标的分类、数据的收集、权重的确立等要采用科学的方法和手段，保证评价结果的准确合理，做到有理有据、真实可靠。

二是系统性原则。企业"深绿"体系评价是一个系统性概念，体现在企业绿色管理基本流程的各个方面，是由多个要素构成的有机整体。因此，企业"深绿"体系构建要从系统的角度出发，全面地、系统地反映企业SHEE管理系统中的各个子流程及其相互协调和整体运作，建立一套能够全面反映企业SHEE管理水平的指标体系。

三是可比性原则。可比性原则体现在评价体系中各指标数据之间的统一，它决定了评价结构是否可信。本书构建企业"深绿"体系，旨在评价各个样本企业的管理水平并进行对比，因此在选用指标时必须注意指标口径要一致、适用范围要统一、具有长期稳定性、具有普遍的统计意义，以确保评价体系能够从横向和纵向两个维度对企业SHEE管理状况进行对比。

四是可操作性原则。可操作性原则是所有实证研究中最重要的原则。指标体系的设计力求使各个指标项简单明了、可量化、有数据可查，在较长的时期和较大的范围内能适用，可以为管理提供依据。遵循可操作原则设计指标体系时，本书更多地选取能够量化的指标，尽量减少使用定性的指标，并对每一个指标进行具体的阐述。在获取相关信息时，也注明了对应的方式方法，从而使整个指标体系更加具有可操作性，在具体的实施过程中也更加简单易行。

五是独立性原则。所谓独立性原则，是指各维度之间在涵盖的内容上不重复，在解释功能上要互相配合。如果指标不独立，两个指标实质上反映了同一事物，说明其中有一个是冗余的，它的存在对整个指标体系没有贡献，还会加大整个评价的工作量，因而也就降低了评价的可行性。更重要的是，若指标不独立，则在指标体系中会将同一指标重复计算两次，实际上是加大了这个指标的权重。在权重集合中，这种偏差的出现无疑极大地影响整个评价的科学性。

总之，在进行企业"深绿"体系构建时，必须选取有代表性和可操作性强的要素作为评价指标，整个评价指标体系能够反映出企业 SHEE 管理的全貌。

同时，为保证企业"深绿"评价体系构建的科学性、规范性、实效性及针对性，本书通过四个途径来进行指标的选取，分别为：①依据相关理论选取指标；②向专业人士进行咨询；③选取在文献中出现过且频率较高的指标；④阅读《可持续发展报告指南》、上市公司行业信息披露指引、社会责任报告等。通过查阅、咨询、统计等步骤后，设计出最初的评价指标。

第三节 企业"深绿"体系构建及评价标准

由前文可知，企业"深绿"体系主要由经营状况（E）评价体系、节能环保（ESEP）评价体系和安全健康（SH）评价体系三部分组成（见图3-2）。

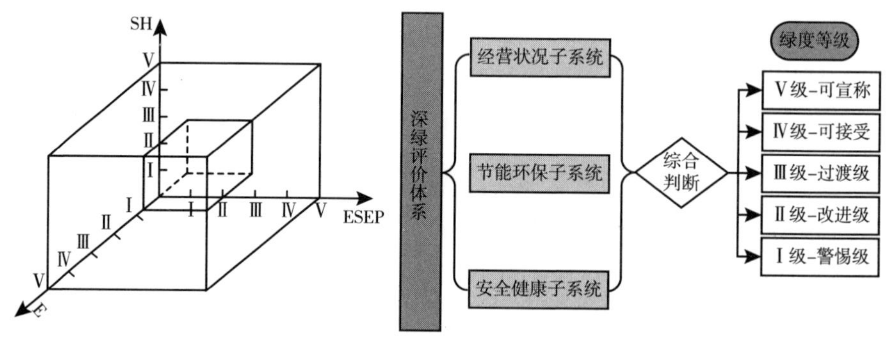

图 3－2　企业可持续发展的“深绿”评价体系

一　经营状况评价体系构建

（一）理论依据

构建企业经营状况评价指标体系的理论依据主要有：政府相关部门发布的法律法规；企业经营管理领域的相关文献；社会责任履行的相关指引；企业经营管理领域相关专家的意见。代表性依据具体见表 3－1：

表 3－1　企业经营状况评价指标体系构建的代表性依据

来源	主要内容
国家统计局《统计上大中小微型企业划分办法(2017)》	该办法按照行业门类、大类、中类和组合类别，依据从业人员、营业收入、资产总额等指标或替代指标，将我国的企业划分为大型、中型、小型、微型等四种类型
武晓龙、李妍锦(2016)	基于可持续发展视角，从经济性、社会性、生态性三个方面构建绿色财务评价指标体系，其中选取盈利能力、营运能力、偿债能力、发展能力作为经济学指标
沈小袷、贺武(2015)	企业绿色财务评价的主要内容应该包括绿色投资、绿色筹资、绿色运营三个方面，核心指标是绿色 EVA(经济增加值)

（二）评价指标体系构建

企业经营状况是一个系统概念。本书在遵循评价指标体系构建原则的基础上，充分考虑企业经营状况的内涵及其核心要素，经过指标体系检索、指标库生成等步骤，最终形成企业经营状况评价指标体系。

1. 指标体系检索

首先，利用目前较为权威、全面的文献检索工具对相关文献进行详尽的检索。检索工具包括中国知网、万方数据库、维普数据库、Web of Science、Science Direct 等。检索完毕后，将相关文献进行整理归纳。

2. 指标库生成

结合前文的准备工作以及文献检索结果，综合归纳整理，形成指标库。

3. 评价指标的确定

根据研究的实际情况，我们在前期准备工作的基础上，咨询相关专家意见，经过多阶段修正与完善，最终形成企业经营状况评价指标体系。该体系主要由企业规模类指标、经济增长类指标、创新潜力类指标三部分构成。其中，企业规模类指标包括资产规模、收入规模、人员规模；经济增长类指标包括盈利能力、偿债能力、营运能力、发展能力；创新潜力类指标包括创新投入、创新产出。

本文在构建评价指标体系时创建了三个准则层，共选取了 9 个一级指标、14 个二级指标。

二　节能环保评价体系构建

（一）理论依据

构建节能环保评价指标体系的理论依据主要有：政府相关部门发布的法律法规；节能环保领域的相关研究；社会责任履行的相关指引；节能环保管理领域相关专家的意见。代表性依据具体见表 3－2。

表 3－2　节能环保评价指标体系构建的代表性依据

来源	主要内容
国务院《“十三五”节能减排综合工作方案（2016—2020）》	到 2020 年，全国万元国内生产总值能耗比 2015 年下降 15%，能源消费总量控制在 50 亿吨标准煤以内。全国化学需氧量、氨氮、二氧化硫、氮氧化物排放总量分别控制在 2001 万吨、207 万吨、1580 万吨、1574 万吨以内，比 2015 年分别下降 10%、10%、15% 和 15%。全国挥发性有机物排放总量比 2015 年下降 10% 以上。

续表

来源	主要内容
国家发展和改革委员会《国家应对气候变化规划（2014—2020年）》	控制温室气体排放。在电力行业建立温室气体排放标准，2015年全国火电单位供电二氧化碳排放量比2010年下降3%左右；煤炭行业要加快采用高效采掘、运输、洗选工艺和设备，推广二氧化碳驱煤层气技术等。
国家发展和改革委员会、国家统计局、环境保护部、中央组织部《绿色发展指标体系》（2016）、《生态文明建设考核目标体系》（2016）	绿色发展指标体系分为资源利用、环境治理、环境质量、生态保护、增长质量、绿色生活、公众满意度7个一级指标和56个二级指标； 生态文明建设考核目标体系分为资源利用、生态环境保护、年度评价结果、公众满意度、生态环境事件5个一级指标和23个二级指标。
国家发展和改革委员会《煤炭行业清洁生产评价指标体系（试行）》（2006）、《火电行业清洁生产评价指标体系（试行）》（2007）、《石油和天然气开采行业清洁生产评价指标体系（试行）》（2009）	煤炭、火电、石油等行业清洁生产评价指标体系分为定量评价和定性评价两大部分。定量评价指标主要用于考评企业实施清洁生产状况和清洁生产程度；定性评价指标主要用于考核企业与有关政策法规的符合性及其清洁生产工作实施情况。定量评价指标和定性评价指标分为一级指标和二级指标两个层次。一级指标为具有普遍性、概括性的指标，包括资源与能源消费指标、生产技术特征指标、污染物产生指标、资源综合利用指标、环境管理与劳动安全卫生指标。二级指标为反映企业清洁生产特点的、具有代表性的、易于评价和考核的指标。
国资委《中央企业节能减排统计监测报表》（2008）	包括企业"三大体系"的建设情况，节能减排考核奖惩制度的制定与实施情况，能源消费和主要污染物的排放情况，节能减排资金投入情况，节能减排技术开发和推广情况等。
国资委综合局《中央企业节能减排发展报告2018》	一是能源消费总量得到有效控制。"十三五"以来，中央企业能源消费总量增幅持续低于全国平均水平。二是单位产值综合能耗明显下降。万元产值综合能耗较"十二五"末下降的幅度，超过国家"十三五"规划的目标进度要求。三是主要污染物减排成效显著。化学需氧量、二氧化硫、氨氮、氮氧化物排放总量远超国家"十三五"规划减排进度目标，为高标准完成国家目标任务做出突出贡献。
《上市公司环境信息披露指南》（2010）	要求石化、纺织、水泥、化工等16个重污染行业的上市公司定期披露环境信息，包括重大环境问题的发生情况、环境影响评价和"三同时"制度执行情况、污染物达标排放情况、一般工业固体废物和危险废物依法处理处置情况、总量减排任务完成情况等。

（二）评价指标体系构建

企业节能环保是一个系统概念。本文在遵循评价指标体系构建原则的基础上，充分考虑能源企业节能环保管理的内涵及其核心要素，经过指标体系检索、指标库生成等步骤，最终形成企业节能环保管理评价指标体系。

1. 指标体系检索

首先，利用目前较为权威、全面的文献检索工具对相关文献进行详尽的检索。检索工具包括中国知网、万方数据库、维普数据库、Web of Science、Science Direct 等。检索完毕后，将相关文献进行整理归纳。

2. 指标库生成

结合前文的准备工作，结合文献检索结果，综合归纳整理，形成指标库。

3. 评价指标的确定

根据研究的实际情况，在前期准备工作的基础上，咨询相关专家意见，经过多阶段修正与完善，最终形成企业节能环保评价指标体系。该体系主要由治理结构体系类指标、管理实施过程类指标、管理绩效/投入类指标和其他类指标四部分构成。其中，治理结构体系类指标包括机构制度、管理文化、管理体系、条款政策；管理实施过程类指标包括清洁生产管理、污染减排管理、资源循环利用、能源增效管理、应对气候变化、生态环境保护、绿色办公管理；管理绩效/投入类指标包括环境污染事件、废弃物排放、能源资源利用、温室气体排放、生态建设成效、节能环保影响力、节能环保投入；其他类指标包括相关公益项目等。

本文在构建评价指标体系时创建了四个准则层，共选取了 19 个一级指标、40 个二级指标，这些指标可以分为定量指标和定性指标两类。

三 安全健康评价体系构建

（一）理论依据

构建安全健康评价指标体系的理论依据主要有：政府相关部门发布的法律法规；安全健康管理领域的相关文献；社会责任履行的相关指引；安全健康管理领域相关专家的意见。代表性依据具体见表 3－3。

表 3-3　安全健康管理评价指标体系构建的代表性依据

来源	主要内容
国务院办公厅《国家职业病防治规划(2016—2020 年)》	从落实用人单位主体责任、健全职业病防治体系、提高职业病监测能力和保障劳动者健康权益四个方面提出了一系列具体的量化指标。
国家安全生产监督管理总局《工作场所职业卫生监督管理规定》(2012)、《煤矿作业场所职业病危害防治规定》(2015)	《工作场所职业卫生监督管理规定》要求,存在职业病危害的用人单位应当制定职业病危害防治计划和实施方案,建立、健全职业卫生管理制度和操作规程; 《煤矿作业场所职业病危害防治规定》要求,煤矿应当制定职业病危害防治年度计划和实施方案,并建立健全职业病危害防治责任制度,职业病危害警示与告知制度,职业病危害项目申报制度,职业病防治宣传、教育和培训制度等。
国家卫生和计划生育委员会《火力发电企业职业危害预防预控指南》(2017)	指出用人单位应定期对本企业的职业病防治工作进行综合评估,评估内容包括:组织机构是否完整;职业病防治计划和实施方案的制定情况;各项管理制度和操作规程规章的制定情况;职业卫生档案的建立和保管情况;职业病危害因素监测及评价制度的制定及实施情况;职业健康监护执行情况,职业病的发病和诊断情况等。
国家安全生产监督管理总局《工矿商贸企业职业卫生监管统计制度》(2014)	统计内容包括:从业人员数、主要负责人职业卫生培训情况、职业健康检查人数、新发职业病病例、累计职业病病例、职业病死亡人数、职业卫生总投入、职业病危害预评价项目数等。
国家安全生产监督管理总局《用人单位职业卫生基础建设主要内容及检查方法》(2013)	用人单位职业卫生基础建设主要内容分为 10 个大项 60 个小项。10 个大项分别为责任体系、规章制度、管理机构、前期预防、工作场所管理、防护设施、个人防护、教育培训、健康监护、应急管理。每个小项都有具体的说明,包含相关法律法规的要求、建议等。

(二)评价指标体系构建

企业安全健康管理是一个系统概念，本文在充分遵循评价指标体系基本原则的基础上，考虑到企业安全健康管理的内涵及其核心要素，经过指标体系检索、指标库生成等步骤，最终形成了企业安全健康评价指标体系。

1. 指标体系检索

首先，利用目前较为权威、全面的文献检索工具对相关文献进行详尽的检索。检索工具包括中国知网、万方数据库、维普数据库、Web of Science、

Science Direct 等。检索完毕后，将相关文件进行整理归纳。

2. 指标库生成

结合前文的准备工作以及文献检索结果，综合归纳整理，形成指标库。

3. 评价指标的确定

根据研究的实际情况，在前期准备工作的基础上，咨询相关专家意见，经过多阶段修正与完善，最终形成企业安全健康评价指标体系。该体系主要由治理结构体系类指标、管理实施过程类指标、管理绩效/投入类指标和其他类指标四部分构成。其中，治理结构体系类指标包括机构制度、管理文化、管理体系、条款政策；管理实施过程类指标包括项目课题、教育培训、监测防护、预防预控、疾病管理；管理绩效/投入类指标包括安全事故、职业病发病、SH 影响力、SH 投入；其他类指标包括相关公益项目等。

本文在构建评价指标体系时创建了四个准则层，共选取了 14 个一级指标、33 个二级指标。这些指标可以分为定量指标和定性指标两类。

第四节 企业“深绿”评价指标权重测算

一 评价指标赋值

（一）经营状况评价指标赋值

经营状况评价指标体系包括三个准则层，以及 9 个一级指标、14 个二级指标。这些指标均为定量指标，可以通过企业年报、企业社会责任报告、企业官方网站、国泰安数据服务中心等渠道获取，或通过计算得到相关数据。

（二）节能环保评价指标赋值

节能环保评价指标体系包括四个准则层，以及 19 个一级指标、40 个二级指标。这些指标可分为定量指标和定性指标两类。定量指标可以通过企业社会责任报告、企业官方网站等渠道获取，或通过计算得到相关数据；定性指标自身难以量化，需要结合专家打分、信息披露的计量方法等进行量化。

为了规范评分标准，我们事先对定性指标做了分级，每一个等级都对应不同的分值，对每一等级的得分标准也做出了明确的界定，使评分更加客观、合理。定性指标的分级标准示例见表3－4。

表3－4 节能环保管理定性指标分级标准示例

分数	具体标准
A1 节能环保管理制度的完善性程度——指标评分标准	
5	相关规章制度很完善，如有专门的节能环保行动方案、计算方法、监测考核评价等，且对此有详细的文字、图表、数据、信息说明等。
4	相关规章制度比较完善，……有较为详细的文字、图表信息说明等。
3	相关规章制度一般完善，……有简略的关键性文字信息说明等。
2	相关规章制度不完善，……仅有少量的文字信息说明。
1	相关规章制度极度不完善，无任何相关信息披露。
A2 节能环保管理部门设置的系统性程度——指标评分标准	
5	相关机构/岗位设置的系统性很强，如有节能管理处、环境保护处、环境监督处等常设机构，对于职能有详细的文字、图表、数据信息说明等。
4	相关机构/岗位设置系统性较强，……且有较为详细的文字、图表信息说明等。
3	相关机构/岗位设置系统性一般，……且有简略的关键性文字信息说明等。
2	相关机构/岗位设置系统性较弱，……仅有少量的文字信息说明。
1	相关机构/岗位设置系统性极差，无任何相关信息披露。
……	
A14 环保公益活动的参与性程度——指标评分标准	
5	相关环保公益活动参与程度很高，如积极组织大型环境改善活动，投入大量人力、物力、财力，且对此有详细的文字、图表、数据信息说明等。
4	相关环保公益活动参与程度较高，……有较为详细的文字、图表信息说明等。
3	相关环保公益活动参与程度一般，……且有简略的关键性文字信息说明等。
2	相关环保公益活动参与程度较低，……仅有少量的文字信息说明。
1	相关环保公益活动参与程度极差，无任何相关公益项目参与信息披露。

注：全部定性指标的详细分级标准可咨询本智库团队。

（三）安全健康评价指标赋值

安全健康管理评价指标体系包括四个准则层，以及14个一级指标、33个二级指标。这些指标可分为定量指标和定性指标两类。为了规范评分标准，我们事先对定性指标做了分级，每一个等级都对应不同的分值，同时对每一等级的得分标准也做出了明确的界定，使评分更加客观、合理。定性指标的分级标准示例见表 3－5。

表 3－5　安全健康定性指标分级标准示例

分数	具体标准
A1 安全健康管理制度的完善性程度——指标评分标准	
5	相关规章制度很完善，如健康安全管理制度、职业病防治管理办法等，且对此有详细的文字、图表、数据信息说明等。
4	相关规章制度比较完善，……有较为详细的文字、图表信息说明等。
3	相关规章制度一般完善，……有简略的关键性文字信息说明等。
2	相关规章制度不完善，……仅有少量文字信息说明。
1	相关规章制度极度不完善，无任何相关信息披露。
A2 安全健康管理部门设置的系统性程度——指标评分标准	
5	相关机构/岗位设置系统性很强，如有安全管理、职业健康、员工权益等常设机构，对职能有详细的文字、图表、数据信息说明等。
4	相关机构/岗位设置系统性较强，……且有较为详细的文字、图表信息说明等。
3	相关机构/岗位设置系统性一般，……且有简略的关键性文字信息说明等。
2	相关机构/岗位设置系统性较弱，……仅有少量文字信息说明。
1	相关机构/岗位设置系统性极差，无任何相关信息披露。
……	
A14 职业病治疗/防治公益项目参与程度——指标评分标准	
5	相关职业病治疗/防治项目参与程度很高，如投入专项资金用于职业病防治，或向职业病防治基金会捐赠（>100 万元），且对此有详细的文字、图表、数据信息说明等。
4	相关治疗/防治项目参与程度较高，……有较为详细的文字、图表信息说明等。
3	相关治疗/防治项目参与程度一般，……且有简略的关键性文字信息说明等。
2	相关治疗/防治项目参与程度较高，……仅有少量文字信息说明。
1	相关治疗/防治项目参与程度较差，无任何相关信息披露。

注：全部定性指标的详细分级标准可咨询本智库团队。

以上是对一些指标的详细解释，针对不同得分给出不同的界定，从而形成针对这些指标的评价结果。

二　评价指标权重测算

本书所构建的“深绿”评价体系包含不同类别的多个指标，各个指

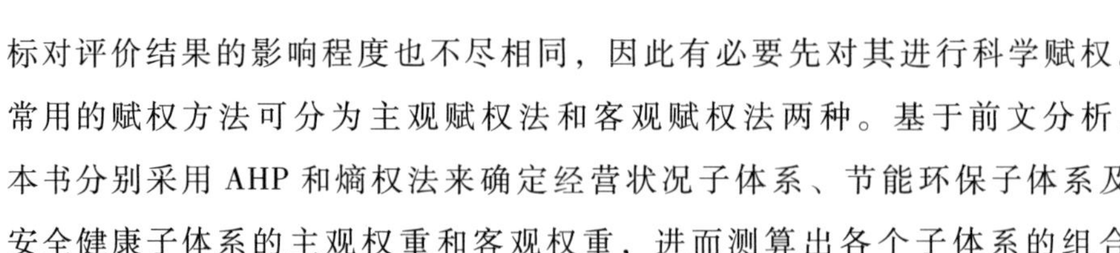

标对评价结果的影响程度也不尽相同，因此有必要先对其进行科学赋权。常用的赋权方法可分为主观赋权法和客观赋权法两种。基于前文分析，本书分别采用 AHP 和熵权法来确定经营状况子体系、节能环保子体系及安全健康子体系的主观权重和客观权重，进而测算出各个子体系的组合权重。

（一）经营状况评价指标赋权

1. 主观权重测算

我们首选采用 AHP 法确定指标体系的主观权重，依据 AHP 步骤，依次进行层次结构模型构建、判断矩阵构造、指标相对权重测算、一致性检验。在进行具体计算时，由于矩阵权重系数计算工作量巨大，检验过程繁琐，并且在计算中容易产生误差，因此，本文引入层次分析法软件 Yaahp 进行计算，以便更快捷、更准确地确定权重。部分步骤如下。

（1）建立层次结构模型

本部分将企业经营状况设定为目标层，将企业规模、经济增长、创新潜力设置为准则层，将准则层包含的具体指标设置为指标层，指标层下设要素层。具体分层情况见图 3－3。

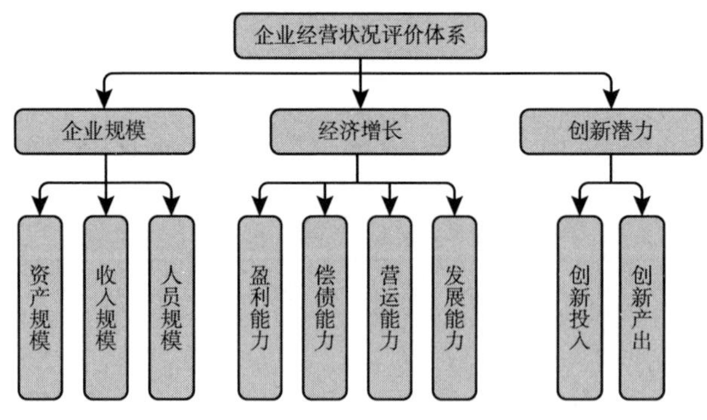

图 3－3　经营状况评价体系层次结构模型

（2）判断矩阵构造

层次分析法判断矩阵的构造，主要是对同一层次的指标进行两两比较，判断其重要性（见表3-6）。在本书中，矩阵中指标的重要性程度由专家评判众数法确定。

表3-6 判断矩阵构造

R(L)	评价指标			
评价指标	*U*	*U*1	*U*2	*U*3
	*U*1	—		
	*U*2		—	
	*U*3			—

（3）指标相对权重分配（分析）情况

首先是进行目标层权重分析，具体见表3-7。

表3-7 目标层权重分配

评价指标	经济增长	企业规模	创新潜力	*Wi*
经济增长	1.0000	1.0000	2.0000	0.4126
企业规模	1.0000	1.0000	1.0000	0.3275
创新潜力	0.5000	1.0000	1.0000	0.2599
说明	一致性比例:0.0516 对“评价指标”的权重:1.0000 λmax:3.0536			

其次进行准则层权重分析，我们以“经济增长”这一准则层为例，具体见表3-8。

表3-8 准则层权重分配

评价指标	盈利能力	营运能力	发展能力	偿债能力	*Wi*
盈利能力	1.0000	2.0000	1.0000	2.0000	0.3333
营运能力	0.5000	1.0000	1.0000	2.0000	0.2349
发展能力	1.0000	1.0000	1.0000	3.0000	0.3065
偿债能力	0.5000	0.5000	0.3333	1.0000	0.1254
说明	一致性比例:0.0304 对“评价指标”的权重:1.0000 λmax:4.0813				

最后测算出准则层、指标层及要素层及综合权重，如表 3－9 所示。

表 3－9　企业经营状况评价体系主观权重汇总

目标层	准则层	指标层	Wi_2	要素层	Wi_3	Wi_0
经营状况评价体系	企业规模（0.3275）	资产规模	0.4126	资产总额	1.0000	0.1351
		收入规模	0.3275	营业收入	1.0000	0.1073
		人员规模	0.2599	人员数量	1.0000	0.0851
	经济增长（0.4126）	盈利能力	0.3333	总资产报酬率	0.5000	0.0688
				净资产收益率	0.5000	0.0688
		偿债能力	0.1254	流动比率	0.5000	0.0259
				速动比率	0.5000	0.0259
		营运能力	0.2349	总资产周转率	0.5000	0.0485
				应收账款周转率	0.5000	0.0485
		发展能力	0.3065	营业收入增长率	0.5000	0.0632
				营业利润增长率	0.5000	0.0632
	创新潜力（0.2599）	创新投入	0.500	研发投入比例	0.5000	0.0650
				研发人员比例	0.5000	0.0650
		创新产出	0.500	专利投入产出	1.0000	0.1300

2. 客观权重测算

为避免 AHP 赋权法的主观因素影响，本研究同时采用熵权法获取客观权重。该方法具有适用性广、准确度高、客观性强等特点，因而在各个工程和经济领域获得广泛应用。依据熵权法的实施步骤，我们依次进行判断矩阵构建、数据标准化处理、信息熵计算、权重计算等。在进行具体计算时，由于数据标准化处理、信息熵计算、权重计算的工作量巨大，检验过程繁琐，并且在计算中容易产生误差，因此，我们使用 Matlab 2014 软件进行编程测算，以便更快捷、更准确地确定权重。部分代码如下：

function weights = EntropyWeight（R）% 熵权法求指标权重 weights，R 为输入矩阵

[rows，cols] = size（R）；% 输入矩阵的大小，rows 为对象个数，cols

续表

目标层	准则层	指标层	Wi_2	要素层	Wi_3	Wi_0
节能环保评价体系	管理实施过程（0.4375）	污染减排管理	0.2396	废水减排	0.3333	0.0349
				废气减排	0.3333	0.0349
				废弃物减排	0.3333	0.0349
		资源循环利用	0.1612	水资源利用	0.5000	0.0353
				固体废物利用	0.5000	0.0353
		能源增效管理	0.1322	措施多样性	0.6000	0.0347
				提效实施管理	0.4000	0.0231
		应对气候变化	0.0730	气候变化措施	0.4000	0.0128
				温室气体管理	0.6000	0.0192
		生态环境保护	0.1085	措施的多样化	0.4000	0.0190
				环境保护管理	0.6000	0.0285
		绿色办公管理	0.0890	措施多样化	1.0000	0.0389
	管理绩效/投入（0.3094）	环境污染事件	0.1935	污染事故	1.0000	0.0599
		废弃物排放	0.2080	SO_2排放量	0.4000	0.0257
				COD 排放量	0.4000	0.0257
				废弃物排放量	0.2000	0.0129
		能源资源利用	0.1671	能源消耗量	0.4934	0.0255
				综合耗电量	0.3108	0.0161
				废水利用率	0.1958	0.0101
		温室气体排放	0.1751	二氧化碳排放量	0.6000	0.0325
				其他温室气体排放	0.4000	0.0217
		生态建设成效	0.0743	新增绿化面积	0.4000	0.0092
				动植物保护情况	0.6000	0.0138
		节能环保影响力	0.0744	获奖/荣誉	0.3738	0.0086
				专利/论文	0.6262	0.0144
		节能环保投入	0.1076	环保专项投入	0.6000	0.0200
				节能专项投入	0.4000	0.0133
	其他（0.0344）	相关公益项目	1.0000	参与程度	1.0000	0.0144

注：为方便呈现，我们对部分词语进行了缩略，例如要素层“机构制度的完善性程度”缩略为“机构制度”。

2. 客观权重测算

ESEP 评价体系的客观权重计算方法与前文相同。

（三）安全健康评价指标赋权

同理，本研究亦分别采用 AHP 和熵权法来确定安全健康子体系中各指标的主观权重和客观权重，进而测算出 SH 子体系的组合权重。具体步骤如下。

1. 主观权重测算

（1）建立层次结构模型

安全健康评价体系的层次结构见图 3－5。

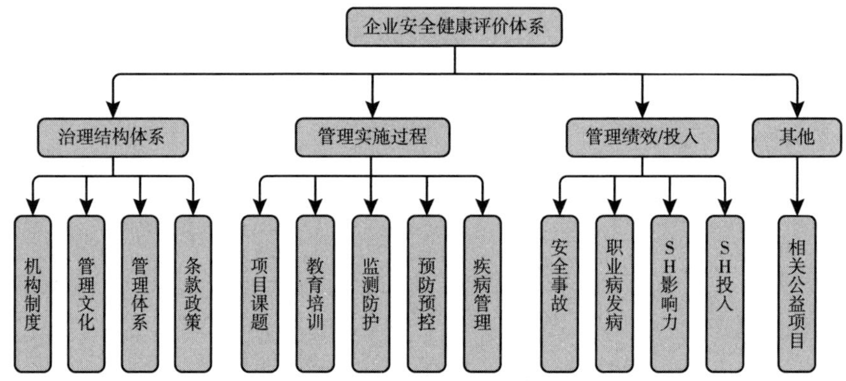

图 3－5　安全健康评价体系层次结构模型

（2）权重分配情况

首先，进行目标层权重分析，具体可参见表 3－17。

表 3－17　目标层权重分配

评价指标	治理结构体系	管理实施过程	管理绩效/投入	其他	*Wi*
治理结构体系	1.0000	0.5000	0.5000	9.0000	0.2188
管理实施过程	2.0000	1.0000	2.0000	9.0000	0.4375
管理绩效/投入	2.0000	0.5000	1.0000	9.0000	0.3094
其他	0.1111	0.1111	0.1111	1.0000	0.0344
说明	一致性比例:0.0454　对“评价指标”的权重:1.0000　λmax:4.1213				

其次，进行准则层权重分析。“治理结构体系”“管理实施过程”“管理绩效/投入”准则层权重分配情况，参见表 3－18、表 3－19、表 3－20。

表 3－18　“治理结构体系”准则层权重分配

评价指标	管理体系	管理文化	机构制度	条款政策	Wi
管理体系	1.0000	2.0000	1.0000	2.0000	0.3188
管理文化	0.5000	1.0000	0.5000	4.0000	0.2337
机构制度	1.0000	2.0000	1.0000	3.0000	0.3435
条款政策	0.5000	0.2500	0.3333	1.0000	0.1040
说明	一致性比例:0.0454　对“评价指标”的权重:1.0000　λmax:4.1213				

表 3－19　“管理实施过程”准则层权重分配

评价指标	预防预控	项目课题	教育培训	监测防护	疾病管理	Wi
预防预控	1.0000	2.0000	2.0000	1.0000	2.0000	0.2730
项目课题	0.5000	1.0000	0.5000	0.5000	0.5000	0.1063
教育培训	0.5000	2.0000	1.0000	0.5000	0.5000	0.1402
监测防护	1.0000	2.0000	2.0000	1.0000	3.0000	0.3064
疾病管理	0.5000	2.0000	2.0000	0.3333	1.0000	0.1741
说明	一致性比例:0.0454　对“评价指标”的权重:1.0000　λmax:5.2036					

表 3－20　“管理绩效/投入”准则层权重分配

评价指标	SH 投入	安全事故	职业病发病	SH 影响力	Wi
SH 投入	1.0000	0.5000	1.0000	3.0000	0.2550
安全事故	2.0000	1.0000	1.0000	3.0000	0.3619
职业病发病	1.0000	1.0000	1.0000	2.0000	0.2722
SH 影响力	0.3333	0.3333	0.5000	1.0000	0.1109
说明	一致性比例:0.0304　对“评价指标”的权重:1.0000　λmax:4.0813				

再次，进行指标层权重分析，部分示例见表 3－21、表 3－22、表 3－23。

表 3－21　“机构制度”指标层权重分配

评价指标	管理制度	管理部门	相关委员会	Wi
管理制度	1.0000	1.0000	2.0000	0.4126
管理部门	1.0000	1.0000	1.0000	0.3275
相关委员会	0.5000	1.0000	1.0000	0.2599
说明	一致性比例:0.0000　对“评价指标”的权重:1.0000　λmax:3.0536			

表 3－22　“监测防护”指标层权重分配

评价指标	个体防护	保险实施	体检实施	心理健康管理	Wi
个体防护	1. 0000	2. 0000	2. 0000	2. 0000	0. 3905
保险实施	0. 5000	1. 0000	2. 0000	0. 5000	0. 1953
体检实施	0. 5000	0. 5000	1. 0000	0. 5000	0. 1381
心理健康管理	0. 5000	2. 0000	2. 0000	1. 0000	0. 2761
说明	一致性比例:0. 0454　对“评价指标”的权重:1. 0000　λmax:4. 1213				

表 3－23　“预防预控”指标层权重分配

评价指标	作业环境管理	应急保障管理	隐患排查治理	Wi
作业环境管理	1. 0000	2. 0000	1. 0000	0. 4126
应急保障管理	0. 5000	1. 0000	1. 0000	0. 2599
隐患排查治理	1. 0000	1. 0000	1. 0000	0. 3275
说明	一致性比例:0. 0000　对“评价指标”的权重:1. 0000　λmax:3. 0536			

最后测算出要素层、指标层、准则层及组合权重，如表 3－24 所示。

表 3－24　企业安全健康评价体系主观权重汇总表

目标层	准则层	指标层	Wi_2	要素层	Wi_3	Wi_0
安全健康评价体系	治理结构体系（0. 2188）	机构制度	0. 3435	管理制度	0. 4126	0. 0310
				管理部门	0. 3275	0. 0246
				相关委员会	0. 2599	0. 0195
		管理文化	0. 2337	管理重视	0. 4000	0. 0205
				文化活动	0. 6000	0. 0307
		管理体系	0. 3188	体系多样性	0. 4000	0. 0279
				体系系统性	0. 6000	0. 0419
		条款政策	0. 1040	法律法规遵循	0. 6000	0. 0137
				健康条款建设	0. 4000	0. 0091
	管理实施过程（0. 4375）	项目课题	0. 1063	项目课题等级	0. 5000	0. 0233
				项目课题数量	0. 5000	0. 0233
		教育培训	0. 1402	教育培训措施	0. 4000	0. 0245
				教育培训覆盖	0. 6000	0. 0368

续表

<table>
<tr><th>目标层</th><th>准则层</th><th>指标层</th><th>Wi_2</th><th>要素层</th><th>Wi_3</th><th>Wi_0</th></tr>
<tr><td rowspan="20">安全健康评价体系</td><td rowspan="10">管理实施过程（0.4375）</td><td rowspan="4">监测防护</td><td rowspan="4">0.3064</td><td>个体防护</td><td>0.3905</td><td>0.0523</td></tr>
<tr><td>保险实施</td><td>0.1953</td><td>0.0262</td></tr>
<tr><td>体检实施</td><td>0.1381</td><td>0.0185</td></tr>
<tr><td>心理健康管理</td><td>0.2761</td><td>0.0370</td></tr>
<tr><td rowspan="3">预防预控</td><td rowspan="3">0.2730</td><td>作业环境管理</td><td>0.4126</td><td>0.0493</td></tr>
<tr><td>应急保障管理</td><td>0.2599</td><td>0.0310</td></tr>
<tr><td>隐患排查治理</td><td>0.3275</td><td>0.0391</td></tr>
<tr><td rowspan="3">疾病管理</td><td rowspan="3">0.1741</td><td>防治措施</td><td>0.4126</td><td>0.0314</td></tr>
<tr><td>管理档案</td><td>0.2599</td><td>0.0198</td></tr>
<tr><td>在岗管理</td><td>0.3275</td><td>0.0249</td></tr>
<tr><td rowspan="7">管理绩效/投入（0.3094）</td><td rowspan="2">安全事故</td><td rowspan="2">0.3619</td><td>严重性（死亡率）</td><td>0.6000</td><td>0.0672</td></tr>
<tr><td>频发性（事故率）</td><td>0.4000</td><td>0.0448</td></tr>
<tr><td>职业病发病</td><td>0.2722</td><td>严重性（发病率）</td><td>1.0000</td><td>0.0842</td></tr>
<tr><td rowspan="2">SH 影响力</td><td rowspan="2">0.1109</td><td>获奖/荣誉</td><td>0.3738</td><td>0.0128</td></tr>
<tr><td>专利/论文</td><td>0.6262</td><td>0.0215</td></tr>
<tr><td rowspan="2">SH 投入</td><td rowspan="2">0.2550</td><td>安全生产投入</td><td>0.6000</td><td>0.0473</td></tr>
<tr><td>职业健康投入</td><td>0.4000</td><td>0.0316</td></tr>
<tr><td rowspan="3">其他（0.0344）</td><td rowspan="3">相关公益项目</td><td rowspan="3">1.0000</td><td>SH 公益项目</td><td>0.4934</td><td>0.0170</td></tr>
<tr><td>定向医疗救助</td><td>0.3018</td><td>0.0104</td></tr>
<tr><td>定向助学</td><td>0.3018</td><td>0.0104</td></tr>
</table>

注：为方便呈现，我们对部分话语进行了缩略，例如要素层“管理制度的完善性程度”缩略为“管理制度”。

2. 客观权重测算

SH 管理评价体系的客观权重计算方法与前文相同。

第四章　能源行业上市公司“绿度”测度及评价

在前期准备工作的基础上，我们基于前文已构建的企业“深绿”评价体系，以能源行业上市公司（企业）为研究样本，运用公开数据对这些公司的绿色安全发展状况进行透视性观察和评价（即“绿度”评价），促进“绿色发展”向“深绿发展”演变，具体测度及评价过程如下。

第一节　样本选择和数据来源

本研究遵循科学性、全面性和准确性等原则，基于优化后的评价体系，在前期准备环节完善了评价信息体系，在信息收集环节优化了评价信息范围，在信息审核环节健全了评价信息审核机制，最终得到能源行业上市公司SHEE相关数据信息，为深入考察能源行业上市公司的绿色发展水平奠定了基础。

首先是样本选择。本研究选择中国能源行业上市公司作为研究样本，根据中国证监会发布的《上市公司行业分类指引》，选取煤炭开采和洗选业（行业代码06，下同），石油和天然气开采业（07），电力、热力生产和供应业（44），燃气生产和供应业（45），水的生产和供应业（46）为能源行业上市公司的选择范围，从中选取2006~2019年上市公司的数据作为研究对象，并按照以下的方法进行样本筛选：①剔除ST、*ST公司；②剔除2006~2019年未发布可持续发展报告或社会责任报告的公司（直接评定为等外公司）。

经过筛选，共获得包括中国神华、中煤能源、陕西煤业、潞安环能、兖州煤业、中国石化、中国石油、三峡水利、中国核电、大通燃气在内的71家上市公司的568个样本。不包括70家等外评级公司。

其次是数据来源。数据资料的真实性及准确性是进行正确评级的重要因素。本研究的数据主要来自“国泰安数据服务中心”所开发的中国上市公司研究系列数据库；“Wind资讯”所开发的中国上市公司数据库；权威网站，包括巨潮资讯网（中国证券监督管理委员会指定的上市公司信息披露网站）、企业官方网站以及上交所、深交所、政府部门的网站。这些数据库和网站均对我国上市公司基本信息进行了归纳、汇总，为本研究所需的基本信息的收集提供了极大的便利。

最后是信息审核。对收集到的信息进行审核，可进一步保证数据的真实可靠。基于此，本团队对所收集信息的真实性、完备性、准确性以及指标赋值的准确性进行了审核，并进行了多阶段多次修改完善。如对缺失值进行二次收集，对赋值进一步审核等。

第二节 能源行业上市公司SHEE信息披露现状分析

一 SHEE信息报告数量持续增长，但发布率仍然较低

在中国政府、资本市场、行业协会等多方力量的推动下，能源行业上市公司的企业社会责任报告数量持续较快增长，但相关信息发布率仍较低。通过对收集到的材料进行整理可知，2006～2019年能源行业中仅有50.35%（N=71）的企业发布了SHEE相关信息报告（共发布568份社会责任报告/可持续发展报告），49.65%（N=70）的企业在此期间未发布任何SHEE相关信息报告。此外，为了分析不同性质企业的社会责任报告情况，我们将样本企业划分为中央国有企业、地方国有企业、民营企业、外资企业和中外合资企业。通过对样本的分析发现，国有企业是发布企业社会责任报告的主力

军，其中中央国有企业发布245份，占比43.13%，地方国有企业发布236份，占比41.55%，民营企业发布87份，占比15.32%（见图4-1）。

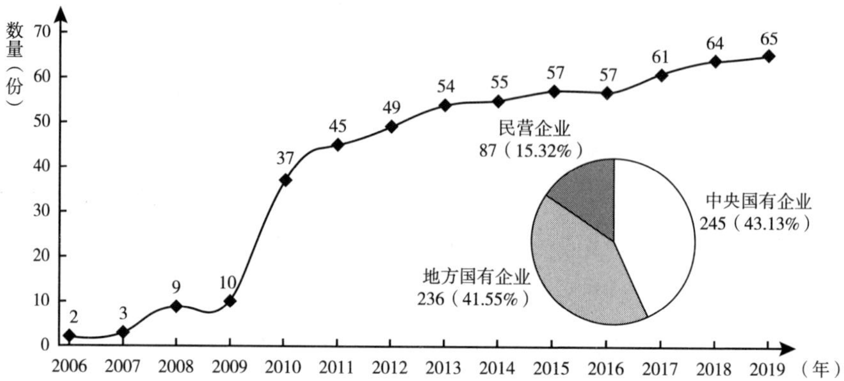

图4-1　2006~2019年能源行业上市公司SHEE信息报告发布情况（N=71，S=568）

二　SHEE信息发布主体分布不平衡：东部地区企业发布居多

为了分析能源行业上市公司SHEE信息发布的地区发展水平，进而对不同地区的报告进行比较，本研究全面收集、提炼、分析能源行业上市公司2006~2019年相关信息报告（社会责任报告/可持续发展报告）的地区分布状况。在对报告进行逐一梳理后发现，SHEE信息发布主体分布不平衡：从地区分布来看，总部在北京（S=121）、广东（S=60）、山西（S=54）、四川（S=48）、上海（S=32）等地的公司共发布了315份SHEE信息报告，占比55.46%，构成了SHEE信息发布的主体。其中，总部位于北京地区的企业发布报告数量最多，达121份，占比21.30%；其次是广东省，共有60份，占比10.56%。

三　不同行业的SHEE信息发布存在差异

本研究进一步对SHEE信息发布的行业分布进行梳理，发现不同行业的信息发布率存在较大差异，其中石油和天然气开采业发布率最高（5家企业共发布43份报告，近三年平均发布率达到80%），其次是煤炭开采和洗选业（27 家企业共发布 136 份报告），而燃气生产和供应业的发布率较低（24 家企业共发布 50 份报告，近三年发布率为 25.56%）。此外，我们进一步对报告的上市地分布进行统计。从上市地来看，在深交所和港交所上市的公司 SHEE 信息发布率显著低于在上交所上市的公司（S = 451，P = 79.40%）（见图 4－2）。

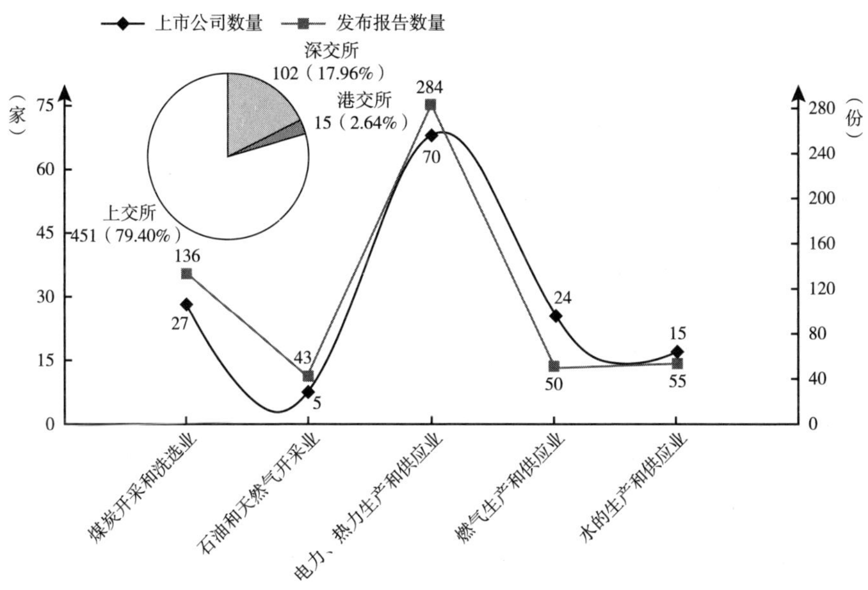

图 4－2　SHEE 信息报告的行业分布及上市地分布（N = 71，S = 568）

四　SHEE 信息发布的连续性较差

SHEE 信息发布的次数反映了企业履行社会责任的持续性情况，发布次数较多的企业往往社会责任履行情况较好。2020 年，在能源行业发布的社会责任报告/可持续发展报告中，为第一次发布的数量最多，达到 61 份，占总数的 10.74%；为第二次和第三次发布的次之，均有 60 份，各占 10.56%（见图 4－3）。进一步统计发现，仅有 22 家企业连续五年发布了相关信息报告。

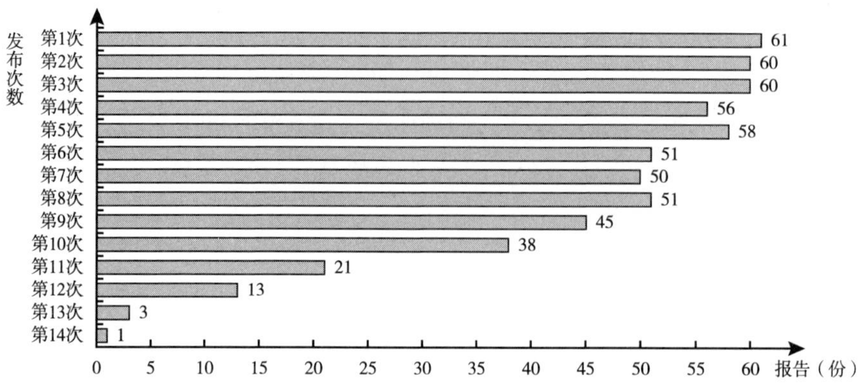

图 4－3　企业 SHEE 信息报告发布的连续性（2020 年）（N＝71，S＝568）

五　SHEE 信息内容的详实性仍有待提升

相关信息的详实程度是影响企业与利益相关方交流和沟通的重要因素，详实的 SHEE 信息有助于充分反映企业在 SHEE 方面的表现。基于相关信息的详实程度，本研究将其分为“差、较差、一般、较好、好、极好”六个等级。我们通过对相关信息梳理发现，内容详实性属于“差”和“较差”等级的报告数量共计 351 份，占比 61.80%，这部分上市公司信息披露较少；而详实性属于“较好”“好”“极好”等级的报告分别有 72 份、43 份、20 份，共占报告总数的 23.77%，这些报告基本能够全面披露企业在节能环保、安全健康方面的理念、制度、措施和绩效等情况（见图 4－4）。

六　SHEE 信息内容的规范性仍有待提升

SHEE 信息是否参考相关标准，反映了企业披露 SHEE 信息的规范程度，有参考标准的报告往往在信息口径的一致性、信息规范性等方面表现较好。经分析，398 份报告参考了相关信息披露标准，占发布报告总数的 70.07%；170 份报告未披露或未参考相关标准，占发布报告总数的 29.93%，这部分企业编写社会责任报告较随意，缺乏规范性。在参考了相关披露标准的 398 份报告中，269 份报告参考了上交所的《上市公司行业信

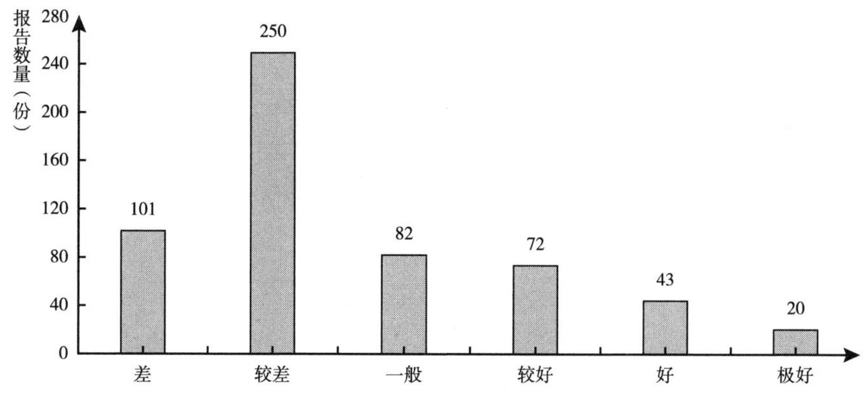

图 4－4　SHEE 信息详实性等级分布（N＝71，S＝568）

息披露指引》等，199 份报告参考了全球报告倡议组织（GRI）的《可持续发展报告指南》，142 份报告参考了中国社会科学院企业社会责任研究中心编写的《中国企业社会责任报告编写指南》，94 份报告参考了《深圳证券交易所上市公司行业信息披露指引》等，50 份报告参考了国务院国资委《关于中央企业履行社会责任的指导意见》等。报告参考标准的详细情况如图 4－5 所示。

七　SHEE 信息内容的科学性仍有待提升

是否经过外部评价，反映了企业披露的 SHEE 信息的科学性程度。有外部评价的 SHEE 信息报告往往在信息的科学性、准确性等方面表现较好。为增加相关信息的可信度，部分企业选择引入外部机构对报告的内容及数据进行审验，审验的形式包括报告评级、数据审验、质量认证及相关方评价四种类型。在 568 份样本报告中，仅有 59 份报告引入了外部鉴证，占比 10.39%。其中，27 份报告引入行业专家、员工、客户等相关方进行点评；6 份报告引入中国社科院的中国企业社会责任报告评级，对报告的编制管理过程及报告内容进行全面评价；13 份报告引入质量认证机构认证；13 份报告引入会计师事务所（毕马威华振会计师事务所、德勤华永会计事务所、普华永道中天会计师事务所）审验。

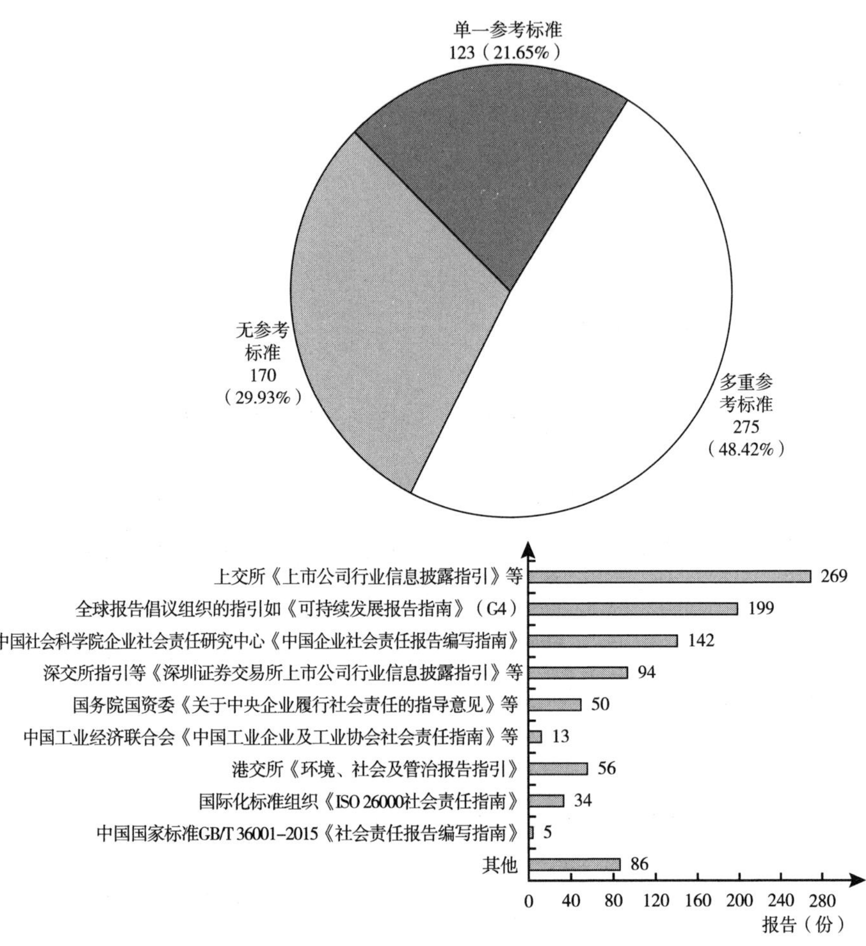

图 4－5　SHEE 信息报告的参考标准（N＝71，S＝568）

八　ESEP 信息内容覆盖面较广，但定量化披露较少

本研究进一步梳理了 ESEP 信息内容的分布情况。由图 4－6 可知，整体上来看，能源行业 ESEP 信息内容较为全面，以 B1 机构制度、B2 管理文化、B3 管理体系、B4 条款政策等为代表的指标，披露水平均达到 80% 以上。但部分指标仍存在定量化披露较少等问题，如 B15 温室气体排放、B16

生态建设成效、B17节能环保影响力等指标披露水平较低，反映出部分公司在这些方面管理水平有待提高。

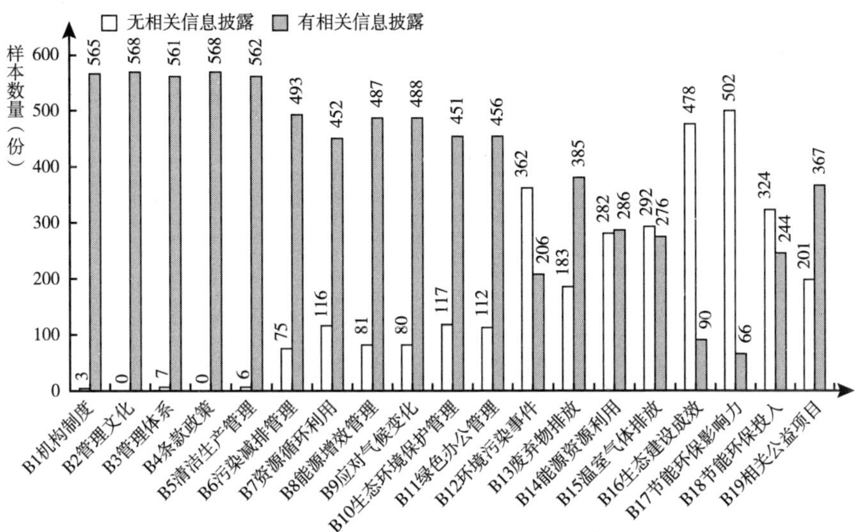

图4－6 节能环保（ESEP）信息内容披露情况（N＝71，S＝568）

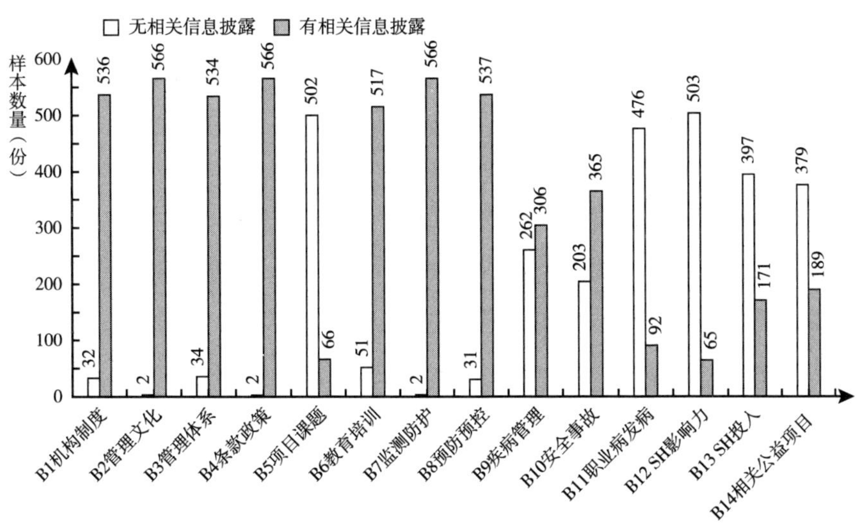

图4－7 安全健康（SH）信息内容披露情况（N＝71，S＝568）

九　SH 信息内容覆盖面较广，但定量化信息披露较少

本研究进一步梳理了 SH 信息内容的分布情况。由图 4 – 7 可知，整体上来看，能源行业 SH 信息内容较为全面，以 B1 机构制度、B2 管理文化、B3 管理体系、B4 条款政策等为代表的指标，披露水平均达到 80% 以上。但从部分指标来看，仍存在定量化披露较少等问题，如 B11 职业病发病、B12SH 影响力等指标的披露水平较低，反映出部分公司在这些方面管理水平有待提高。

第三节　能源行业上市公司经营状况子系统“绿度”评价

一　样本财务信息基本分布

企业财务能力的大小映射了公司履行社会责任能力的高低，财务能力较强的公司往往承担了更多的社会责任。基于此，本研究首先对能源行业上市公司的财务信息进行了统计（见表 4 – 1）。统计结果表明，这些上市公司总资产的平均值为 1662. 21 亿元，其中最高值为 56712. 40 亿元，最低值为 0. 081 亿元；营业收入的平均值为 703. 35 亿元，其中最高值为 28379. 70 亿元，最低值为 0. 03 亿元；利润总额的平均值为 628. 33 亿元，其中最高值为 7033. 30 亿元，最低值为 1. 20 亿元；基本每股收益的平均值为 0. 43 元，其中最高值为 3. 75 元，最低值为 3. 00 元；资产负债率的平均值是 46% ，其中最高值 100% ，最低值为 0；总资产收益率的平均值是 0. 04% ，其中最高值为 0. 29% ，最低值为 – 0. 16% ；净资产收益率的平均值为 0. 09% ，其中最高值为 4. 45% ，最低值为 3. 36% 。

表 4-1 样本企业财务数据基本特征

指标	均值	中值	众数	标准差	偏度
资产总额	1662.21	171.70	1552.33	7110.12	6.23
负债总额	2533.39	119.54	0.33	7849.53	4.90
营业收入	703.35	64.03	257.82	3351.13	6.39
利润总额	628.33	12.89	-1.20	1746.77	2.79
基本每股收益	0.43	0.31	0.19	0.60	0.82
资产负债率	0.46	0.48	0.32	0.20	0.18
营业收入增长率	0.15	0.05	0.00	0.61	4.59
总资产收益率	0.04	0.04	0.01	0.06	(4.30)
净资产收益率	0.09	0.08	0.04	0.42	3.06
托宾 q 值	1.15	1.02	0.115596	0.76	1.73
指标	偏度的标准误	峰度	峰度的标准误	最小值	最大值
资产总额	0.126	39.504	0.251	0.081	56712.40
负债总额	0.267	29.72	0.529	0.34	57166.40
营业收入	0.13	41.59	0.25	0.03	28379.70
利润总额	0.25	6.52	0.49	1.20	7033.30
基本每股收益	0.13	7.40	0.25	3.00	3.75
资产负债率	0.13	0.00	0.25	0.00	1.00
营业收入增长率	0.13	43.72	0.26	2.96	6.62
总资产收益率	0.13	54.20	0.29	-0.16	0.29
净资产收益率	0.13	56.87	0.25	3.36	4.45
托宾 q 值	0.13	5.14	0.26	0.12	5.01

注：“资产总额”“负债总额”“营业收入”“利润总额”的单位为亿元，“基本每股收益”的单位为元。

二 各公司云模型等级分析

依据组合权重云评价模型步骤（①建立指标的权重因子集；②确定指标集和指标评价集；③确定各指标各等级云参数矩阵 R；④云模型隶属度计算；⑤确定评价等级），本研究对收集到的企业经营状况指标数据进行处理，具体步骤如下。

（一）建立指标的权重因子集

通过 AHP 和熵权法分别得到主观权重和客观权重之后，根据公式（9）可得能源行业上市公司经营状况评价的组合权重，如表 4－2 所示。

表 4－2　基于 AHP－熵权法的 ESEP 指标层组合权重

准则层	指标层	AHP 赋权	熵权赋权	组合权重
企业规模	资产规模	0.1351	0.1048	0.1800
	收入规模	0.1073	0.1518	0.2070
	人员规模	0.0851	0.1960	0.2121
经济增长	盈利能力	0.1375	0.0072	0.0063
	偿债能力	0.0517	0.0564	0.0185
	营运能力	0.0969	0.2052	0.1264
	发展能力	0.1265	0.0262	0.0212
创新潜力	创新投入	0.1300	0.2279	0.1882
	创新产出	0.1300	0.0244	0.0403

（二）确定指标集和指标评价集

根据最终确定的 14 个指标，将各评价指标值按大小顺序排列，并对其进行等级划分。本文通过参阅相关文献资料，并结合实际情况，将所有指标分为五个等级，用来评价企业经营状况水平：Ⅰ级－警惕级；Ⅱ级－改进级；Ⅲ级－过渡级；Ⅳ级－可接受；Ⅴ级－可宣称。具体指标等级划分如下：以指标 X4（总资产报酬率）为例，Ⅰ级区间为［－0.1642，－0.1072），Ⅱ级区间为［－0.1072，0.0067），Ⅲ级区间为［0.0067，0.1207），Ⅳ级区间为［0.1207，0.2346），Ⅴ级区间为［0.2346，0.2916］。同理，依据公式（10）可以得到全部指标等级划分。

（三）确定各指标各等级云参数矩阵 R

每个等级云的特征参数（Ex，En，He）是由各评价指标所对应等级的上下边界值确定的，具体可通过相应的特征值参数公式（10）求出。以指标 X4（总资产报酬率）为例，Ⅰ级区间为［－0.1642，－0.1072），云模型参数为（Ex，En，He）＝（－0.1642，0.027，0.05）；Ⅱ级区间为

[-0.1072, 0.0067), 云模型参数为 (Ex, En, He) = (-0.05, 0.027, 0.05); Ⅲ级区间为 [0.0067, 0.1207), 云模型参数为 (Ex, En, He) = (0.0637, 0.027, 0.05); Ⅳ级区间为 [0.1207, 0.2346), 云模型参数为 (Ex, En, He) = (0.1777, 0.027, 0.05); Ⅴ级区间为 [0.2346, 0.2916], 云模型参数为 (Ex, En, He) = (0.2916, 0.027, 0.05)。同理, 依据公式 (10) 可以得到全部指标各个等级的云参数矩阵。

(四)云模型隶属度计算

将筛选后的指标数据和各等级云数字特征值作为参数, 运用模型中的 X 条件云发生器, 将算法程序输入 Matlab 2014 软件中, 计算样本每个指标对应各个等级的隶属度, 并构造隶属度矩阵。以中国石化 2019 年度情况为例, 利用 X 条件云发生器得到隶属度矩阵, 具体情况如表 4-3 所示。

表 4-3 2019 年度中国石化经营状况子系统“绿度”等级隶属度

指标	Ⅰ级	Ⅱ级	Ⅲ级	Ⅳ级	Ⅴ级	结论
X1	0.0000	0.0000	0.0002	0.0002	0.9996	Ⅴ
X2	0.0000	0.0000	0.0094	0.0083	0.9823	Ⅴ
X3	0.0000	0.0000	0.0000	0.0000	1.0000	Ⅴ
X4	0.0000	0.0002	0.4972	0.5005	0.0021	Ⅴ
X5	0.0000	0.0003	0.4830	0.5165	0.0002	Ⅳ
X6	0.0000	0.0007	0.5076	0.4917	0.0000	Ⅲ
X7	0.0000	0.0009	0.4983	0.5008	0.0000	Ⅳ
X8	0.0002	0.2213	0.3865	0.3920	0.0000	Ⅳ
X9	0.0017	0.9927	0.0028	0.0028	0.0000	Ⅱ
X10	0.0000	0.0007	0.5037	0.4956	0.0000	Ⅲ
X11	0.0000	0.0006	0.4931	0.5063	0.0000	Ⅳ
X12	0.0015	0.0054	0.0041	0.9890	0.0000	Ⅳ
X13	0.0000	0.0000	0.0080	0.0070	0.9849	Ⅴ
X14	0.0000	0.0003	0.3454	0.3232	0.3310	Ⅲ
综合评级						Ⅳ

(五)确定评价等级

利用由公式 (9) 计算得到的组合权重 W 与隶属度矩阵 U 进行模糊运

算，最后得到2019年度中国石化五个评价等级隶属度，隶属度最大的等级就是经营状况水平等级。

同理，可以得到所有能源行业上市公司经营状况子系统2019年度“绿度”等级评价结果（见表4－4）。

表4－4 2019年度样本公司经营状况子系统“绿度”等级评价结果

序号	公司名称	Ⅰ级	Ⅱ级	Ⅲ级	Ⅳ级	Ⅴ级	评价等级
1	中国石油	0.0000	0.0000	0.1306	0.7384	0.1310	Ⅳ级
2	中国石化	0.0000	0.0001	0.3645	0.3726	0.2628	Ⅳ级
3	中国神华	0.0000	0.0002	0.4575	0.4705	0.0718	Ⅳ级
4	中原环保	0.0000	0.0002	0.4891	0.5051	0.0056	Ⅳ级
5	川投能源	0.0000	0.0002	0.4961	0.5027	0.0010	Ⅳ级
6	陕西煤业	0.0000	0.0003	0.4950	0.5042	0.0006	Ⅳ级
7	兖州煤业	0.0000	0.0005	0.4946	0.5046	0.0003	Ⅳ级
8	潞安环能	0.0000	0.0003	0.4863	0.5132	0.0002	Ⅳ级
9	中煤能源	0.0000	0.0003	0.4860	0.5136	0.0001	Ⅳ级
10	平煤股份	0.0000	0.0004	0.4919	0.5077	0.0000	Ⅳ级
11	蓝焰控股	0.0000	0.0004	0.4815	0.5180	0.0001	Ⅳ级
12	长江电力	0.0000	0.0005	0.4880	0.5115	0.0000	Ⅳ级
13	中国核电	0.0000	0.0005	0.4996	0.4999	0.0000	Ⅳ级
14	海峡环保	0.0000	0.0003	0.4931	0.5065	0.0000	Ⅳ级
15	文山电力	0.0000	0.0005	0.4818	0.5177	0.0000	Ⅳ级
16	创业环保	0.0000	0.0005	0.4851	0.5144	0.0000	Ⅳ级
17	国中水务	0.0000	0.0004	0.5009	0.4987	0.0000	Ⅲ级
18	深圳燃气	0.0000	0.0006	0.5063	0.4931	0.0000	Ⅲ级
19	伊泰B股	0.0000	0.0007	0.5004	0.4989	0.0000	Ⅲ级
20	国电电力	0.0000	0.0008	0.5032	0.496	0.0000	Ⅲ级
21	华能国际	0.0000	0.0013	0.5001	0.4986	0.0000	Ⅲ级
22	瀚蓝环境	0.0000	0.0060	0.5034	0.4907	0.0000	Ⅲ级
23	冀中能源	0.0000	0.0060	0.5064	0.4877	0.0000	Ⅲ级
24	昊华能源	0.0000	0.0101	0.4997	0.4902	0.0000	Ⅲ级
25	福能股份	0.0000	0.0122	0.4982	0.4896	0.0000	Ⅲ级
26	申能股份	0.0000	0.0127	0.4951	0.4922	0.0000	Ⅲ级
27	广州发展	0.0000	0.0001	0.4825	0.4490	0.0684	Ⅲ级
28	广汇能源	0.0000	0.0004	0.5189	0.4744	0.0064	Ⅲ级
29	西山煤电	0.0000	0.0001	0.5138	0.4823	0.0038	Ⅲ级

续表

序号	公司名称	Ⅰ级	Ⅱ级	Ⅲ级	Ⅳ级	Ⅴ级	评价等级
30	大唐发电	0.0000	0.0003	0.5068	0.4893	0.0036	Ⅲ级
31	国投电力	0.0000	0.0002	0.5021	0.4951	0.0025	Ⅲ级
32	宝新能源	0.0000	0.0003	0.5174	0.4791	0.0033	Ⅲ级
33	重庆水务	0.0000	0.0003	0.5118	0.4848	0.0030	Ⅲ级
34	通宝能源	0.0000	0.0006	0.5011	0.4972	0.0012	Ⅲ级
35	华能水电	0.0000	0.0005	0.5004	0.4979	0.0012	Ⅲ级
36	兴蓉环境	0.0000	0.0003	0.5258	0.4733	0.0006	Ⅲ级
37	首创股份	0.0000	0.0003	0.5051	0.4942	0.0004	Ⅲ级
38	贵州燃气	0.0000	0.0005	0.5076	0.4914	0.0005	Ⅲ级
39	新集能源	0.0000	0.0003	0.5130	0.4866	0.0002	Ⅲ级
40	江南水务	0.0000	0.0004	0.5105	0.4890	0.0001	Ⅲ级
41	广安爱众	0.0000	0.0004	0.4999	0.4996	0.0001	Ⅲ级
42	大众公用	0.0000	0.0003	0.5057	0.4939	0.0001	Ⅲ级
43	重庆燃气	0.0000	0.0004	0.5114	0.4880	0.0001	Ⅲ级
44	粤电力 A	0.0000	0.0004	0.5001	0.4995	0.0000	Ⅲ级
45	京能电力	0.0000	0.0005	0.5020	0.4975	0.0000	Ⅲ级
46	兰花科创	0.0000	0.0004	0.5043	0.4953	0.0000	Ⅲ级
47	上海能源	0.0000	0.0004	0.5075	0.4921	0.0000	Ⅲ级
48	钱江水利	0.0000	0.0004	0.5008	0.4988	0.0000	Ⅲ级
49	华电能源	0.0000	0.0005	0.5080	0.4915	0.0000	Ⅲ级
50	嘉泽新能	0.0000	0.0006	0.5002	0.4991	0.0000	Ⅲ级
51	中闽能源	0.0000	0.0007	0.5057	0.4937	0.0000	Ⅲ级
52	涪陵电力	0.0000	0.0008	0.4999	0.4993	0.0000	Ⅲ级
53	胜利股份	0.0000	0.0007	0.5041	0.4952	0.0000	Ⅲ级
54	西昌电力	0.0000	0.0006	0.5033	0.4961	0.0000	Ⅲ级
55	乐山电力	0.0000	0.0008	0.5016	0.4977	0.0000	Ⅲ级
56	ST 浩源	0.0000	0.0017	0.4992	0.4991	0.0000	Ⅲ级
57	宁波热电	0.0000	0.0029	0.5042	0.4929	0.0000	Ⅲ级
58	桂东电力	0.0000	0.0030	0.5002	0.4967	0.0000	Ⅲ级
59	华电国际	0.0000	0.0062	0.4985	0.4952	0.0000	Ⅲ级
60	深圳能源	0.0000	0.0058	0.4979	0.4963	0.0000	Ⅲ级
61	黔源电力	0.0000	0.0078	0.5003	0.4919	0.0000	Ⅲ级
62	三峡水利	0.0000	0.0111	0.5039	0.4850	0.0000	Ⅲ级
63	湖北能源	0.0000	0.0267	0.4920	0.4813	0.0000	Ⅲ级
64	闽东电力	0.0000	0.0366	0.4901	0.4733	0.0000	Ⅲ级
65	金山股份	0.0003	0.3938	0.2968	0.3091	0.0000	Ⅱ级

同理，可以得到所有样本公司2006~2019年度经营状况子系统评价云等级情况。将各公司等级进行量化处理后予以可视化呈现，结果如图4-8所示。

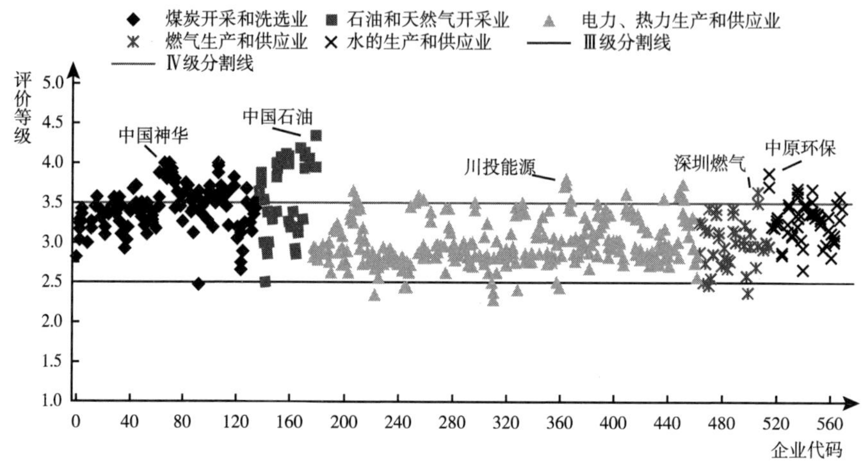

图4-8　2006~2019年度各公司经营状况子系统“绿度”等级评价（N=71，S=568）

在已发布的社会责任报告/可持续发展报告中，97.18%（S=552）的报告样本反映出企业的经营管理状况水平隶属于“Ⅲ级-过渡级”和“Ⅳ级-可接受级”之间。进一步对各等级样本数量进行统计可知，0.176%（S=1）的样本隶属于Ⅴ级，代表企业的经营管理水平处于可宣称级；17.43%（S=99）的样本隶属于Ⅳ级，代表企业的经营管理水平处于可接受级；79.75%（S=453）的样本隶属于Ⅲ级，代表企业的经营管理水平处于过渡级；2.64%（S=15）的样本隶属于Ⅱ级，代表企业的经营管理水平处于改进级。

进一步研究发现，不同行业的经营管理水平存在差异，经营管理水平由高到低依次为：煤炭开采和洗选业，石油和天然气开采业，燃气生产和供应业，水的生产和供应业，电力、热力生产和供应业。其中，煤炭开采和洗选业，石油和天然气开采业，电力、热力生产和供应业，燃气生产和供应业，水的生产和供应业的经营管理状况标杆企业分别为中国神华

（Ⅳ）、中国石油（Ⅴ）、川投能源（Ⅳ）、深圳燃气（Ⅳ）、中原环保（Ⅳ）等，而贵州燃气（Ⅱ）、宁波热电（Ⅱ）、蓝焰控股（Ⅱ）、涪陵电力（Ⅱ）、新疆浩源（Ⅰ）等企业评级相对较低，表明这些公司在经营状况方面亟待改进。

第四节　能源行业上市公司节能环保子系统“绿度”评价

一　各公司云模型等级分析

（一）建立指标的权重因子集

由AHP得到主观权重、由熵权法等到客观权重之后，根据公式（9）可得能源行业上市公司节能环保（ESEP）评价指标的组合权重，如表4－5所示。

表4－5　基于AHP－熵权法的ESEP指标层的权重及组合权重

准则层	指标层	AHP赋权	熵权赋权	组合权重
治理结构体系	机构制度	0.0729	0.0243	0.0291
	管理文化	0.0514	0.0110	0.0146
	管理体系	0.0671	0.0040	0.0076
	条款政策	0.0274	0.0263	0.0194
管理实施过程	清洁生产管理	0.0860	0.0521	0.0937
	污染减排管理	0.1048	0.0240	0.0499
	资源循环利用	0.0705	0.0204	0.0429
	能源增效管理	0.0578	0.0139	0.0235
	应对气候变化	0.0319	0.0146	0.0137
	生态环境保护	0.0475	0.0196	0.0285
	绿色办公管理	0.0389	0.0094	0.0218

续表

准则层	指标层	AHP 赋权	熵权赋权	组合权重
管理绩效/投入	环境污染事件	0.0599	0.0287	0.0989
	废弃物排放	0.0643	0.1364	0.1441
	能源资源利用	0.0517	0.1458	0.1118
	温室气体排放	0.0542	0.0935	0.1677
	生态建设成效	0.0230	0.1291	0.0914
	节能环保影响力	0.0230	0.1820	0.1308
	节能环保投入	0.0347	0.0522	0.0540
其他	相关公益项目	0.0344	0.0128	0.0262

本研究进一步对各个指标的权重进行可视化呈现。由图 4－9 可知，温室气体排放、环境污染事件、节能环保影响力、能源资源利用、生态建设成效是提升节能环保管理水平的关键指标。现阶段企业在这几个方面比较薄弱，改善这几个方面对提升节能环保管理整体水平有显著的影响。

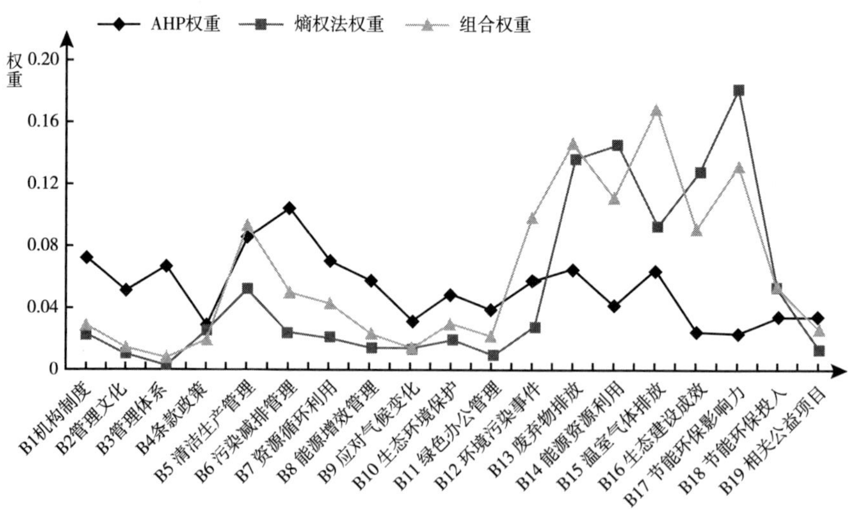

图 4－9　ESEP 子系统指标层权重分布

（二）确定指标集和指标评价集

我们最终确定40个指标，将各评价指标值按由大到小顺序排列，并对其进行等级划分。本文通过参阅相关资料文献并结合实际情况，将所有指标分为五个等级，用来评价节能环保管理水平：Ⅰ级－警惕级；Ⅱ级－改进级；Ⅲ级－过渡级；Ⅳ级－可接受；Ⅴ级－可宣称。具体指标等级划分如下：以指标X1（管理制度的完善性程度）为例，Ⅰ级区间为［1，1.5），Ⅱ级区间为［1.5，2.5），Ⅲ级区间为［2.5，3.5），Ⅳ级区间为［3.5，4.5），Ⅴ级区间为［4.5，5］。同理，依据公式（10）可以得到全部指标等级划分。

（三）确定各指标各等级云参数矩阵R

每个等级云的特征参数（Ex，En，He）是由各评价指标所对应等级的上下边界值确定的，具体可通过相应的特征值参数公式（10）求出。以指标X1（管理制度的完善性程度）为例，Ⅰ级区间为［1，1.5），云模型参数为（Ex，En，He）＝（1，0.17，0.05）；Ⅱ级区间为［1.5，2.5），云模型参数为（Ex，En，He）＝（2，0.17，0.05）；Ⅲ级区间为［2.5，3.5），云模型参数为（Ex，En，He）＝（3，0.17，0.05）；Ⅳ级区间为［3.5，4.5），云模型参数为（Ex，En，He）＝（4，0.17，0.05）；Ⅴ级区间为［4.5，5］，云模型参数为（Ex，En，He）＝（5，0.17，0.05）。同理，依据公式（10）可以得到全部指标各个等级的云参数矩阵。

（四）云模型隶属度计算

将筛选后的指标数据和各等级云的数字特征值作为参数，运用模型中的X条件云发生器，将算法程序输入Matlab 2014软件中，计算样本每个指标对应各个等级的隶属度，并构造隶属度矩阵。以中国石化2019年度情况为例，利用X条件云发生器得到隶属度矩阵，具体情况如表4－6所示。

表4－6　2019年度中国石化ESEP子系统“绿度”等级隶属度

指标	Ⅰ级	Ⅱ级	Ⅲ级	Ⅳ级	Ⅴ级	结论
X1	0.0000	0.0001	0.3073	0.3592	0.3334	Ⅳ
X2	0.0000	0.0001	0.3473	0.3482	0.3043	Ⅳ
X3	0.0000	0.0002	0.3315	0.3558	0.3125	Ⅳ

续表

指标	Ⅰ级	Ⅱ级	Ⅲ级	Ⅳ级	Ⅴ级	结论
X4	0.0000	0.0000	0.0000	0.0000	1.0000	Ⅴ
X5	0.0000	0.0000	0.3511	0.3205	0.3284	Ⅲ
X6	0.0000	0.0001	0.3292	0.3567	0.3140	Ⅳ
X7	0.0000	0.0000	0.0000	0.0000	1.0000	Ⅴ
X8	0.0000	0.0000	0.0000	0.0000	1.0000	Ⅴ
X9	0.0000	0.0013	0.4994	0.4994	0.0000	Ⅳ
X10	0.0000	0.0012	0.4994	0.4994	0.0000	Ⅳ
X11	0.0000	0.0010	0.4995	0.4995	0.0000	Ⅲ
X12	0.0000	0.0011	0.4994	0.4994	0.0000	Ⅲ
X13	0.0000	0.0002	0.3426	0.3191	0.3381	Ⅲ
X14	0.0000	0.0003	0.3454	0.3232	0.3310	Ⅲ
X15	0.0000	0.0001	0.3701	0.3258	0.3040	Ⅲ
X16	0.0000	0.0011	0.4994	0.4994	0.0000	Ⅳ
X17	0.0000	0.0011	0.4994	0.4994	0.0000	Ⅳ
X18	0.0000	0.0000	0.3021	0.3423	0.3556	Ⅴ
X19	0.0000	0.0000	0.2797	0.3347	0.3855	Ⅴ
X20	0.0000	0.0000	0.3260	0.3377	0.3362	Ⅳ
X21	0.0000	0.0002	0.3062	0.3318	0.3619	Ⅴ
X22	0.0000	0.0001	0.3083	0.3313	0.3604	Ⅴ
X23	0.0000	0.0001	0.3387	0.2902	0.3711	Ⅴ
X24	0.0000	0.0002	0.3199	0.3341	0.3458	Ⅴ
X25	0.0000	0.0000	0.0000	0.0000	1.0000	Ⅴ
X26	0.0000	0.0001	0.3580	0.3111	0.3308	Ⅲ
X27	0.0000	0.0012	0.4994	0.4994	0.0000	Ⅲ
X28	0.9981	0.0019	0.0000	0.0000	0.0000	Ⅰ
X29	0.0000	0.0000	0.0000	0.0000	1.0000	Ⅴ
X30	0.0000	0.0000	0.0000	0.0000	1.0000	Ⅴ
X31	0.9982	0.0018	0.0000	0.0000	0.0000	Ⅰ
X32	0.0000	0.0000	0.0000	0.0000	1.0000	Ⅴ
X33	0.0000	0.0000	0.0000	0.0000	1.0000	Ⅴ
X34	0.9978	0.0022	0.0000	0.0000	0.0000	Ⅰ
X35	0.9981	0.0019	0.0000	0.0000	0.0000	Ⅰ
X36	0.9976	0.0024	0.0000	0.0000	0.0000	Ⅱ
X37	0.0020	0.9941	0.0020	0.0019	0.0000	Ⅴ
X38	0.0000	0.0000	0.0000	0.0000	1.0000	Ⅴ

续表

指标	Ⅰ级	Ⅱ级	Ⅲ级	Ⅳ级	Ⅴ级	结论
X39	0.0000	0.0000	0.0000	0.0000	1.0000	Ⅴ
X40	0.0000	0.0001	0.3366	0.2753	0.3879	Ⅴ
综合评级						Ⅳ

（五）确定评价等级

利用公式（9）计算出的组合权重 W 与隶属度矩阵 U 进行模糊运算，最后得到 2019 年度中国石化五个评价等级隶属度，隶属度最大的等级就是节能环保管理水平的等级。

同理，可得所有能源行业上市公司节能环保子系统 2019 年度“绿度”等级评价结果（见表 4－7）。

表 4－7　2019 年度样本公司 ESEP 子系统“绿度”等级评价结果

序号	公司名称	Ⅰ级	Ⅱ级	Ⅲ级	Ⅳ级	Ⅴ级	评价等级
1	长江电力	0.0000	0.0000	0.0018	0.9964	0.0018	Ⅳ级
2	中国核电	0.0000	0.0000	0.0153	0.9738	0.0108	Ⅳ级
3	中国神华	0.0000	0.0000	0.0622	0.8880	0.0498	Ⅳ级
4	文山电力	0.0000	0.0002	0.2841	0.4045	0.3112	Ⅳ级
5	深圳燃气	0.0000	0.0001	0.4082	0.4984	0.0932	Ⅳ级
6	贵州燃气	0.0000	0.0001	0.4679	0.4912	0.0407	Ⅳ级
7	大唐发电	0.0000	0.0002	0.4817	0.5092	0.0089	Ⅳ级
8	瀚蓝环境	0.0000	0.0003	0.4929	0.5045	0.0023	Ⅳ级
9	首创股份	0.0000	0.0002	0.4979	0.5002	0.0016	Ⅳ级
10	兖州煤业	0.0000	0.0004	0.4979	0.5017	0.0000	Ⅳ级
11	国电电力	0.0000	0.0006	0.503	0.4963	0.0000	Ⅲ级
12	国投电力	0.0000	0.0009	0.501	0.4981	0.0000	Ⅲ级
13	宝新能源	0.0000	0.0014	0.4998	0.4987	0.0000	Ⅲ级
14	重庆燃气	0.0000	0.0016	0.5012	0.4972	0.0000	Ⅲ级
15	中煤能源	0.0000	0.0052	0.5019	0.4929	0.0000	Ⅲ级
16	华能水电	0.0000	0.0324	0.4925	0.4751	0.0000	Ⅲ级
17	大众公用	0.0000	0.0904	0.4650	0.4445	0.0000	Ⅲ级

续表

序号	公司名称	Ⅰ级	Ⅱ级	Ⅲ级	Ⅳ级	Ⅴ级	评价等级
18	重庆水务	0.0001	0.1674	0.4186	0.4138	0.0000	Ⅲ级
19	闽东电力	0.0002	0.2504	0.3749	0.3744	0.0000	Ⅲ级
20	冀中能源	0.0000	0.0002	0.4969	0.4631	0.0399	Ⅲ级
21	华电能源	0.0000	0.0004	0.5065	0.4931	0.0000	Ⅲ级
22	粤电力 A	0.0000	0.0004	0.5006	0.4991	0.0000	Ⅲ级
23	华能国际	0.0000	0.0005	0.5042	0.4953	0.0000	Ⅲ级
24	潞安环能	0.0000	0.0008	0.5005	0.4987	0.0000	Ⅲ级
25	黔源电力	0.0000	0.0009	0.5032	0.4959	0.0000	Ⅲ级
26	兴蓉环境	0.0000	0.0202	0.4973	0.4825	0.0000	Ⅲ级
27	西昌电力	0.0000	0.0180	0.5019	0.4801	0.0000	Ⅲ级
28	新集能源	0.0000	0.0262	0.4902	0.4836	0.0000	Ⅲ级
29	中国石油	0.0000	0.0696	0.4737	0.4566	0.0000	Ⅲ级
30	胜利股份	0.0001	0.0796	0.4715	0.4488	0.0000	Ⅲ级
31	深圳能源	0.0001	0.2513	0.3826	0.3659	0.0000	Ⅲ级
32	陕西煤业	0.0002	0.2671	0.3732	0.3595	0.0000	Ⅲ级
33	华电国际	0.0001	0.3894	0.3161	0.2944	0.0000	Ⅱ级
34	国中水务	0.0003	0.5165	0.2465	0.2366	0.0000	Ⅱ级
35	京能电力	0.0004	0.5111	0.2438	0.2446	0.0000	Ⅱ级
36	中闽能源	0.0003	0.5210	0.2503	0.2283	0.0000	Ⅱ级
37	钱江水利	0.0003	0.5583	0.2271	0.2142	0.0000	Ⅱ级
38	广汇能源	0.0003	0.5358	0.2424	0.2214	0.0000	Ⅱ级
39	申能股份	0.0004	0.5851	0.2150	0.1995	0.0000	Ⅱ级
40	江南水务	0.0009	0.6918	0.1501	0.1572	0.0000	Ⅱ级
41	西山煤电	0.0005	0.6891	0.1576	0.1528	0.0000	Ⅱ级
42	ST 浩源	0.0005	0.7973	0.0983	0.1039	0.0000	Ⅱ级
43	福能股份	0.0006	0.7959	0.1034	0.1001	0.0000	Ⅱ级
44	兰花科创	0.0005	0.8240	0.0870	0.0886	0.0000	Ⅱ级
45	广州发展	0.0009	0.9067	0.0484	0.0440	0.0000	Ⅱ级
46	通宝能源	0.0008	0.9100	0.0424	0.0468	0.0000	Ⅱ级
47	中原环保	0.0007	0.9219	0.0390	0.0385	0.0000	Ⅱ级
48	创业环保	0.0011	0.9552	0.0222	0.0216	0.0000	Ⅱ级
49	昊华能源	0.0010	0.9696	0.0142	0.0152	0.0000	Ⅱ级
50	川投能源	0.0014	0.9766	0.0110	0.0110	0.0000	Ⅱ级
51	伊泰 B 股	0.0018	0.9912	0.0034	0.0036	0.0000	Ⅱ级

续表

序号	公司名称	Ⅰ级	Ⅱ级	Ⅲ级	Ⅳ级	Ⅴ级	评价等级
52	湖北能源	0.0017	0.9930	0.0023	0.0030	0.0000	Ⅱ级
53	上海能源	0.0047	0.9924	0.0015	0.0014	0.0000	Ⅱ级
54	中国石化	0.0046	0.9920	0.0017	0.0017	0.0000	Ⅱ级
55	桂东电力	0.0091	0.9883	0.0010	0.0015	0.0000	Ⅱ级
56	广安爱众	0.0087	0.9890	0.0011	0.0011	0.0000	Ⅱ级
57	乐山电力	0.0111	0.9866	0.0013	0.0010	0.0000	Ⅱ级
58	三峡水利	0.0128	0.9848	0.0013	0.0010	0.0000	Ⅱ级
59	海峡环保	0.0151	0.9826	0.0010	0.0012	0.0000	Ⅱ级
60	嘉泽新能	0.0822	0.9163	0.0007	0.0008	0.0000	Ⅱ级
61	蓝焰控股	0.1477	0.8511	0.0006	0.0006	0.0000	Ⅱ级
62	平煤股份	0.2747	0.7244	0.0005	0.0004	0.0000	Ⅱ级
63	宁波热电	0.4671	0.5322	0.0004	0.0004	0.0000	Ⅱ级
64	涪陵电力	0.6222	0.3774	0.0002	0.0002	0.0000	Ⅰ级
65	金山股份	0.8308	0.1690	0.0002	0.0001	0.0000	Ⅰ级

同理，可得所有样本公司 2006～2019 年度的节能环保子系统评价云等级情况。将各公司等级进行量化处理后予以可视化呈现，结果如图 4－10 所示。

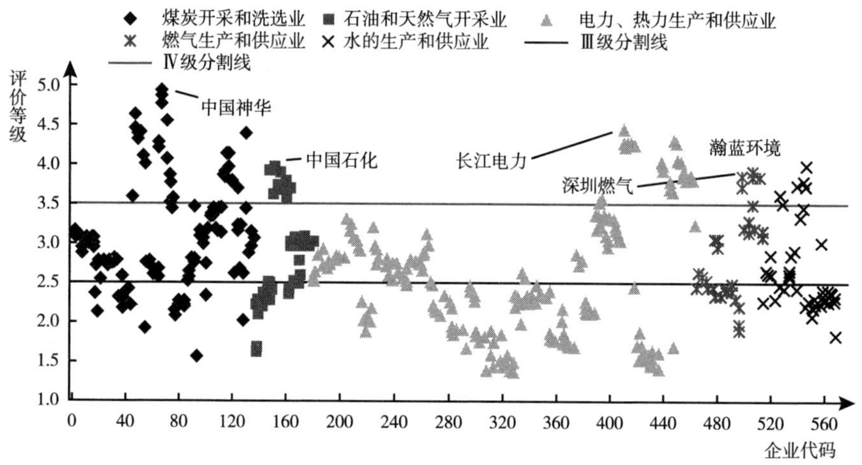

图 4－10　2006～2019 年度各公司节能环保子系统“绿度”等级评价（N＝71，S＝568）

在已发布的社会责任报告/可持续发展报告中，80.46%（S=457）的样本反映出企业的ESEP管理水平隶属于“Ⅱ级-改进级”和“Ⅲ级-过渡级”；仅有16.73%（S=95）的样本反映出企业ESEP管理综合评价等级隶属于“Ⅳ级-可接受”和“Ⅴ级-可宣称”层级；如果考虑到还有70家上市公司2006~2019年未披露任何节能环保相关信息，能源行业上市公司的总体ESEP管理水平处于“可接受”和“可宣称”等级的比例将更低。这表明，大部分能源行业上市公司的ESEP管理仍处于低端水平。进一步对各等级样本数量进行统计可知，0.88%（S=5）的样本隶属于Ⅴ级，代表企业的ESEP管理水平处于可宣称层级；15.85%（S=90）的样本隶属于Ⅳ级，代表企业的ESEP管理水平处于可接受层级；40.49%（S=230）的样本隶属于Ⅲ级，代表企业的ESEP管理水平处于过渡级；39.96%（S=227）的样本隶属于Ⅱ级，代表企业的ESEP管理水平处于改进级；2.82%（S=16）的样本隶属于Ⅰ级，代表企业的ESEP管理水平处于警惕级。

进一步研究发现，不同行业的ESEP管理水平存在差异，从高到低依次为：煤炭开采和洗选业，石油和天然气开采业，燃气生产和供应业，水的生产和供应业，电力、热力生产和供应业。其中，煤炭开采和洗选业，石油和天然气开采业，电力、热力生产和供应业，燃气生产和供应业，水的生产和供应业的ESEP管理标杆企业分别为中国神华（Ⅴ）、中国石化（Ⅳ）、长江电力（Ⅴ）、深圳燃气（Ⅳ）、瀚蓝环境（Ⅳ）等，而涪陵电力（Ⅰ）、湖北能源（Ⅱ）、乐山电力（Ⅱ）、宁波热电（Ⅱ）、广安爱众（Ⅱ）等公司评级较低（具体参见附录），表明这些公司在ESEP管理方面亟待改进。

二　各指标云模型等级分析

在确定定量指标的云模型等级之后，本研究对定量指标进行云模型等级赋值，继而利用逆向云发生器，根据公式（6）~（9）计算各个指标对应的云参数，如表4-8所示。

表 4－8　ESEP 要素层云模型特征值

指标层(B)	要素层(C)	三级指标云模型参数		
		Ex	*En*	*He*
机构制度	管理制度	2.7804	0.0026	0.1233
	管理部门	2.5185	0.0017	0.1073
	相关委员会	1.5661	0.0019	0.0621
管理文化	环保重视	2.9101	0.0030	0.1310
	文化活动实施	2.4339	0.0014	0.1020
管理体系	体系多样性	2.3148	0.0010	0.0944
	体系系统性	2.6587	0.0022	0.1160
条款政策	法律法规遵循	3.0503	0.0035	0.1392
	环保条款	1.8995	0.0030	0.0832
清洁生产管理	原材料采购	1.1852	0.0006	0.0328
	产品生产	1.2725	0.0009	0.0405
	生产审核	2.3836	0.0013	0.0988
污染减排管理	废水减排	2.4709	0.0016	0.1044
	废气减排	2.5635	0.0052	0.1217
	废弃物减排	2.9709	0.0032	0.1346
资源循环利用	水资源利用	2.6772	0.0022	0.1171
	固体废物利用	2.0635	0.0002	0.0774
能源增效管理	措施多样性	2.5847	0.0019	0.1114
	提效实施管理	2.4762	0.0016	0.1047
应对气候变化	气候变化措施	2.5185	0.0017	0.1073
	温室气体管理	1.7011	0.0023	0.0709
生态环境保护	措施的多样化	1.3704	0.0012	0.0483
	环境保护管理	1.4074	0.0014	0.0510
绿色办公管理	措施多样化	3.1693	0.0072	0.1551
环境污染事件	污染事故	3.1693	0.0072	0.1551
废弃物排放	SO_2 减排量	1.4497	0.0015	0.0541
	COD 减排量	1.1415	0.0005	0.0284
	废弃物排放量	1.0556	0.0002	0.0174
能源资源利用	能源消耗量	1.5582	0.0019	0.0616
	综合耗电量	1.0952	0.0003	0.0230
	废水利用率	1.3201	0.0011	0.0444
温室气体排放	二氧化碳减排量	1.3624	0.0012	0.0477
	其他温室气体排放	1.6429	0.0021	0.0672

续表

指标层(B)	要素层(C)	三级指标云模型参数		
		Ex	*En*	*He*
生态建设成效	新增绿化面积	2.7804	0.0026	0.1233
	动植物保护情况	2.5185	0.0017	0.1073
节能环保影响力	获奖/荣誉	1.5661	0.0019	0.0621
	专利/论文	2.9101	0.0030	0.1310
节能环保投入	环保专项投入	2.4339	0.0014	0.1020
	节能专项投入	2.3148	0.0010	0.0944
相关公益项目	参与程度	2.6587	0.0022	0.1160

将每个二级指标的特征参数及权重带入公式进行云模型运算，得到上一层指标的云模型参数（见表4-9）。

表4-9 ESEP指标层及准则层云模型特征值

一级指标评价(A)	二级指标评价(B)	二级指标云模型参数			一级指标云模型参数
		Ex	*En*	*He*	(*Ex*,*En*,*He*)
治理结构体系	机构制度	3.2078	0.0024	0.1440	3.4451,0.0018,0.1543
	管理文化	3.6852	0.0009	0.1643	
	管理体系	3.5466	0.0018	0.1594	
	条款政策	3.3735	0.0019	0.1509	
管理实施过程	清洁生产管理	2.5137	0.0004	0.1022	2.9480,0.0030,0.1330
	污染减排管理	3.0846	0.0069	0.1504	
	资源循环利用	2.9709	0.0032	0.1346	
	能源增效管理	3.1635	0.0005	0.1363	
	应对气候变化	3.1196	0.0017	0.1376	
	生态环境保护	2.9772	0.0001	0.1247	
	绿色办公管理	3.0079	0.0067	0.1463	
管理绩效/投入	环境污染事件	2.5608	0.0081	0.0648	2.0852,0.0019,0.0776
	废弃物排放	2.3233	0.0009	0.0861	
	能源资源利用	1.9618	0.0032	0.0870	
	温室气体排放	1.9140	0.0030	0.0841	
	生态建设成效	1.4868	0.0016	0.0567	
	节能环保影响力	1.0831	0.0003	0.0214	
	节能环保投入	2.5180	0.0050	0.1191	
其他	相关公益项目	2.0556	0.0035	0.0926	2.0556,0.0035,0.0926

通过公式，对一级指标进行虚拟云中的综合云运算，得到综合评级数字特征参数（2.7598，0.0019，0.1199）。将节能环保评价一级指标治理结构体系、管理实施过程、管理绩效/投入、其他的特征参数及每个定性评语对应的云模型参数输入正向云发生器，利用 Matlab 2014 软件绘制定性评语及节能环保管理综合评价的云图。图 4－11 为评价等级云标尺。

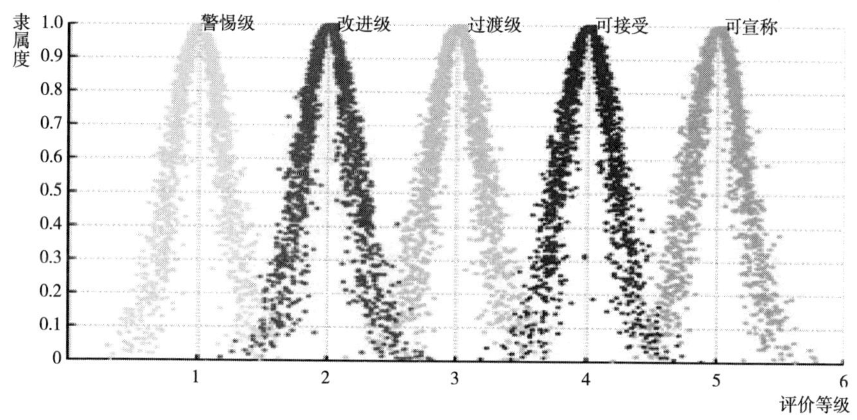

图 4－11　评价等级云标尺

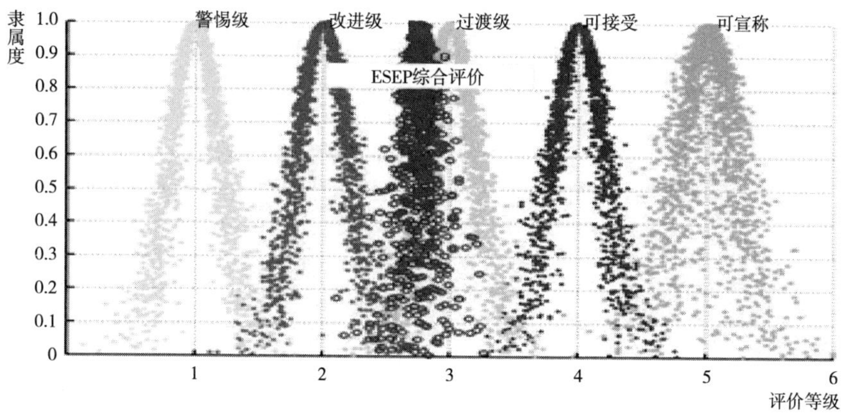

图 4－12　ESEP 综合评价云

从图 4－12 中可以看出，能源行业上市公司节能环保综合评价云的期望值 $Ex=2.7598$ 落在了“改进级”和“过渡级”之间，较为偏向

“过渡级”的评价云，可以得出能源行业节能环保管理水平处于“改进级”和“过渡级”之间的结论。此外，评价结果云的熵值 *En* 远小于评价云，可知此评价结果范围较小、稳定性好，反映出上市公司群体在节能环保管理方面差异较小，这可能是由大部分公司在节能环保管理方面较弱、披露较少造成的。而结果云超熵值 *He* 较多，显示为云的厚度大于评价云，说明评价结果存在一定随机性，各公司的节能环保管理水平有待提高，还未达到统一的状态。

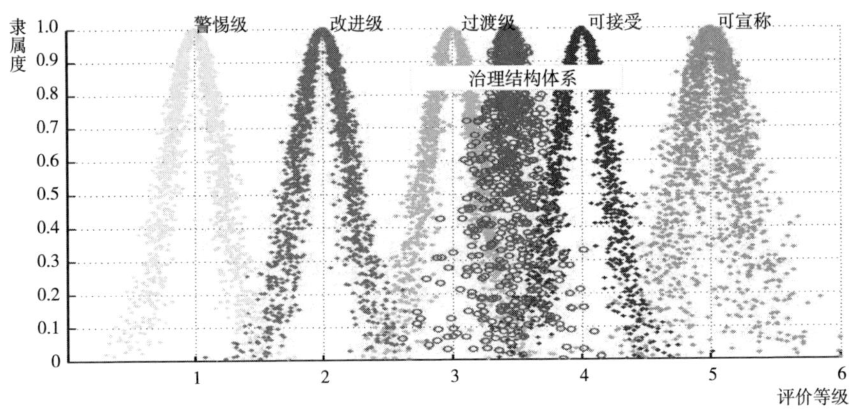

图 4－13　ESEP 治理结构体系评价云

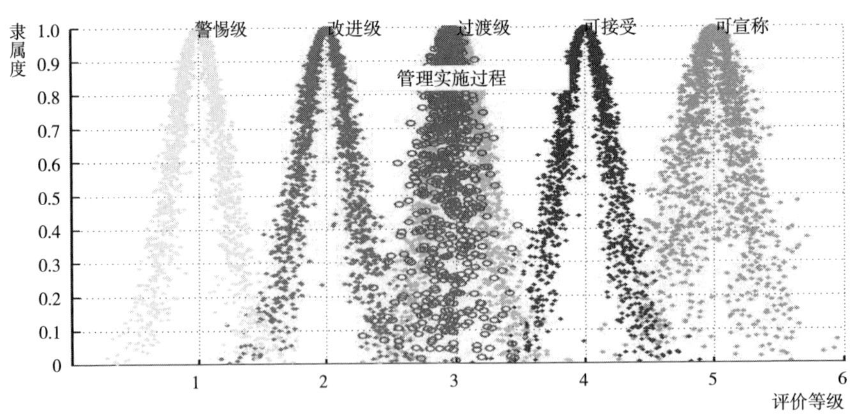

图 4－14　ESEP 管理实施过程评价云

从图 4 - 13 中可以看出，能源行业上市公司节能环保管理的“治理结构体系”云的期望值 $Ex = 3.4451$ 落在了“过渡级”和“可接受”等级之间，较为偏向“过渡级”的评价云，可以得出能源行业节能环保治理结构体系处于“过渡级”水平的结论。此外，从评价结果云的熵值 En 远小于评价云，可知此评价结果范围较小、稳定性好，反映出上市公司群体在 ESEP 治理结构体系方面存在的差异较小，这可能是由大部分公司在 ESEP 治理结构体系方面差异较小、披露较少造成的。而结果云超熵值 He 较多，在图中显示为云的厚度大于评价云，说明评价结果存在一定的随机性，各公司的 ESEP 治理结构体系有待完善。

从图 4 - 14 中可以看出，能源行业上市公司节能环保管理的“管理实施过程”云的期望值 $Ex = 2.9480$ 落在了“改进级”和“过渡级”之间，较为偏向“过渡级”的评价云，可以得出能源行业节能环保管理的实施过程处于“过渡级”的结论。此外，评价结果云的熵值 En 远小于评价云，可知此评价结果范围较小、稳定性好，反映出上市公司群体在 ESEP 管理实施过程方面存在的差异较小，这可能是由大部分公司在 ESEP 管理实施过程中差异较小、披露较少造成的。而结果云超熵值 He 较多，图中显示为云的厚度大于评价云，说明评价结果存在一定随机性，各公司的 ESEP 管理实施过程有待完善。

从图 4 - 15 中可以看出，能源行业上市公司节能环保管理的“管理绩效/投入”云的期望值 $Ex = 2.0852$ 落在了“改进级”和“过渡级”之间，较为偏向“改进级”的评价云，可以得出能源行业节能环保管理的“管理绩效/投入”处于“改进级”水平的结论。此外，评价结果云的熵值 En 远小于评价云，可知此评价结果范围较小、稳定性好，反映出上市公司群体在 ESEP 管理绩效/投入方面存在的差异较小，这可能是由大部分公司在 ESEP 管理绩效/投入方面差异较小、披露较少造成的。而结果云超熵值 He 较多，图中显示为云的厚度大于评价云，说明评价结果存在一定随机性，各公司的 ESEP 管理绩效/投入水平有待提高。

从图 4 - 16 中可以看出，能源行业上市公司节能环保管理的“其他”

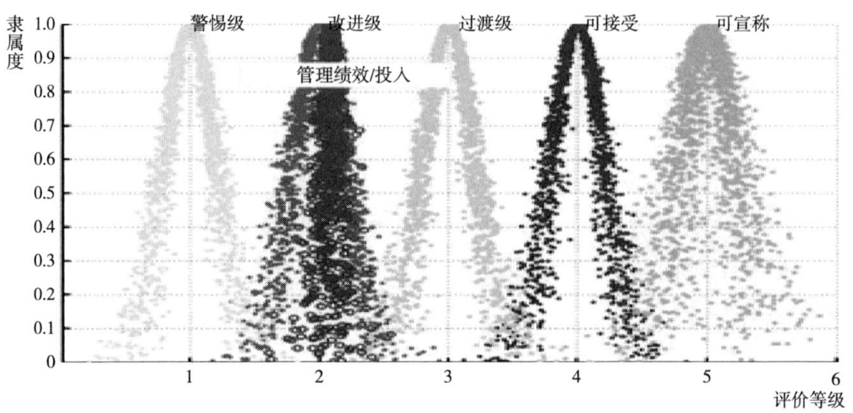

图 4－15　ESEP 管理绩效/投入评价云

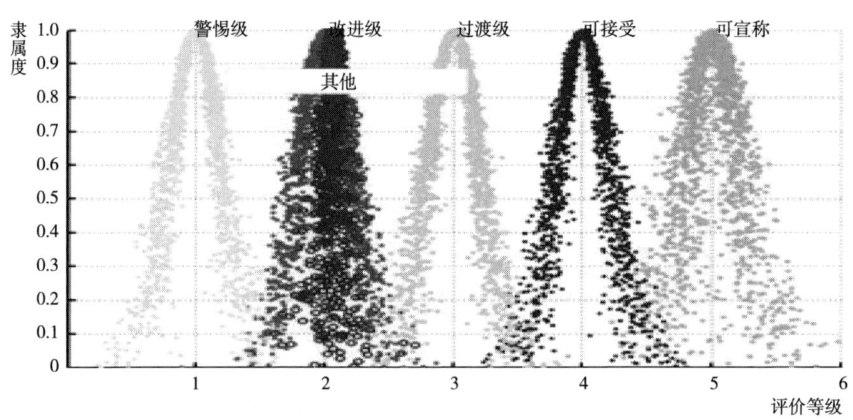

图 4－16　ESEP 其他评价云

云的期望值 $Ex = 2.0556$ 落在了“改进级”和“过渡级”之间，较为偏向“改进级”的评价云，可以得出能源行业节能环保管理在其他方面很弱的结论。此外，从评价结果云的熵值 En 远小于评价云，可知此评价结果范围较小、稳定性好，反映出上市公司群体在 ESEP 其他方面存在的差异较小，这可能是由大部分公司在 ESEP 其他方面差异较小、披露较少造成的。而结果云超熵值 He 较少，图中显示为云的厚度小于评价云，说明评价结果较为稳定，各公司在其他方面一致性较高。

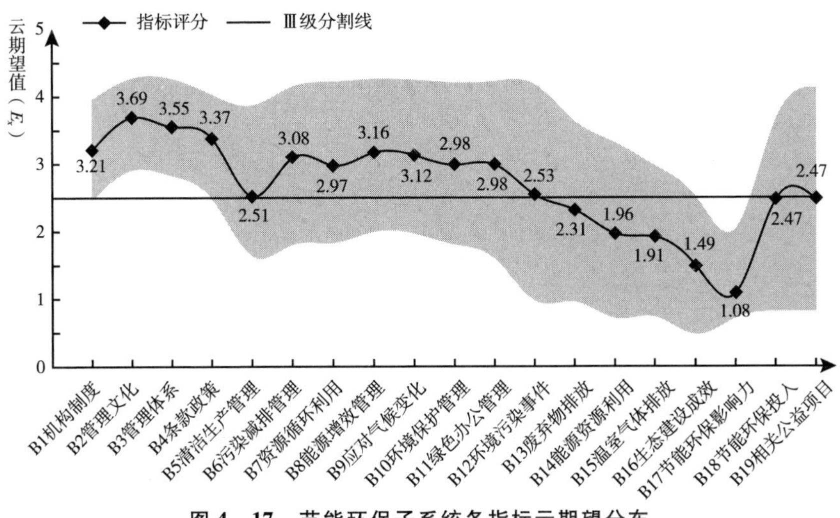

图 4－17　节能环保子系统各指标云期望分布

本研究进步一对 A1 ~ A4 下属的 B1 ~ B19 指标进行统计分析。由图 4－17 可知，大部分指标的云期望值在Ⅱ级 ~ Ⅲ级分割线上下波动。其中 B2 管理文化的期望值最高，以下依次是 B3 管理体系、B4 条款政策、B1 机构制度、B8 能源增效管理、B9 应对气候变化，表明大部分上市公司在这些方面表现较好。值得注意的是 B17 节能环保影响力、B16 生态建设成效、B15 温室气体排放、B14 能源资源利用、B13 废弃物排放等指标的云期望值较低，这表明进一步提升节能环保管理水平的关键所在。

进一步对各等级公司的原始数据进行分析，以明晰相关标杆企业的经验做法及各等级公司应该提升的重点，具体结果如表 4－10 所示：中国神华隶属于Ⅴ级，代表其节能环保管理水平处于可宣称等级。对其 2017 年度原始数据分析可知，该公司在各个方面均比较完善。

表 4－10　2017 年度中国神华 ESEP 各指标简略情况

指标层	要素层	各指标简略情况
机构制度	管理制度	环境管理、能源管理、清洁生产等制度很完善
	管理部门	节能减排、环境保护常设机构/部门岗位设置系统性强
	相关委员会	董事会下设安全健康环保委员会，系统性强

续表

指标层	要素层	各指标简略情况
管理文化	环保重视	愿景、使命、价值观中包含 ESEP 陈述，比较重视
	文化活动实施	开展竞赛、宣讲、征文等一系列活动，内容十分丰富
管理体系	体系多样性	实施环境管理、能源管理等，系统性强
	体系系统性	通过环境管理体系认证（ISO 14001），系统性强
条款政策	法律法规遵循	严格遵循 ESEP 相关法律法规，规范性强
	环保条款	针对客户/供应商的环保条款内容模糊，规范性一般
清洁生产管理	原材料采购	原材料需要有政府、行业绿色认证等，原材料绿色化
	产品生产	通过行业认证标准，进行绿色生产/开采，环境友好型
	生产审核	自愿开展清洁生产审核且严格执行，工作十分规范
污染减排管理	废水减排	坚持完善废水防治与深度回用，相关管理完善有效
	废气减排	推进超低排放，开展污染防治，相关管理完善有效
	废弃物减排	挖掘固体废弃物价值，减少排放，相关管理完善有效
资源循环利用	水资源利用	推广节水工艺等，提高水的利用率，相关管理完善有效
	固体废物利用	挖掘固体废弃物价值，加大利用，相关管理完善有效
能源增效管理	措施多样性	有节能技术/工艺/设备改造、生产运输优化、废水深度回用等一系列节能提效措施，措施十分多样
	提效实施管理	持续推进节能降耗、清洁生产管理，实施状况良好
应对气候变化	气候变化措施	有发展低碳能源、开展循环经济、倡导能源清洁消费、实施技术改造等一系列措施，措施十分多样
	温室气体管理	持续推进碳减排管理、超低排放等，实施状况良好
生态环境保护	措施的多样化	有水土保持、防风固沙、塌陷区治理、复垦绿化生态建设等一系列措施，措施十分多样
	环境保护管理	持续推进生态建设，保护并改善环境，措施比较完善
绿色办公管理	措施多样化	绿色办公相关措施没有提到节本，该方面措施比较匮乏
环境污染事件	污染事故	全年未发生较大及以上级别的污染事故
废弃物排放	SO_2 排放量	二氧化硫排放总量为 2 万吨，SO_2 排放绩效为 0.08 克/千瓦时
	COD 排放量	化学需氧量排放总量为 0.15 万吨，万元产值排放量为 6.03 克
	废弃物排放量	废弃物排放总量为 3754.43 吨，万元产值排放量为 2.189 吨
能源资源利用	能源消耗量	综合能源消耗达 5056.12 万吨标准煤，万元产值消耗 3.18 吨
	综合耗电量	总耗电量为 2262361.17 万千瓦时，万元产值耗电量为 90 千瓦时
	废水利用率	废水综合利用量为 1292 万吨，综合利用率为 71.41%
温室气体排放	二氧化碳排放量	实施减碳示范工程，未披露具体的排放情况
	其他温室气体排放	氮氧化合物排放量为 3.94 吨，未披露其他排放情况
生态建设成效	新增绿化面积	新增绿化面积 3612.5 万平方米，万元产值绿化面积为 20 平方米
	动植物保护情况	开展 51 个生态项目建设，治理面积达 3500 公顷

续表

指标层	要素层	各指标简略情况
节能环保影响力	获奖/荣誉	获得绿色环保奖等相关荣誉 26 项
	专利/论文	创立《清洁能源》刊物，举办高端论坛，发表专利论文多篇
节能环保投入	环保专项投入	环保专项投入为 9.68 亿元，万元产值投入为 3.89 元
	节能专项投入	节能专项投入为 5.84 亿元，万元产值投入为 2.34 元
相关公益活动	参与程度	参与度一般

表 4－11 为各等级公司 2017 年度 ESEP 管理状况。

表 4－11　2017 年度各等级公司 ESEP 各指标简略情况

云等级	代表企业	主要特点等
Ⅴ级	中国神华等	(1)完善的 ESEP 管理制度；系统的节能环保部门；设有安全健康环保委员会；比较重视环保；开展丰富的节能环保文化活动；通过 ISO 14001 环境管理体系认证；有系统的 ESEP 管理体系；有较规范的 ESEP 条款。(2)承担国际 ESEP 创新课题；教育培训丰富，覆盖率高；原材料绿色化；产品生产属环境友好型；清洁生产审核规范；废水、废气、固体废弃物减排管理实施有效；水资源循环利用有效；固体废弃物综合利用有效；能源提效措施多样化，实施完善；应对气候变化措施多样化；温室气体排放管理有效；减少生态环境破坏的措施多样化；生态环境恢复与治理十分有效；绿色办公相关措施多样化。(3)ESEP 相关获奖/荣誉/专利/论文等数量多、影响力大；人均环保/节能投入高。(4)ESEP 公益项目等参与度一般
Ⅳ级	长江电力等	(1)机构制度、管理文化、管理体系、条款政策均较为完善；(2)教育培训、原材料采购、产品生产、清洁生产、三废减排、水资源和固体废弃物循环利用均较为环保，能源提效、应对气候变化、生态环境恢复能力有待进一步提升；(3)ESEP 影响力和 ESEP 投入相对较弱；(4)ESEP 公益项目参与度有待提高
Ⅲ级	大唐发电等	(1)机构制度、管理文化、管理体系、条款政策均较为完善；(2)教育培训、原材料采购、产品生产、清洁生产、三废减排、水资源和固体废弃物循环利用均较为环保，能源提效、应对气候变化、生态环境恢复能力有待进一步提升；(3)ESEP 影响力和 ESEP 投入相对较弱；(4)ESEP 公益项目参与度有待提高
Ⅱ级	华电能源等	(1)机构制度、管理文化、管理体系等方面较差，条款政策方面完善度一般；(2)教育培训、原材料采购、产品生产、清洁生产、三废减排、水资源和固体废弃物循环利用均较差，能源提效、应对气候变化、生态环境恢复措施实施一般；(3)ESEP 影响力和 ESEP 投入方面未做任何说明；(4)ESEP 公益项目参与度较差

三　节能环保等级差异性分析

本节主要采用方差分析和均值分析法来探讨能源行业上市公司的属性特征及相关信息披露状况在节能环保管理水平上的差异。主要运用独立样本 T 检验（Independent Sample T-test）和单因素方差分析（One-Way ANOVA）两种方法。

（一）时间

我们将节能环保及其各维度作为检验变量，将发布时间作为分组变量，就不同时期在节能环保管理能力各维度上是否存在差异进行单因素方差分析，分析结果见表 4－12。

表 4－12　时间维度单因素方差分析结果 1（2006～2019 年度）

		平方和	df	均方	F	显著性
节能环保总体	组间	4.136	13	0.159	0.446	0.952
	组内	201.815	52	0.551		
	总数	398.850	567			
A1 治理结构体系	组间	3.780	13	0.291	0.611	0.846
	组内	263.793	554	0.476		
	总数	267.572	567			
A2 管理实施过程	组间	9.528	13	0.733	0.587	0.865
	组内	691.198	554	1.248		
	总数	700.726	567			
A3 管理绩效/投入	组间	4.485	13	0.345	0.542	0.899
	组内	352.897	554	0.637		
	总数	357.383	567			
A4 其他	组间	4.129	13	0.318	0.446	0.952
	组内	394.721	554	0.712		
	总数	398.850	567			

ESEP 管理及其四个维度在时间上均未呈现显著的差异，这表明 2006～2019 年度 ESEP 管理的总体水平并没有发生显著的变化。

同理，本研究进一步将指标 B1～B19 作为检验变量，发布时间作为分组变量，就不同时间内企业在指标 B1 ~ B19 上是否存在差异进行单因素方差分析，分析结果参见表 4 - 13。

表 4 - 13　时间维度单因素方差分析结果 2（2006 ~ 2019 年度）

		平方和	df	均方	F	显著性
B1 机构制度	组间	13.984	13	1.076	0.432	0.958
	组内	1380.936	554	2.493		
	总数	1394.920	567			
B2 管理文化	组间	4.830	13	0.372	0.729	0.735
	组内	282.502	554	0.510		
	总数	287.332	567			
B3 管理体系	组间	6.251	13	0.481	0.718	0.746
	组内	370.984	554	0.670		
	总数	377.235	567			
B4 条款政策	组间	6.536	13	0.503	1.039	0.412
	组内	268.029	554	0.484		
	总数	274.564	567			
B5 清洁生产管理	组间	8.929	13	0.687	0.434	0.957
	组内	876.862	554	1.583		
	总数	885.790	567			
B6 污染减排管理	组间	2.141	13	0.165	0.126	1.000
	组内	724.120	554	1.307		
	总数	726.261	567			
B7 资源循环利用	组间	4.494	13	0.346	0.223	0.998
	组内	858.713	554	1.550		
	总数	863.207	567			
B8 能源增效管理	组间	7.494	13	0.576	0.426	0.961
	组内	749.457	554	1.353		
	总数	756.951	567			
B9 应对气候变化	组间	6.336	13	0.487	0.312	0.990
	组内	865.121	554	1.562		
	总数	871.456	567			
B10 生态环境保护	组间	15.006	13	1.154	0.744	0.720
	组内	860.094	554	1.553		
	总数	875.100	567			

续表

		平方和	df	均方	F	显著性
B11 绿色办公管理	组间	23.343	13	1.796	0.606	0.850
	组内	1640.655	554	2.961		
	总数	1663.998	567			
B12 环境污染事件	组间	23.343	13	1.796	0.606	0.850
	组内	1640.655	554	2.961		
	总数	1663.998	567			
B13 废弃物排放	组间	33.598	13	2.584	1.254	0.237
	组内	1141.410	554	2.060		
	总数	1175.008	567			
B14 能源资源利用	组间	53.447	13	4.111	3.103	0.000
	组内	733.982	554	1.325		
	总数	787.429	567			
B15 温室气体排放	组间	5.324	13	0.410	0.323	0.989
	组内	703.092	554	1.269		
	总数	708.415	567			
B16 生态建设成效	组间	0.823	13	0.063	0.679	0.784
	组内	51.644	554	0.093		
	总数	52.467	567			
B17 节能环保影响力	组间	13.984	13	1.076	0.432	0.958
	组内	1380.936	554	2.493		
	总数	1394.920	567			
B18 节能环保投入	组间	4.104	13	0.316	0.443	0.954
	组内	394.767	554	0.713		
	总数	398.871	567			
B19 相关公益项目	组间	6.336	13	0.487	0.312	0.990
	组内	865.121	554	1.562		
	总数	871.456	567			

由表 4-13 可知，B1 机构制度、B2 管理文化、B3 管理体系、B4 条款政策、B5 清洁生产管理、B6 污染减排管理、B7 资源循环利用、B8 能源增效管理、B9 应对气候变化、B10 生态环境保护、B11 绿色办公管理、B12 环境污染事件、B13 废弃物排放、B15 温室气体排放、B16 生态建设成效、B17 节能环保影响力、B18 节能环保投入、B19 相关公益项目等在

时间上未呈现出显著性差异，而 B14 能源资源利用在时间上呈现出显著性差异。这表明节能环保管理的总体水平及其一级指标在时间维度上无显著差异。

（二）企业性质

我们将节能环保各维度作为检验变量，企业性质作为分组变量，就不同性质企业的节能环保管理能力在各维度上是否存在差异进行单因素方差分析，分析结果参见表 4 – 14。

表 4 – 14　企业性质单因素方差分析结果 1

		平方和	df	均方	F	显著性
节能环保总体	组间	10.783	2	5.391	10.358	0.000
	组内	294.076	565	0.520		
	总数	304.859	567			
A1 治理结构体系	组间	6.497	2	3.249	7.030	0.001
	组内	261.075	565	0.462		
	总数	267.572	567			
A2 管理实施过程	组间	12.553	2	6.277	5.153	0.006
	组内	688.173	565	1.218		
	总数	700.726	567			
A3 管理绩效/投入	组间	30.718	2	15.359	26.565	0.000
	组内	326.665	565	0.578		
	总数	357.383	567			
A4 其他	组间	38.597	2	19.298	30.267	0.000
	组内	360.253	565	0.638		
	总数	398.850	567			

表 4 – 15　不同性质企业节能环保等级组间均值比较 1

企业性质	均值					
	A1 治理结构体系	A2 管理实施过程	A3 管理绩效/投入	A4 其他	节能环保总体	等级
中央国有企业	3.5509	2.9640	2.3551	2.3121	2.8821	过渡级
地方国有企业	3.3639	2.8129	1.9069	1.8188	2.6195	过渡级
民营企业	3.3343	3.2580	1.7255	1.8929	2.7547	过渡级

由表4－14可知，节能环保总体及A1治理结构体系、A2管理实施过程、A3管理绩效/投入、A4其他4个一级指标均在企业性质因素上呈现出显著性差异。换言之，企业性质对节能环保总体、A1治理结构体系、A2管理实施过程、A3管理绩效/投入、A4其他的影响显著。进一步进行组间均值分析（见表4－15），可以看出中央国有企业的A1治理结构体系、A3管理绩效/投入、A4其他、节能环保总体水平均显著高于其他性质企业，且云模型等级处于“过渡级”级别。这反映出中央国有企业在节能环保管理方面处于相对较好的水平，同时也提示不论中央国有企业、地方国有企业还是民营企业都需要提高节能环保管理水平。

同理，本研究进一步将指标B1～B19作为检验变量，企业性质作为分组变量，就不同性质的企业在指标B1～B19上是否存在差异进行单因素方差分析，分析结果参见表4－16。

表4－16 企业性质单因素方差分析结果2

		平方和	df	均方	F	显著性
B1机构制度	组间	1.845	2	0.922	1.581	0.207
	组内	329.559	565	0.583		
	总数	331.404	567			
B2管理文化	组间	10.169	2	5.084	10.364	0.000
	组内	277.164	565	0.491		
	总数	287.332	567			
B3管理体系	组间	8.854	2	4.427	6.790	0.001
	组内	368.381	565	0.652		
	总数	377.235	567			
B4条款政策	组间	14.134	2	7.067	15.332	0.000
	组内	260.430	565	0.461		
	总数	274.564	567			
B5清洁生产管理	组间	24.238	2	12.119	7.948	0.000
	组内	861.552	565	1.525		
	总数	885.790	567			
B6污染减排管理	组间	5.990	2	2.995	2.350	0.096
	组内	720.270	565	1.275		
	总数	726.261	567			

续表

		平方和	df	均方	F	显著性
B7 资源循环利用	组间	13.190	2	6.595	4.384	0.013
	组内	850.017	565	1.504		
	总数	863.207	567			
B8 能源增效管理	组间	11.271	2	5.635	4.270	0.014
	组内	745.680	565	1.320		
	总数	756.951	567			
B9 应对气候变化	组间	5.307	2	2.654	1.940	0.145
	组内	772.796	565	1.368		
	总数	778.103	567			
B10 生态环境保护	组间	25.777	2	12.888	8.611	0.000
	组内	845.680	565	1.497		
	总数	871.456	567			
B11 绿色办公管理	组间	54.388	2	27.194	18.721	0.000
	组内	820.712	565	1.453		
	总数	875.100	567			
B12 环境污染事件	组间	13.449	2	6.724	2.302	0.101
	组内	1650.550	565	2.921		
	总数	1663.998	567			
B13 废弃物排放	组间	13.449	2	6.724	2.302	0.101
	组内	1650.550	565	2.921		
	总数	1663.998	567			
B14 能源资源利用	组间	85.050	2	42.525	22.043	0.000
	组内	1089.958	565	1.929		
	总数	1175.008	567			
B15 温室气体排放	组间	17.720	2	8.860	6.504	0.002
	组内	769.709	565	1.362		
	总数	787.429	567			
B16 生态建设成效	组间	29.857	2	14.929	12.430	0.000
	组内	678.558	565	1.201		
	总数	708.415	567			
B17 节能环保影响力	组间	0.536	2	0.268	2.914	0.055
	组内	51.931	565	0.092		
	总数	52.467	567			
B18 节能环保投入	组间	120.024	2	60.012	26.596	0.000
	组内	1274.896	565	2.256		
	总数	1394.920	567			

续表

		平方和	df	均方	F	显著性
B19 相关公益项目	组间	38.722	2	19.361	30.373	0.000
	组内	360.150	565	0.637		
	总数	398.871	567			

表 4－17　不同性质企业节能环保等级组间均值比较 2

企业性质	均值						
	B1 机构制度	B2 管理文化	B3 管理体系	B4 条款政策	B5 清洁生产管理	B6 污染减排管理	B7 资源循环利用
中央国有企业	3.2803	3.7896	3.6832	3.4960	2.4502	3.1040	3.0578
地方国有企业	3.1727	3.5732	3.4550	3.2497	2.3916	2.9912	2.7987
民营企业	3.0775	3.6607	3.3679	3.3250	3.0346	3.2732	3.1607
企业性质	均值						
	B8 能源增效管理	B9 应对气候变化	B10 生态环境保护	B11 绿色办公管理	B12 环境污染事件	B13 废弃物排放	B14 能源资源利用
中央国有企业	3.2266	3.0809	3.0555	2.9653	2.6532	2.5191	2.4690
地方国有企业	3.0403	3.0430	2.7839	2.7315	2.4430	2.2832	1.6503
民营企业	3.2964	3.4429	3.2500	3.6964	2.4107	1.7536	1.2238
企业性质	均值						
	B15 温室气体排放	B16 生态建设成效	B18 节能环保影响力	B18 节能环保投入	B19 相关公益项目		
中央国有企业	2.1416	1.7225	1.1272	3.0705	3.0705		
地方国有企业	1.7315	1.2148	1.0405	2.0121	2.0121		
民营企业	1.6964	1.4821	1.0604	1.8000	1.8000		

由表 4－16 可知，B2 管理文化、B3 管理体系、B4 条款政策、B5 清洁生产管理、B10 生态环境保护、B11 绿色办公管理、B14 能源资源利用、B15 温室气体排放、B16 生态建设成效、B18 节能环保投入、B19 相关公益项目等呈现显著性差异，而 B1 机构制度、B6 污染减排管理、B7 资源循环利用、B8 能源增效管理、B9 应对气候变化、B12 环境污染事件、B13 废弃物排放、B17 节能环保影响力则在企业性质上未呈现显著性差异。换言之，企业性质对 B2 管理文化、B3 管理体系、B4 条款政策、B5 清洁生产管理、B10 生态环境保护、B11 绿色办公管理、B14 能源资源利用、B15 温室气体

排放、B16 生态建设成效、B18 节能环保投入、B19 相关公益项目等影响显著，而对 B1 机构制度、B6 污染减排管理、B7 资源循环利用、B8 能源增效管理、B9 应对气候变化、B12 环境污染事件、B13 废弃物排放、B17 节能环保影响力等则无显著性影响。

从进一步组间均值分析（见表 4－17）可以看出，中央国有企业的 B1 机构制度、B2 管理文化、B3 管理体系、B4 条款政策、B12 环境污染事件、B13 废弃物排放、B14 能源资源利用、B15 温室气体排放、B16 生态建设成效、B17 节能环保影响力、B18 节能环保投入、B19 相关公益项目等的均值均显著高于其他性质企业，且云模型等级高于地方国有企业和民营企业，但大部分指标仍处于云模型的“过渡级”。

（三）行业领域

我们将节能环保各维度作为检验变量，行业领域作为分组变量，就不同行业领域的节能环保管理能力在各维度上是否存在差异进行单因素方差分析，分析结果参见表 4－18。

表 4－18　行业领域单因素方差分析结果 1

		平方和	df	均方	F	显著性
节能环保总体	组间	26.608	4	6.652	13.460	0.000
	组内	278.250	563	0.494		
	总数	304.859	567			
A1 治理结构体系	组间	2.055	4	0.514	1.089	0.361
	组内	265.518	563	0.472		
	总数	267.572	567			
A2 管理实施过程	组间	59.152	4	14.788	12.977	0.000
	组内	641.574	563	1.140		
	总数	700.726	567			
A3 管理绩效/投入	组间	132.330	4	33.082	82.760	0.000
	组内	225.053	563	0.400		
	总数	357.383	567			
A4 其他	组间	75.360	4	18.840	32.789	0.000
	组内	323.490	563	0.575		
	总数	398.850	567			

表 4－19　不同行业企业节能环保等级组间均值比较 1

行业领域	均值					
	A1 治理结构体系	A2 管理实施过程	A3 管理绩效/投入	A4 其他	节能环保总体	等级
煤炭开采和洗选业	3.6332	3.2760	2.7278	2.2455	3.1493	过渡级
石油和天然气开采业	3.5814	2.9389	2.5571	2.5714	2.9497	过渡级
电力、热力生产和供应业	3.3183	2.5551	1.8254	2.1728	2.4840	改进级
燃气生产和供应业	3.4403	3.5031	1.3858	1.0278	2.7499	过渡级
水的生产和供应业	3.3094	3.1740	1.5151	1.4571	2.6320	过渡级

由表 4－18 可知，节能环保总体及 A2 管理实施过程、A3 管理绩效/投入、A4 其他 3 个一级指标均在行业领域因素上呈现显著性差异。换言之，行业领域对节能环保总体、A2 管理实施过程、A3 管理绩效/投入、A4 其他影响显著。

通过进一步组间均值分析（见表 4－19）可以看出，煤炭开采和洗选业、石油和天然气开采业、燃气生产和供应业、水的生产和供应业的 ESEP 管理总体上处于过渡级水平，其中煤炭开采和洗选业的 A1 治理结构体系、A3 管理绩效/投入 2 个指标的均值显著高于其他行业，燃气生产和供应业的 A2 管理实施过程指标显著高于其他行业。这侧面反映出煤炭开采和洗选业、石油和天然气开采业、燃气生产和供应业、水的生产和供应业在节能环保管理方面处于相对较好的层级，同时也提示电力、热力生产和供应业需要提高节能环保管理水平。

同理，本研究进一步将指标 B1 ~ B19 作为检验变量，行业领域作为分组变量，就不同性质的企业在指标 B1 ~ B19 上是否存在差异进行单因素方差分析，分析结果参见表 4－20。

表 4－20　行业领域单因素方差分析结果 2

		平方和	df	均方	F	显著性
B1 机构制度	组间	9.197	4	2.299	4.018	0.003
	组内	322.207	563	0.572		
	总数	331.404	567			

续表

		平方和	df	均方	F	显著性
B2 管理文化	组间	5.726	4	1.432	2.862	0.023
	组内	281.606	563	0.500		
	总数	287.332	567			
B3 管理体系	组间	2.915	4	0.729	1.096	0.358
	组内	374.320	563	0.665		
	总数	377.235	567			
B4 条款政策	组间	10.707	4	2.677	5.712	0.000
	组内	263.857	563	0.469		
	总数	274.564	567			
B5 清洁生产管理	组间	121.390	4	30.348	22.352	0.000
	组内	764.400	563	1.358		
	总数	885.790	567			
B6 污染减排管理	组间	34.120	4	8.530	6.938	0.000
	组内	692.141	563	1.229		
	总数	726.261	567			
B7 资源循环利用	组间	107.082	4	26.771	19.933	0.000
	组内	756.124	563	1.343		
	总数	863.207	567			
B8 能源增效管理	组间	35.111	4	8.778	6.846	0.000
	组内	721.840	563	1.282		
	总数	756.951	567			
B9 应对气候变化	组间	113.763	4	28.441	24.102	0.000
	组内	664.340	563	1.180		
	总数	778.103	567			
B10 生态环境保护	组间	74.817	4	18.704	13.219	0.000
	组内	796.639	563	1.415		
	总数	871.456	567			
B11 绿色办公管理	组间	92.322	4	23.081	16.600	0.000
	组内	782.778	563	1.390		
	总数	875.100	567			
B12 环境污染事件	组间	217.555	4	54.389	21.170	0.000
	组内	1446.443	563	2.569		
	总数	1663.998	567			
B13 废弃物排放	组间	217.555	4	54.389	21.170	0.000
	组内	1446.443	563	2.569		
	总数	1663.998	567			

续表

		平方和	df	均方	F	显著性
B14 能源资源利用	组间	291.934	4	72.984	46.530	0.000
	组内	883.073	563	1.569		
	总数	1175.008	567			
B15 温室气体排放	组间	79.222	4	19.805	15.745	0.000
	组内	708.207	563	1.258		
	总数	787.429	567			
B16 生态建设成效	组间	64.245	4	16.061	14.037	0.000
	组内	644.170	563	1.144		
	总数	708.415	567			
B17 节能环保影响力	组间	3.144	4	0.786	8.972	0.000
	组内	49.322	563	0.088		
	总数	52.467	567			
B18 节能环保投入	组间	514.094	4	128.524	82.149	0.000
	组内	880.826	563	1.565		
	总数	1394.920	567			
B19 相关公益项目	组间	75.498	4	18.875	32.861	0.000
	组内	323.373	563	0.574		
	总数	398.871	567			

表 4-21　不同行业企业节能环保等级组间均值比较 2

行业领域	均值						
	B1 机构制度	B2 管理文化	B3 管理体系	B4 条款政策	B5 清洁生产管理	B6 污染减排管理	B7 资源循环利用
煤炭开采和洗选业	3.4600	3.7436	3.7273	3.6509	2.7884	3.2548	3.4273
石油和天然气开采业	3.3771	3.6457	3.8057	3.4571	2.4931	3.2860	2.4429
电力、热力生产和供应业	3.0223	3.6704	3.4037	3.2333	1.9707	2.8415	2.5648
燃气生产和供应业	3.3044	3.7111	3.4944	3.1556	3.4158	3.6283	3.5139
水的生产和供应业	3.0051	3.5829	3.4343	3.2914	3.2566	2.9146	3.3857

续表

行业领域	均值						
	B8 能源增效管理	B9 应对气候变化	B10 生态环境保护	B11 绿色办公管理	B12 环境污染事件	B13 废弃物排放	B14 能源资源利用
煤炭开采和洗选业	3.4855	3.5818	3.3218	3.5273	3.1818	3.2345	3.2156
石油和天然气开采业	2.9714	2.8686	3.3314	3.4286	2.3143	2.7943	2.3597
电力、热力生产和供应业	2.8494	2.6827	2.5519	2.4630	2.5802	1.7901	1.4230
燃气生产和供应业	3.5278	3.6778	3.2667	3.4444	1.0000	1.8556	1.0000
水的生产和供应业	3.4229	3.3657	3.2114	2.7429	2.0857	1.8229	1.1066

行业领域	均值						
	B15 温室气体排放	B16 生态建设成效	B17 节能环保影响力	B18 节能环保投入	B19 相关公益项目		
煤炭开采和洗选业	2.0727	1.9364	1.1579	3.2527	3.2527		
石油和天然气开采业	2.8143	1.0571	1.0786	4.3143	4.3143		
电力、热力生产和供应业	1.7191	1.4877	1.0698	2.0519	2.0519		
燃气生产和供应业	2.0139	1.0000	1.0000	1.0000	1.0000		
水的生产和供应业	1.3143	1.0000	1.0000	1.5600	1.5600		

由表4－20可知，B1 机构制度、B4 条款政策、B5 清洁生产管理、B6 污染减排管理、B7 资源循环利用、B8 能源增效管理、B9 应对气候变化、B10 生态环境保护、B11 绿色办公管理、B12 环境污染事件、B13 废弃物排放、B14 能源资源利用、B15 温室气体排放、B16 生态建设成效、B17 节能环保影响力、B18 节能环保投入、B19 相关公益项目等均在行业领域因素上呈现显著性差异，而 B2 管理文化、B3 管理体系则未在因素上呈现显著性差异。换言之，行业领域对 B1 结构制度、B4 条款政策、B5 清洁生产管理、B6 污染减排管理、B7 资源循环利用、B8 能源增效管理、B9 应对气候变化、

B10 生态环境保护、B11 绿色办公管理、B12 环境污染事件、B13 废弃物排放、B14 能源资源利用、B15 温室气体排放、B16 生态建设成效、B17 节能环保影响力、B18 节能环保投入、B19 相关公益项目等影响显著，而对 B2 管理文化、B3 管理体系则无显著性影响。

通过进一步组间均值分析（见表 4－21）可以看出，煤炭开采和洗选业企业的 B1 机构制度、B2 管理文化、B4 条款政策、B11 绿色办公管理、B12 环境污染事件、B13 废弃物排放、B14 能源资源利用、B16 生态建设成效、B17 节能环保影响力的均值均显著高于其他性质的企业，但大部分指标仍处于云模型的“过渡级”。

（四）上市地

我们将节能环保各维度作为检验变量，上市地作为分组变量，就不同上市地企业的节能环保管理能力在各维度上是否存在差异进行单因素方差分析，分析结果参见表 4－22。

表 4－22　上市地单因素方差分析结果 1

		平方和	df	均方	F	显著性
节能环保总体	组间	13.693	2	6.847	13.286	0.000
	组内	291.166	565	0.515		
	总数	304.859	567			
A1 治理结构体系	组间	8.916	2	4.458	9.738	0.000
	组内	258.656	565	0.458		
	总数	267.572	567			
A2 管理实施过程	组间	22.482	2	11.241	9.364	0.000
	组内	678.244	565	1.200		
	总数	700.726	567			
A3 管理绩效/投入	组间	9.412	2	4.706	7.641	0.001
	组内	347.970	565	0.616		
	总数	357.383	567			
A4 其他	组间	2.142	2	1.071	1.526	0.218
	组内	396.707	565	0.702		
	总数	398.850	567			

表 4-23　不同上市地企业节能环保等级组间均值比较 1

上市地	均值					
	A1 治理结构体系	A2 管理实施过程	A3 管理绩效/投入	A4 其他	节能环保总体	等级
上交所	3.4224	2.9164	2.0687	1.9966	2.7339	过渡级
深交所	3.3915	2.8750	2.0162	2.2027	2.6997	过渡级
港交所	4.7813	4.7913	3.3313	2.8750	4.2719	可接受

由表 4-22 可知，节能环保总体、A1 治理结构体系、A2 管理实施过程、A3 管理绩效/投入在上市地因素上呈现显著性差异。换言之，上市地对节能环保总体、A1 治理结构体系、A2 管理实施过程、A3 管理绩效/投入影响显著。

通过进一步组间均值分析（见表 4-23）可以看出，港交所上市公司的节能环保总体、A1 治理结构体系、A2 管理实施过程、A3 管理绩效/投入、A4 其他的均值均显著高于在其他上市地上市的公司，且云模型等级处于“可接受”级别。这侧面反映出在港交所上市的公司在节能环保管理方面处于相对较好的层级，这可能是由于港交所上市公司数量较少。

同理，本研究进一步将指标 B1～B19 作为检验变量，上市地作为分组变量，就不同上市地企业在指标 B1～B19 上是否存在差异进行单因素方差分析，分析结果见表 4-24。

表 4-24　上市地单因素方差分析结果 2

		平方和	df	均方	F	显著性
B1 机构制度	组间	16.896	2	8.448	15.176	0.000
	组内	314.508	565	0.557		
	总数	331.404	567			
B2 管理文化	组间	7.792	2	3.896	7.875	0.000
	组内	279.540	565	0.495		
	总数	287.332	567			

续表

		平方和	df	均方	F	显著性
B3 管理体系	组间	6.408	2	3.204	4.882	0.008
	组内	370.827	565	0.656		
	总数	377.235	567			
B4 条款政策	组间	8.604	2	4.302	9.140	0.000
	组内	265.960	565	0.471		
	总数	274.564	567			
B5 清洁生产管理	组间	23.784	2	11.892	7.795	0.000
	组内	862.007	565	1.526		
	总数	885.790	567			
B6 污染减排管理	组间	24.141	2	12.071	9.713	0.000
	组内	702.119	565	1.243		
	总数	726.261	567			
B7 资源循环利用	组间	25.359	2	12.680	8.550	0.000
	组内	837.848	565	1.483		
	总数	863.207	567			
B8 能源增效管理	组间	21.927	2	10.964	8.428	0.000
	组内	735.024	565	1.301		
	总数	756.951	567			
B9 应对气候变化	组间	26.492	2	13.246	9.957	0.000
	组内	751.611	565	1.330		
	总数	778.103	567			
B10 生态环境保护	组间	20.741	2	10.370	6.887	0.001
	组内	850.716	565	1.506		
	总数	871.456	567			
B11 绿色办公管理	组间	33.854	2	16.927	11.369	0.000
	组内	841.246	565	1.489		
	总数	875.100	567			
B12 环境污染事件	组间	22.350	2	11.175	3.846	0.022
	组内	1641.648	565	2.906		
	总数	1663.998	567			

续表

		平方和	df	均方	F	显著性
B13 废弃物排放	组间	22.350	2	11.175	3.846	0.022
	组内	1641.648	565	2.906		
	总数	1663.998	567			
B14 能源资源利用	组间	45.777	2	22.889	11.452	0.000
	组内	1129.231	565	1.999		
	总数	1175.008	567			
B15 温室气体排放	组间	32.233	2	16.117	12.058	0.000
	组内	755.196	565	1.337		
	总数	787.429	567			
B16 生态建设成效	组间	3.558	2	1.779	1.426	0.241
	组内	704.858	565	1.248		
	总数	708.415	567			
B17 节能环保影响力	组间	1.238	2	0.619	6.827	0.001
	组内	51.229	565	0.091		
	总数	52.467	567			
B18 节能环保投入	组间	29.268	2	14.634	6.054	0.003
	组内	1365.652	565	2.417		
	总数	1394.920	567			
B19 相关公益项目	组间	2.130	2	1.065	1.517	0.220
	组内	396.741	565	0.702		
	总数	398.871	567			

表 4－25　不同上市地企业节能环保等级组间均值比较 2

上市地	均值						
	B1 机构制度	B2 管理文化	B3 管理体系	B4 条款政策	B5 清洁生产管理	B6 污染减排管理	B7 资源循环利用
上交所	3.1680	3.6676	3.5541	3.3122	2.5820	3.0124	2.9476
深交所	3.1734	3.6378	3.4000	3.4865	2.0604	3.1666	2.8446
港交所	5.0000	4.7750	4.6250	4.6000	4.1800	5.0000	5.0000

上市地	均值						
	B8 能源增效管理	B9 应对气候变化	B10 生态环境保护	B11 绿色办公管理	B12 环境污染事件	B13 废弃物排放	B14 能源资源利用
上交所	3.1041	3.1074	2.9122	2.8851	2.4730	2.1777	1.9884
深交所	3.2027	2.9649	3.0351	3.1892	2.8919	2.6081	1.5858
港交所	5.0000	5.0000	4.8500	4.6250	1.5000	4.5750	4.4563

续表

上市地	均值						
	B15 温室气体排放	B16 生态建设成效	B17 节能环保影响力	B18 节能环保投入	B19 相关公益项目		
上交所	1.9831	1.5169	1.0920	2.4851	2.4851		
深交所	1.4932	1.2703	1.0373	2.1108	2.1108		
港交所	3.2500	2.3750	1.1788	5.0000	5.0000		

由表4－24可知，B1机构制度、B2管理文化、B3管理体系、B4条款政策、B5清洁生产管理、B6污染减排管理、B7资源循环利用、B8能源增效管理、B9应对气候变化、B10生态环境保护、B11绿色办公管理、B14能源资源利用、B15温室气体排放、B17节能环保影响力、B18节能环保投入等均在上市地因素上呈现显著性差异，而B12环境污染事件、B13废弃物排放、B16生态建设成效、B19相关公益项目则未在上市地因素上呈现显著性差异。换言之，上市地对B1机构制度、B2管理文化、B3管理体系、B4条款政策、B5清洁生产管理、B6污染减排管理、B7资源循环利用、B8能源增效管理、B9应对气候变化、B10生态环境保护、B11绿色办公管理、B14能源资源利用、B15温室气体排放、B17节能环保影响力、B18节能环保投入影响显著，而对B12环境污染事件、B13废弃物排放、B16生态建设成效、B19相关公益项目则无显著性影响。

通过进一步组间均值分析（见表4－25）可以看出，在港交所上市的企业在B1机构制度、B2管理文化、B3管理体系、B4条款政策、B5清洁生产管理、B6污染减排管理、B7资源循环利用、B8能源增效管理、B9应对气候变化、B10生态环境保护、B11绿色办公管理、B13废弃物排放、B14能源资源利用、B15温室气体排放、B16生态建设成效、B17节能环保影响力、B18节能环保投入、B19相关公益项目上的均值均显著高于在上交所、深交所上市的企业，这可能是样本企业在港交所上市数量较少造成的。可见，在上交所和深交所上市的公司要从各个方面提升节能环保管理水平。

（五）发布次数

我们将节能环保各维度作为检验变量，ESEP 信息发布次数作为分组变量，就发布次数不同的企业的节能环保能力在各维度上是否存在差异进行单因素方差分析，分析结果参见表 4－26。

表 4－26　信息发布次数单因素方差分析结果 1

		平方和	df	均方	F	显著性
节能环保总体	组间	2.400	3	0.800	1.492	0.216
	组内	302.459	564	0.536		
	总数	304.859	567			
A1 治理结构体系	组间	0.643	3	0.214	0.453	0.715
	组内	266.929	564	0.473		
	总数	267.572	567			
A2 管理实施过程	组间	0.032	3	0.011	0.009	0.999
	组内	700.694	564	1.242		
	总数	700.726	567			
A3 管理绩效/投入	组间	17.543	3	5.848	9.705	0.000
	组内	339.840	564	0.603		
	总数	357.383	567			
A4 其他	组间	5.013	3	1.671	2.393	0.068
	组内	393.837	564	0.698		
	总数	398.850	567			

表 4－27　信息发布次数不同企业的节能环保等级组间均值比较 1

发布频次	均值					
	A1 治理结构体系	A2 管理实施过程	A3 管理绩效/投入	A4 其他	节能环保总体	等级
较少（1～3 次）	3.3423	2.8107	1.9466	1.9931	2.6323	过渡级
一般（4～6 次）	3.4278	2.9145	2.1223	1.9773	2.7501	过渡级
较多（7～9 次）	3.5838	3.1494	2.1774	2.2000	2.9115	过渡级
极多（10 次及以上）	3.8736	3.5118	2.7109	2.6364	3.3135	过渡级

由表4-26可知，节能环保总体、A1治理结构体系、A2管理实施过程、A4其他均在信息发布次数因素上未呈现显著性差异。换言之，信息发布次数对节能环保总体、A1治理结构体系、A2管理实施过程、A4其他影响不显著。

通过进一步组间均值分析（见表4-27）可以看出，ESEP信息发布次数极多（10次及以上）、较多（7~9次）、一般（4~6次）、较少（1~3次）的企业，ESEP管理总体水平均处于“过渡级”。总体而言，节能环保总体水平及其维度A1治理结构体系、A2管理实施过程、A3管理绩效/投入维度的评分均随着ESEP信息发布次数的增加而提高。其中，ESEP信息发布次数极多（10次及以上）的企业，在A1治理结构体系、A2管理实施过程、A3管理绩效/投入、A4其他4个一级指标及节能环保总体水平上的均值均显著高于其他发布频次的企业。这表明，ESEP信息发布次数较多的企业在ESEP管理方面水平较高。

同理，本研究进一步将指标B1~B19作为检验变量，ESEP信息发布次数作为分组变量，就不同发布次数的企业在指标B1~B19上是否存在差异进行单因素方差分析，分析结果见表4-28。

表4-28　信息发布次数单因素方差分析结果2

		平方和	df	均方	F	显著性
B1 机构制度	组间	4.042	3	1.347	2.321	0.074
	组内	327.362	564	0.580		
	总数	331.404	567			
B2 管理文化	组间	0.138	3	0.046	0.090	0.966
	组内	287.195	564	0.509		
	总数	287.332	567			
B3 管理体系	组间	0.511	3	0.170	0.255	0.858
	组内	376.724	564	0.668		
	总数	377.235	567			
B4 条款政策	组间	1.094	3	0.365	0.752	0.521
	组内	273.470	564	0.485		
	总数	274.564	567			

续表

		平方和	df	均方	F	显著性
B5 清洁生产管理	组间	0.284	3	0.095	0.060	0.981
	组内	885.506	564	1.570		
	总数	885.790	567			
B6 污染减排管理	组间	0.205	3	0.068	0.053	0.984
	组内	726.056	564	1.287		
	总数	726.261	567			
B7 资源循环利用	组间	0.432	3	0.144	0.094	0.963
	组内	862.775	564	1.530		
	总数	863.207	567			
B8 能源增效管理	组间	1.700	3	0.567	0.423	0.736
	组内	755.250	564	1.339		
	总数	756.951	567			
B9 应对气候变化	组间	0.287	3	0.096	0.069	0.976
	组内	777.816	564	1.379		
	总数	778.103	567			
B10 生态环境保护	组间	1.180	3	0.393	0.255	0.858
	组内	870.276	564	1.543		
	总数	871.456	567			
B11 绿色办公管理	组间	0.365	3	0.122	0.078	0.972
	组内	874.735	564	1.551		
	总数	875.100	567			
B12 环境污染事件	组间	9.730	3	3.243	1.106	0.346
	组内	1654.268	564	2.933		
	总数	1663.998	567			
B13 废弃物排放	组间	9.730	3	3.243	1.106	0.346
	组内	1654.268	564	2.933		
	总数	1663.998	567			
B14 能源资源利用	组间	56.152	3	18.717	9.435	0.000
	组内	1118.856	564	1.984		
	总数	1175.008	567			
B15 温室气体排放	组间	23.486	3	7.829	5.780	0.001
	组内	763.943	564	1.355		
	总数	787.429	567			
B16 生态建设成效	组间	8.508	3	2.836	2.285	0.078
	组内	699.907	564	1.241		
	总数	708.415	567			

续表

		平方和	df	均方	F	显著性
B17 节能环保影响力	组间	2.890	3	0.963	10.958	0.000
	组内	49.577	564	0.088		
	总数	52.467	567			
B18 节能环保投入	组间	6.247	3	2.082	0.846	0.469
	组内	1388.673	564	2.462		
	总数	1394.920	567			
B19 相关公益项目	组间	5.089	3	1.696	2.429	0.064
	组内	393.783	564	0.698		
	总数	398.871	567			

表 4－29　信息发布次数不同企业的节能环保等级组间均值比较 2

发布次数	均值						
	B1 机构制度	B2 管理文化	B3 管理体系	B4 条款政策	B5 清洁生产管理	B6 污染减排管理	B7 资源循环利用
较少(1～3 次)	3.0668	3.6234	3.4359	3.3145	2.3677	2.9908	2.8241
一般(4～6 次)	3.1989	3.6455	3.5364	3.3576	2.4855	3.0303	2.9432
较多(7～9 次)	3.3880	3.8022	3.6867	3.4400	2.7209	3.2519	3.1833
极多(10 次及以上)	3.7000	4.0182	3.9818	3.8000	3.0818	3.6055	3.5000
发布次数	均值						
	B8 能源增效管理	B9 应对气候变化	B10 生态环境保护	B11 绿色办公管理	B12 环境污染事件	B13 废弃物排放	B14 能源资源利用
较少(1～3 次)	3.0055	2.9697	2.7959	2.8138	2.4897	2.1393	1.6794
一般(4～6 次)	3.1303	3.0879	2.9697	2.9697	2.5909	2.3212	2.0903
较多(7～9 次)	3.3911	3.3311	3.2000	3.1889	2.4444	2.4711	2.1832
极多(10 次及以上)	3.7818	3.7455	3.6364	3.6364	3.1818	3.2000	2.3300
发布次数	均值						
	B15 温室气体排放	B16 生态建设成效	B17 节能环保影响力	B18 节能环保投入	B19 相关公益项目		
较少(1～3 次)	1.8241	1.3034	1.0361	2.2883	2.2883		
一般(4～6 次)	1.8864	1.5227	1.0967	2.5500	2.5500		
较多(7～9 次)	2.0278	1.6889	1.0992	2.5156	2.5156		
极多(10 次及以上)	2.5000	1.8182	1.4091	3.3636	3.3636		

由表4－28可知，B14能源资源利用、B15温室气体排放、B17节能环保影响力等指标均在信息发布次数因素上呈现显著性差异，而B1机构制度、B2管理文化、B3管理体系、B4条款政策、B5清洁生产管理、B6污染减排管理、B7资源循环利用、B8能源增效管理、B9应对气候变化、B10生态环境保护、B11绿色办公管理、B12环境污染事件、B13废弃物排放、B16生态建设成效、B18节能环保投入、B19相关公益项目等则在发布次数上未呈现显著性差异。换言之，信息发布次数对B14能源资源利用、B15温室气体排放、B17节能环保影响力等均影响显著，而对B1机构制度、B2管理文化、B3管理体系、B4条款政策、B5清洁生产管理、B6污染减排管理、B7资源循环利用、B8能源增效管理、B9应对气候变化、B10生态环境保护、B11绿色办公管理、B12环境污染事件、B13废弃物排放、B16生态建设成效、B18节能环保投入、B19相关公益项目等则无显著影响。

进一步通过组间均值分析（见表4－29）可以看出，总体上来看，B1机构制度、B2管理文化、B3管理体系、B4条款政策、B5清洁生产管理、B6污染减排管理、B7资源循环利用、B8能源增效管理、B9应对气候变化、B10生态环境保护、B11绿色办公管理、B13废弃物排放、B14能源资源利用、B15温室气体排放、B16生态建设成效、B17节能环保影响力的评分均随着ESEP信息发布次数的增加而提高。其中，ESEP信息发布次数极多（≥10次）企业的19项指标的均值均显著高于其他企业，这表明ESEP信息发布次数极多的企业在ESEP管理各个方面表现均较好。

（六）详实程度

我们将节能环保各维度作为检验变量，ESEP信息详实程度作为分组变量，就不同详实程度的节能环保管理水平在各维度上是否存在差异进行了单因素方差分析，分析结果参见表4－30。

表 4－30　信息详实程度单因素方差分析结果 1

		平方和	df	均方	F	显著性
节能环保总体	组间	143.799	6	23.967	83.480	0.000
	组内	161.060	561	0.287		
	总数	304.859	567			
A1 治理结构体系	组间	93.655	6	15.609	50.350	0.000
	组内	173.917	561	0.310		
	总数	267.572	567			
A2 管理实施过程	组间	265.258	6	44.210	56.954	0.000
	组内	435.468	561	0.776		
	总数	700.726	567			
A3 管理绩效/投入	组间	87.523	6	14.587	30.325	0.000
	组内	269.860	561	0.481		
	总数	357.383	567			
A4 其他	组间	44.222	6	7.370	11.660	0.000
	组内	354.627	561	0.632		
	总数	398.850	567			

表 4－31　信息不同详实程度企业节能环保等级组间均值比较 1

信息详实程度	均值					
	A1 治理结构体系	A2 管理实施过程	A3 管理绩效/投入	A4 其他	节能环保总体	等级
差	3.0736	2.2826	1.8196	1.9721	2.3023	改进级
较差	3.3644	2.9763	1.8900	1.7865	2.6845	过渡级
一般	3.9285	3.8451	2.5168	2.2453	3.3984	过渡级
较好	4.2678	4.2147	2.5031	2.5000	3.6390	可接受
极好	4.3144	4.0880	3.2312	2.6400	3.8234	可接受

由表 4－30 可知，节能环保总体以及 A1 治理结构体系、A2 管理实施过程、A3 管理绩效/投入、A4 其他 4 个一级指标均在信息详实性因素上呈现显著性差异。换言之，信息详实性对节能环保总体、A1 治理结构体系、A2 管理实施过程、A3 管理绩效/投入、A4 其他影响显著。

通过进一步组间均值分析（见表4－31）可以看出，ESEP信息详实性较好和极好的企业，ESEP管理总体水平处于"可接受"等级；ESEP信息详实性一般和较差的企业，ESEP管理总体水平处于"过渡级"。总体上来看，节能环保总体及A1治理结构体系的评分均随着ESEP信息详实性的提高而提高。其中，ESEP信息详实性极好的企业，在A1治理结构体系、A3管理绩效/投入、A4其他维度和节能环保总体上得分均显著高于其他企业，这表明ESEP信息详实性极高的企业在ESEP管理方面水平较高。

同理，本研究进一步将指标B1～B19作为检验变量，ESEP信息详实性作为分组变量，就不同信息详实性的企业在指标B1～B19上是否存在差异进行了单因素方差分析，分析结果见表4－32。

表4－32　信息详实程度单因素方差分析结果2

		平方和	df	均方	F	显著性
B1 机构制度	组间	119.915	6	19.986	53.015	0.000
	组内	211.489	561	0.377		
	总数	331.404	567			
B2 管理文化	组间	53.663	6	8.944	21.473	0.000
	组内	233.669	561	0.417		
	总数	287.332	567			
B3 管理体系	组间	114.163	6	19.027	40.576	0.000
	组内	263.072	561	0.469		
	总数	377.235	567			
B4 条款政策	组间	76.595	6	12.766	36.175	0.000
	组内	197.969	561	0.353		
	总数	274.564	567			
B5 清洁生产管理	组间	333.255	6	55.542	56.393	0.000
	组内	552.536	561	0.985		
	总数	885.790	567			
B6 污染减排管理	组间	252.371	6	42.062	49.794	0.000
	组内	473.889	561	0.845		
	总数	726.261	567			

续表

		平方和	df	均方	F	显著性
B7 资源循环利用	组间	303.079	6	50.513	50.592	0.000
	组内	560.128	561	0.998		
	总数	863.207	567			
B8 能源增效管理	组间	223.143	6	37.190	39.085	0.000
	组内	533.808	561	0.952		
	总数	756.951	567			
B9 应对气候变化	组间	295.839	6	49.306	57.356	0.000
	组内	482.264	561	0.860		
	总数	778.103	567			
B10 生态环境保护	组间	284.300	6	47.383	45.273	0.000
	组内	587.156	561	1.047		
	总数	871.456	567			
B11 绿色办公管理	组间	267.544	6	44.591	41.174	0.000
	组内	607.556	561	1.083		
	总数	875.100	567			
B12 环境污染事件	组间	54.729	6	9.121	3.180	0.004
	组内	1609.269	561	2.869		
	总数	1663.998	567			
B13 废弃物排放	组间	54.729	6	9.121	3.180	0.004
	组内	1609.269	561	2.869		
	总数	1663.998	567			
B14 能源资源利用	组间	188.945	6	31.491	17.916	0.000
	组内	986.063	561	1.758		
	总数	1175.008	567			
B15 温室气体排放	组间	98.093	6	16.349	13.305	0.000
	组内	689.336	561	1.229		
	总数	787.429	567			
B16 生态建设成效	组间	121.420	6	20.237	19.340	0.000
	组内	586.995	561	1.046		
	总数	708.415	567			
B17 节能环保影响力	组间	15.349	6	2.558	38.665	0.000
	组内	37.118	561	0.066		
	总数	52.467	567			

续表

		平方和	df	均方	F	显著性
B18 节能环保投入	组间	133.810	6	22.302	9.921	0.000
	组内	1261.109	561	2.248		
	总数	1394.920	567			
B19 相关公益项目	组间	44.306	6	7.384	11.684	0.000
	组内	354.565	561	0.632		
	总数	398.871	567			

表 4－33　信息不同详实程度企业节能环保等级组间均值比较 2

详实程度	均值						
	B1 机构制度	B2 管理文化	B3 管理体系	B4 条款政策	B5 清洁生产管理	B6 污染减排管理	B7 资源循环利用
差	2.8302	3.3721	3.1285	3.0235	1.7151	2.5083	2.3212
较差	3.0884	3.5955	3.4831	3.3640	2.5982	2.9549	2.9326
一般	3.6783	4.1245	4.0868	3.8415	3.4836	4.0004	3.8962
较好	4.0869	4.4688	4.4313	3.9688	4.0388	4.2816	4.2500
极好	4.2144	4.3120	4.4880	4.1600	3.9224	4.1996	4.1600
详实程度	均值						
	B8 能源增效管理	B9 应对气候变化	B10 生态环境保护	B11 绿色办公管理	B12 环境污染事件	B13 废弃物排放	B14 能源资源利用
差	2.5609	2.4503	2.2123	2.3408	2.6257	2.0145	1.3998
较差	3.2000	3.2202	3.2427	3.0899	2.1124	1.9528	1.8303
一般	3.9547	4.0075	3.9019	3.7736	2.7547	2.8038	3.0464
较好	4.3188	4.3313	4.1500	4.1875	2.5625	2.8375	2.3178
极好	4.1920	4.1200	4.0480	3.9600	2.8800	4.0160	3.6988
详实程度	均值						
	B15 温室气体排放	B16 生态建设成效	B17 节能环保影响力	B18 节能环保投入	B19 相关公益项目		
差	1.5447	1.0894	1.0604	2.1352	2.1352		
较差	1.9551	1.5169	1.0415	2.1843	2.1843		
一般	2.2642	1.6981	1.0211	2.9887	2.9887		
较好	2.6094	2.0313	1.0800	3.1125	3.1125		
极好	2.7800	3.0800	1.5296	3.8880	3.8880		

由表4－32可知，B1机构制度、B2管理文化、B3管理体系、B4条款政策、B5清洁生产管理、B6污染减排管理、B7资源循环利用、B8能源增效管理、B9应对气候变化、B10生态环境保护、B11绿色办公管理、B12环境污染事件、B13废弃物排放、B14能源资源利用、B15温室气体排放、B16生态建设成效、B17节能环保影响力、B18节能环保投入、B19相关公益项目等均在信息详实性上呈现显著性差异。换言之，ESEP信息详实性对B1机构制度、B2管理文化、B3管理体系、B4条款政策、B5清洁生产管理、B6污染减排管理、B7资源循环利用、B8能源增效管理、B9应对气候变化、B10生态环境保护、B11绿色办公管理、B12环境污染事件、B13废弃物排放、B14能源资源利用、B15温室气体排放、B16生态建设成效、B17节能环保影响力、B18节能环保投入、B19相关公益项目等均影响显著。

通过进一步组间均值分析（见表4－33）可以看出，总体上来看，B1机构制度、B3管理体系、B4条款政策、B15温室气体排放、B16生态建设成效、B18节能环保投入、B19相关公益项目的评分均随着ESEP信息详实性程度的提高而提高。其中，ESEP信息详实性极好企业的B1机构制度、B3管理体系、B4条款政策、B12环境污染事件、B13废弃物排放、B14能源资源利用、B15温室气体排放、B16生态建设成效、B17节能环保影响力、B18能源资源利用、B19相关公益项目的均值均显著高于其他企业，这表明ESEP信息详实性程度极好的企业在ESEP管理各个指标方面表现均较好。

（七）参考标准

我们将节能环保各维度作为检验变量，ESEP信息参考标准作为分组变量，就不同参考标准的节能环保管理能力在各维度上是否存在差异进行单因素方差分析，分析结果见表4－34。

表4－34　参考标准单因素方差分析结果1

		平方和	df	均方	F	显著性
节能环保总体	组间	77.407	2	38.704	96.141	0.000
	组内	227.452	565	0.403		
	总数	304.859	567			

续表

		平方和	df	均方	F	显著性
A1 治理结构体系	组间	58.633	2	29.317	79.276	0.000
	组内	208.939	565	0.370		
	总数	267.572	567			
A2 管理实施过程	组间	147.332	2	73.666	75.211	0.000
	组内	553.394	565	0.979		
	总数	700.726	567			
A3 管理绩效/投入	组间	32.637	2	16.318	28.391	0.000
	组内	324.746	565	0.575		
	总数	357.383	567			
A4 其他	组间	7.033	2	3.517	5.071	0.007
	组内	391.816	565	0.693		
	总数	398.850	567			

表 4-35 不同参考标准企业节能环保等级组间均值比较 1

参考标准	均值					
	A1 治理结构体系	A2 管理实施过程	A3 管理绩效/投入	A4 其他	节能环保总体	等级
无参考标准	3.1388	2.2644	1.8998	1.9365	2.3320	改进级
单一参考标准	3.0871	2.5791	1.7809	1.9570	2.4224	改进级
多重参考标准	3.8972	3.7054	2.4101	2.2075	3.2960	过渡级

由表 4-34 可知，节能环保总体、A1 治理结构体系、A2 管理实施过程、A3 管理绩效/投入、A4 其他均在参考标准因素上呈现显著性差异。换言之，参考标准对节能环保总体、A1 治理结构体系、A2 管理实施过程、A3 管理绩效/投入、A4 其他影响显著。

通过进一步组间均值分析（见表 4-35）可以看出，多重参考标准企业的 ESEP 管理总体水平处于“过渡级”等级。总体上来看，节能环保总体及其 A2 管理实施过程、A4 其他两个维度的评分均随着信息参考标准维度的增加而提高。其中，ESEP 信息多重参考标准企业在 A1 治理结构体系、A2 管理实施过程、A3 管理绩效/投入、A4 其他、节能环保总体上得分均显著高于无参考标准和单一参考标准企业，这表明拥有多重参考标准的企业在

ESEP管理方面水平较高。

同理，本研究进一步将指标B1～B19作为检验变量，ESEP信息参考标准作为分组变量，就拥有不同参考标准的企业在指标B1～B19上是否存在差异进行单因素方差分析，分析结果见表4－36。

表4－36　参考标准单因素方差分析结果2

		平方和	df	均方	F	显著性
B1 机构制度	组间	74.409	2	37.204	81.793	0.000
	组内	256.995	565	0.455		
	总数	331.404	567			
B2 管理文化	组间	40.534	2	20.267	46.398	0.000
	组内	246.798	565	0.437		
	总数	287.332	567			
B3 管理体系	组间	66.023	2	33.012	59.932	0.000
	组内	311.212	565	0.551		
	总数	377.235	567			
B4 条款政策	组间	42.273	2	21.137	51.410	0.000
	组内	232.291	565	0.411		
	总数	274.564	567			
B5 清洁生产管理	组间	204.005	2	102.002	84.530	0.000
	组内	681.786	565	1.207		
	总数	885.790	567			
B6 污染减排管理	组间	117.776	2	58.888	54.679	0.000
	组内	608.485	565	1.077		
	总数	726.261	567			
B7 资源循环利用	组间	198.323	2	99.161	84.265	0.000
	组内	664.884	565	1.177		
	总数	863.207	567			
B8 能源增效管理	组间	148.190	2	74.095	68.769	0.000
	组内	608.761	565	1.077		
	总数	756.951	567			
B9 应对气候变化	组间	128.124	2	64.062	55.687	0.000
	组内	649.979	565	1.150		
	总数	778.103	567			
B10 生态环境保护	组间	204.877	2	102.438	86.828	0.000
	组内	666.580	565	1.180		
	总数	871.456	567			
B11 绿色办公管理	组间	108.604	2	54.302	40.027	0.000
	组内	766.496	565	1.357		
	总数	875.100	567			

续表

		平方和	df	均方	F	显著性
B12 环境污染事件	组间	3.947	2	1.973	0.672	0.511
	组内	1660.051	565	2.938		
	总数	1663.998	567			
B13 废弃物排放	组间	3.947	2	1.973	0.672	0.511
	组内	1660.051	565	2.938		
	总数	1663.998	567			
B14 能源资源利用	组间	143.527	2	71.763	39.309	0.000
	组内	1031.481	565	1.826		
	总数	1175.008	567			
B15 温室气体排放	组间	60.571	2	30.285	23.541	0.000
	组内	726.858	565	1.286		
	总数	787.429	567			
B16 生态建设成效	组间	80.805	2	40.403	36.372	0.000
	组内	627.610	565	1.111		
	总数	708.415	567			
B17 节能环保影响力	组间	1.311	2	0.655	7.239	0.001
	组内	51.156	565	0.091		
	总数	52.467	567			
B18 节能环保投入	组间	40.368	2	20.184	8.419	0.000
	组内	1354.552	565	2.397		
	总数	1394.920	567			
B19 相关公益项目	组间	7.081	2	3.541	5.106	0.006
	组内	391.790	565	0.693		
	总数	398.871	567			

表 4-37　不同参考标准企业节能环保等级组间均值比较 2

参考标准	均值						
	B1 机构制度	B2 管理文化	B3 管理体系	B4 条款政策	B5 清洁生产管理	B6 污染减排管理	B7 资源循环利用
无参考标准	2.9006	3.3937	3.2302	3.0587	1.7479	2.4101	2.1190
单一参考标准	2.7928	3.4903	3.0882	3.1097	2.0343	2.8562	2.7204
多重参考标准	3.6940	4.0302	4.0654	3.7774	3.4010	3.7528	3.7925
参考标准	均值						
	B8 能源增效管理	B9 应对气候变化	B10 生态环境保护	B11 绿色办公管理	B12 环境污染事件	B13 废弃物排放	B14 能源资源利用
无参考标准	2.5556	2.5190	2.3651	2.4365	2.5556	2.2063	1.4736
单一参考标准	2.7914	2.6172	2.4581	2.5806	2.7097	1.9441	1.4618
多重参考标准	3.8629	3.8893	3.7660	3.6478	2.4151	2.6126	2.6411

续表

参考标准	均值						
	B15 温室气体排放	B16 生态建设成效	B17 节能环保影响力	B18 节能环保投入	B19 相关公益项目		
无参考标准	1.6111	1.1111	1.0783	2.3794	2.3794		
单一参考标准	1.5054	1.0215	1.0202	1.8495	1.8495		
多重参考标准	2.3931	2.0566	1.1238	2.8931	2.8931		

由表 4－36 可知，B1 机构制度、B2 管理文化、B3 管理体系、B4 条款政策、B5 清洁生产管理、B6 污染减排管理、B7 资源循环利用、B8 能源增效管理、B9 应对气候变化、B10 生态环境保护、B11 绿色办公管理、B14 能源资源利用、B15 温室气体排放、B16 生态建设成效、B17 节能环保影响力、B18 节能环保投入、B19 相关公益项目等均在 ESEP 信息参考标准因素上呈现显著性差异，而 B12 环境污染事件、B13 废弃物排放在 ESEP 信息参考标准因素上无显著性差异。换言之，ESEP 信息参考标准对 B1 机构制度、B2 管理文化、B3 管理体系、B4 条款政策、B5 清洁生产管理、B6 污染减排管理、B7 资源循环利用、B8 能源增效管理、B9 应对气候变化、B10 生态环境保护、B11 绿色办公管理、B14 能源资源利用、B15 温室气体排放、B16 生态建设成效、B17 节能环保影响力、B18 节能环保投入、B19 相关公益项目等均影响显著。

通过进一步组间均值分析（见表 4－37）可以看出，总体上来看，B2 管理文化、B4 条款政策、B5 清洁生产管理、B6 污染减排管理、B7 资源循环利用、B8 能源增效管理、B9 应对气候变化、B10 生态环境保护、B11 绿色办公管理的评分均随着参考标准等级的提高而提高。其中，有多重参考标准的企业的 B1 机构制度、B2 管理文化、B3 管理体系、B4 条款政策、B5 清洁生产管理、B6 污染减排管理、B7 资源循环利用、B8 能源增效管理、B9 应对气候变化、B10 生态环境保护、B11 绿色办公管理、B13 废弃物排放、B14 能源资源利用、B15 温室气体排放、B16 生态建设成效、B17 节能环保影响力、B18 节能环保投入、B19 相关公益项目的评分均显著高于有其他参考标准的企业，这表明多重参考标准的企业在 ESEP 管理方面表现较好。

（八）第三方评价

我们将节能环保各维度作为检验变量，ESEP 信息第三方评价作为分组变量，就不同第三方评价的节能环保能力在各维度上是否存在差异进行单因素方差分析，分析结果见表 4－38。

表 4－38 第三方评价单因素方差分析结果 1

		平方和	df	均方	F	显著性
节能环保总体	组间	43.813	4	10.953	23.623	0.000
	组内	261.046	563	0.464		
	总数	304.859	567			
A1 治理结构体系	组间	32.836	4	8.209	19.689	0.000
	组内	234.736	563	0.417		
	总数	267.572	567			
A2 管理实施过程	组间	58.112	4	14.528	12.728	0.000
	组内	642.614	563	1.141		
	总数	700.726	567			
A3 管理绩效/投入	组间	62.347	4	15.587	29.743	0.000
	组内	295.036	563	0.524		
	总数	357.383	567			
A4 其他	组间	34.425	4	8.606	13.296	0.000
	组内	364.425	563	0.647		
	总数	398.850	567			

表 4－39 不同第三方评价企业的节能环保等级组间均值比较 1

外部鉴证	均值					
	A1 治理结构体系	A2 管理实施过程	A3 管理绩效/投入	A4 其他	节能环保总体	等级
无任何外部鉴证	3.3509	2.8283	1.9911	2.0000	2.6557	过渡级
相关评价	4.2557	4.0690	2.1838	2.4762	3.4725	过渡级
报告评级	4.3000	3.6733	3.3317	3.1667	3.6890	可接受
质量认证	4.5567	4.1767	4.2633	2.6667	4.2357	可接受
数据审验	4.2650	4.0888	4.0700	2.2500	4.0589	可接受

由表 4－38 可知，节能环保总体、A1 治理结构体系、A2 管理实施过程、A3 管理绩效/投入、A4 其他均在第三方评价因素上呈现显著性差异。换言之，第三方评价对节能环保总体、A1 治理结构体系、A2 管理实施过程、A3 管理绩效/投入、A4 其他影响显著。

通过进一步组间均值分析（见表 4－39）可以看出，ESEP 信息有报告评级、质量认证和数据审验的企业，节能环保总体水平处于“可接受”等级；ESEP 信息有相关评价以及无任何外部鉴证的企业，节能环保总体水平处于“过渡级”。总体上来看，通过质量认证和数据审验的企业在节能环保总体及 A2 管理实施过程、A3 管理绩效/投入等维度上得分显著高于其他第三方评价的企业。这表明通过质量认证和数据审验的企业在 ESEP 管理总体以及各个指标上表现较好。

同理，本研究进一步将指标 B1～B19 作为检验变量，ESEP 信息第三方评价作为分组变量，就参与不同第三方评价的企业在指标 B1～B19 上是否存在差异进行单因素方差分析，分析结果见表 4－40。

表 4－40　第三方评价单因素方差分析结果 2

		平方和	df	均方	F	显著性
B1 机构制度	组间	30.654	4	7.664	14.346	0.000
	组内	300.750	563	0.534		
	总数	331.404	567			
B2 管理文化	组间	23.447	4	5.862	12.506	0.000
	组内	263.885	563	0.469		
	总数	287.332	567			
B3 管理体系	组间	47.984	4	11.996	20.513	0.000
	组内	329.250	563	0.585		
	总数	377.235	567			
B4 条款政策	组间	38.532	4	9.633	22.977	0.000
	组内	236.033	563	0.419		
	总数	274.564	567			
B5 清洁生产管理	组间	95.380	4	23.845	16.985	0.000
	组内	790.410	563	1.404		
	总数	885.790	567			

续表

		平方和	df	均方	F	显著性
B6 污染减排管理	组间	38.927	4	9.732	7.971	0.000
	组内	687.334	563	1.221		
	总数	726.261	567			
B7 资源循环利用	组间	54.595	4	13.649	9.503	0.000
	组内	808.611	563	1.436		
	总数	863.207	567			
B8 能源增效管理	组间	47.576	4	11.894	9.440	0.000
	组内	709.375	563	1.260		
	总数	756.951	567			
B9 应对气候变化	组间	62.381	4	15.595	12.268	0.000
	组内	715.722	563	1.271		
	总数	778.103	567			
B10 生态环境保护	组间	74.114	4	18.528	13.083	0.000
	组内	797.342	563	1.416		
	总数	871.456	567			
B11 绿色办公管理	组间	32.302	4	8.076	5.395	0.000
	组内	842.797	563	1.497		
	总数	875.100	567			
B12 环境污染事件	组间	114.359	4	28.590	10.387	0.000
	组内	1549.639	563	2.752		
	总数	1663.998	567			
B13 废弃物排放	组间	114.359	4	28.590	10.387	0.000
	组内	1549.639	563	2.752		
	总数	1663.998	567			
B14 能源资源利用	组间	111.875	4	27.969	14.811	0.000
	组内	1063.133	563	1.888		
	总数	1175.008	567			
B15 温室气体排放	组间	21.051	4	5.263	3.866	0.004
	组内	766.378	563	1.361		
	总数	787.429	567			
B16 生态建设成效	组间	97.392	4	24.348	22.434	0.000
	组内	611.023	563	1.085		
	总数	708.415	567			

续表

		平方和	df	均方	F	显著性
B17 节能环保影响力	组间	17.763	4	4.441	72.044	0.000
	组内	34.703	563	0.062		
	总数	52.467	567			
B18 节能环保投入	组间	204.311	4	51.078	24.153	0.000
	组内	1190.609	563	2.115		
	总数	1394.920	567			
B19 相关公益项目	组间	34.401	4	8.600	13.285	0.000
	组内	364.470	563	0.647		
	总数	398.871	567			

表 4－41　不同第三方评价企业的节能环保等级组间均值比较 2

外部鉴证	均值						
	B1 机构制度	B2 管理文化	B3 管理体系	B4 条款政策	B5 清洁生产管理	B6 污染减排管理	B7 资源循环利用
无任何外部鉴证	3.1166	3.6082	3.4365	3.2765	2.3568	2.9814	2.8544
相关评价	3.9614	4.4762	4.4571	4.1333	4.1157	3.9048	4.0476
报告评级	4.0000	4.4000	4.6000	4.2000	2.7750	4.0000	3.4167
质量认证	4.4200	4.4667	4.7333	4.6667	4.3333	4.3333	4.1667
数据审验	4.0563	4.0500	4.6000	4.4000	4.0975	4.1663	4.3125
外部鉴证	均值						
	B8 能源增效管理	B9 应对气候变化	B10 生态环境保护	B11 绿色办公管理	B12 环境污染事件	B13 废弃物排放	B14 能源资源利用
无任何外部鉴证	3.0506	3.0059	2.8435	2.8882	2.5176	2.2018	1.7844
相关评价	4.2667	4.2667	4.2571	3.7619	1.3810	2.2952	2.8610
报告评级	3.9000	4.0000	4.2000	4.0000	3.0000	4.2000	3.9617
质量认证	4.0000	3.8667	4.1333	4.0000	5.0000	4.8667	4.8000
数据审验	4.2000	4.0000	3.9500	3.7500	5.0000	4.7000	4.5775
外部鉴证	均值						
	B15 温室气体排放	B16 生态建设成效	B17 节能环保影响力	B18 节能环保投入	B19 相关公益项目		
无任何外部鉴证	1.8735	1.3853	1.0478	2.2406	2.2406		
相关评价	1.8571	1.7619	1.0743	4.1429	4.1429		
报告评级	3.0833	1.0000	1.2383	5.0000	5.0000		
质量认证	2.6667	5.0000	2.3333	5.0000	5.0000		
数据审验	2.6250	4.1250	2.0225	4.7500	4.7500		

由表 4－40 可知，B1 机构制度、B2 管理文化、B3 管理体系、B4 条款政策、B5 清洁生产管理、B6 污染减排管理、B7 资源循环利用、B8 能源增效管理、B9 应对气候变化、B10 生态环境保护、B11 绿色办公管理、B12 环境污染事件、B13 废弃物排放、B14 能源资源利用、B15 温室气体排放、B16 生态建设成效、B17 节能环保影响力、B18 节能环保投入、B19 相关公益项目等均在 ESEP 信息第三方评价因素上呈现显著性差异。换言之，ESEP 信息第三方评价对 B1 机构制度、B2 管理文化、B3 管理体系、B4 条款政策、B5 清洁生产管理、B6 污染减排管理、B7 资源循环利用、B8 能源增效管理、B9 应对气候变化、B10 生态环境保护、B11 绿色办公管理、B12 环境污染事件、B13 废弃物排放、B14 能源资源利用、B15 温室气体排放、B16 生态建设成效、B17 节能环保影响力、B18 节能环保投入、B19 相关公益项目等均影响显著。

通过进一步组间均值分析（见表 4－41）可以看出，通过 ESEP 信息质量认证的企业在 B1 机构制度、B3 管理体系、B4 条款政策、B5 清洁生产管理、B6 污染减排管理、B11 绿色办公管理、B12 环境污染事件、B13 废弃物排放、B14 能源资源利用、B16 生态建设成效、B17 节能环保影响力、B18 节能环保投入、B19 相关公益项目等方面管理水平最高；通过 ESEP 信息数据审验的企业在 B7 资源循环利用、B12 环境污染事件等方面管理水平最高；而无任何外部鉴证的企业在各个指标评价方面得分均最低。这表明通过质量认证和数据审验的企业在 ESEP 总体水平以及各维度上总体上优于其他第三方评价的企业。

ESEP 管理水平及各个维度在时间维度、企业性质、行业领域、上市地、信息发布次数、信息详实程度、参考标准、第三方评价等变量上的差异性检验结果如表 4－42 所示。

表 4-42　ESEP 管理水平在统计变量上的差异分布汇总

	时间维度	企业性质	行业领域	上市地	信息发布次数	信息详实程度	参考标准	第三方评价
A1 ESEP 治理结构体系	—	显著	显著	显著	—	显著	显著	显著
B1 机构制度	—	显著	显著	显著	—	显著	显著	显著
B2 管理文化	—	—	—	显著	—	显著	显著	显著
B3 管理体系	—	显著	—	显著	—	显著	显著	显著
B4 条款政策	—	显著	显著	显著	—	显著	显著	显著
A2 ESEP 管理实施过程	—	显著	显著	显著	—	显著	显著	显著
B5 清洁生产管理	—	—	显著	显著	—	显著	显著	显著
B6 污染减排管理	—	—	显著	显著	—	显著	显著	显著
B7 资源循环利用	—	显著	显著	显著	—	显著	显著	显著
B8 能源增效管理	—	显著	显著	显著	—	显著	显著	显著
B9 应对气候变化	—	—	显著	显著	—	显著	显著	显著
B10 生态环境保护	—	显著	显著	显著	—	显著	显著	显著
B11 绿色办公管理	—	显著	显著	显著	—	显著	显著	显著
A3 ESEP 管理绩效/投入	—	显著	显著	显著	—	显著	显著	显著
B12 环境污染事件	—	—	显著	—	—	显著	—	显著
B13 废弃物排放	—	—	显著	—	显著	显著	—	显著
B14 能源资源利用	—	显著	显著	显著	显著	显著	显著	显著
B15 温室气体排放	—	显著	显著	显著	显著	显著	显著	显著
B16 生态建设成效	—	显著	显著	—	—	显著	显著	显著
B17 节能环保影响力	—	—	显著	显著	显著	显著	显著	显著
B18 节能环保投入	—	显著	显著	显著	—	显著	显著	显著
A4 其他	—	显著	显著	—	—	显著	显著	显著
B19 相关公益项目	—	显著	显著	—	—	显著	显著	显著
节能环保总体	—	显著	显著	显著	—	显著	显著	显著

第五节　能源行业上市公司安全健康子系统“绿度”评价

一　各公司云模型等级分析

（一）建立指标的权重因子集

由 AHP 得到主观权重并由熵权法等到客观权重之后，根据公式

（9）可得能源行业上市公司安全健康评价指标的综合权重，如表4-43所示。

表4-43 基于AHP-熵权法的SH指标层组合权重

准则层	指标层	AHP赋权	熵权赋权	组合权重
治理结构体系	机构制度	0.0739	0.0474	0.0356
	管理文化	0.0503	0.0099	0.0094
	管理体系	0.0684	0.0115	0.0134
	条款政策	0.0224	0.0339	0.0110
管理实施过程	项目课题	0.0457	0.1294	0.1040
	教育培训	0.0603	0.0143	0.0150
	监测防护	0.1381	0.0333	0.0407
	预防预控	0.1174	0.0160	0.0218
	疾病管理	0.0749	0.1152	0.0964
管理绩效/投入	安全事故	0.1101	0.0339	0.0655
	职业病发病	0.0828	0.0608	0.1771
	SH影响力	0.0337	0.1809	0.1128
	SH投入	0.0775	0.1578	0.2014
其他	相关公益项目	0.0507	0.1558	0.0961

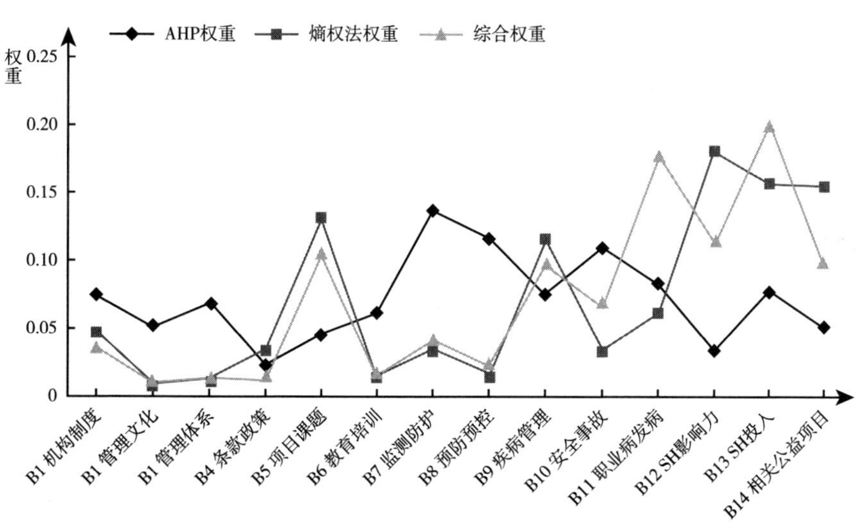

图4-18 SH子系统指标层权重分布

由图 4－18 可知 SH 投入、职业病发病、项目课题、疾病管理是提升安全健康管理的关键指标，现阶段企业在这些方面比较薄弱，提升这几个方面对提升安全健康管理整体水平有显著影响。

（二）确定指标集和指标评价集

最终确定 33 个指标，将各评价指标值按大小顺序排列，并对其进行等级划分。本文通过参阅相关文献资料，并结合实际情况，将所有指标分为五个等级，用来评价安全健康管理水平：Ⅰ级－警惕级；Ⅱ级－改进级；Ⅲ级－过渡级；Ⅳ级－可接受；Ⅴ级－可宣称。具体指标等级划分如下：以指标 X1（管理制度的完善性程度）为例，Ⅰ级区间为［1，1.5），Ⅱ级区间为［1.5，2.5），Ⅲ级区间为［2.5，3.5），Ⅳ级区间为［3.5，4.5），Ⅴ级区间为［4.5，5］。同理，依据公式（10）可以得到全部指标等级划分。

（三）确定各指标各等级云参数矩阵 R

每个等级云的特征参数（Ex，En，He）是由各评价指标所对应等级的上下边界值确定的，具体可通过相应的特征值参数公式（10）求出。以指标 X1（管理制度的完善性程度）为例，Ⅰ级区间为［1，1.5），云模型参数为（Ex，En，He）＝（1，0.17，0.05）；Ⅱ级区间为［1.5，2.5），云模型参数为（Ex，En，He）＝（2，0.17，0.05）；Ⅲ级区间为［2.5，3.5），云模型参数为（Ex，En，He）＝（3，0.17，0.05）；Ⅳ级区间为［3.5，4.5），云模型参数为（Ex，En，He）＝（4，0.17，0.05）；Ⅴ级区间为［4.5，5］，云模型参数为（Ex，En，He）＝（5，0.17，0.05）。同理，依据公式（10）可以得到全部指标各个等级的云参数矩阵。

（四）云模型隶属度计算

将筛选后的指标数据和各等级云数字特征值作为参数，运用模型中的 X 条件云发生器，将算法程序输入 Matlab 2014 软件中，计算样本每个指标对应的隶属度，并构造隶属度矩阵。以中国石化 2019 年度情况为例，利用 X 条件云发生器在 Matlab 2014 中得到其隶属度矩阵 U。

表 4－44　2019 年度中国石化安全健康子系统隶属度

指标	Ⅰ级	Ⅱ级	Ⅲ级	Ⅳ级	Ⅴ级	结论
X1	0.0000	0.0000	0.0000	0.0000	1.0000	Ⅴ
X2	0.0000	0.0002	0.2787	0.3483	0.3727	Ⅳ
X3	0.0018	0.9938	0.0020	0.0024	0.0000	Ⅳ
X4	0.0000	0.0001	0.3187	0.3109	0.3702	Ⅴ
X5	0.0024	0.9933	0.0020	0.0024	0.0000	Ⅳ
X6	0.0000	0.0010	0.4995	0.4995	0.0000	Ⅳ
X7	0.0000	0.0001	0.3395	0.3325	0.3279	Ⅳ
X8	0.0000	0.0001	0.3127	0.3406	0.3467	Ⅲ
X9	0.0000	0.0002	0.3443	0.3259	0.3295	Ⅳ
X10	0.9980	0.0020	0.0000	0.0000	0.0000	Ⅱ
X11	0.9980	0.0020	0.0000	0.0000	0.0000	Ⅲ
X12	0.0000	0.0011	0.4994	0.4994	0.0000	Ⅳ
X13	0.0000	0.0002	0.3723	0.3223	0.3052	Ⅲ
X14	0.0000	0.0001	0.3105	0.3178	0.3716	Ⅳ
X15	0.0000	0.0000	0.0000	0.0000	1.0000	Ⅳ
X16	0.0000	0.0000	0.0000	0.0000	1.0000	Ⅱ
X17	0.9976	0.0024	0.0000	0.0000	0.0000	Ⅳ
X18	0.0000	0.0001	0.3424	0.3442	0.3134	Ⅳ
X19	0.0000	0.0010	0.4995	0.4995	0.0000	Ⅳ
X20	0.0000	0.0011	0.4994	0.4994	0.0000	Ⅳ
X21	0.9983	0.0017	0.0000	0.0000	0.0000	Ⅲ
X22	0.9980	0.0020	0.0000	0.0000	0.0000	Ⅲ
X23	0.9979	0.0021	0.0000	0.0000	0.0000	Ⅲ
X24	0.0000	0.0000	0.0000	0.0000	1.0000	Ⅴ
X25	0.0000	0.0010	0.4995	0.4995	0.0000	Ⅴ
X26	0.0000	0.0023	0.0000	0.9977	0.0000	Ⅳ
X27	0.0000	0.0018	0.0000	0.9981	0.0000	Ⅳ
X28	0.0000	0.0022	0.0000	0.9978	0.0000	Ⅳ
X29	0.0000	0.0020	0.0000	0.9980	0.0000	Ⅳ
X30	0.0000	0.0020	0.0000	0.9980	0.0000	Ⅳ
X31	0.0000	0.0019	0.0000	0.9981	0.0000	Ⅳ
X32	0.0000	0.0022	0.0000	0.9978	0.0000	Ⅳ
X33	0.4995	0.0010	0.5419	0.4995	0.0000	Ⅲ
综合隶属度						Ⅳ

（五）确定评价等级

将利用公式（9）计算得到的组合权重 W 与隶属度矩阵 U 进行模糊运算，最后得到2019年度中国石化五个评价等级的隶属度，隶属度最大的等级就是安全健康管理水平等级。

同理，可得所有能源行业上市公司安全健康子系统2019年度“绿度”评价结果（见表4－45）。

表4－45 2019年度样本公司SH管理子系统“绿度”评价等级

序号	公司名称	Ⅰ级	Ⅱ级	Ⅲ级	Ⅳ级	Ⅴ级	评价等级
1	中国神华	0.0000	0.0000	0.0005	0.0004	0.9991	Ⅴ级
2	中国石化	0.0000	0.0001	0.4817	0.5016	0.0166	Ⅳ级
3	粤电力A	0.0000	0.0003	0.4940	0.5056	0.0000	Ⅳ级
4	潞安环能	0.0000	0.0006	0.5084	0.4909	0.0000	Ⅲ级
5	兖州煤业	0.0000	0.0004	0.5024	0.4972	0.0000	Ⅲ级
6	中国核电	0.0000	0.0009	0.4998	0.4994	0.0000	Ⅲ级
7	国电电力	0.0000	0.0009	0.5015	0.4976	0.0000	Ⅲ级
8	文山电力	0.0000	0.0020	0.5013	0.4967	0.0000	Ⅲ级
9	中国石油	0.0000	0.0022	0.5033	0.4945	0.0000	Ⅲ级
10	大唐发电	0.0000	0.0026	0.4988	0.4986	0.0000	Ⅲ级
11	长江电力	0.0000	0.0094	0.4997	0.4908	0.0000	Ⅲ级
12	深圳燃气	0.0000	0.0101	0.4954	0.4945	0.0000	Ⅲ级
13	中煤能源	0.0000	0.0218	0.4895	0.4887	0.0000	Ⅲ级
14	华能水电	0.0000	0.0237	0.4933	0.4829	0.0000	Ⅲ级
15	兴蓉环境	0.0000	0.0898	0.4710	0.4391	0.0000	Ⅲ级
16	华电国际	0.0001	0.1465	0.4288	0.4246	0.0000	Ⅲ级
17	伊泰B股	0.0001	0.1766	0.4135	0.4098	0.0000	Ⅲ级
18	贵州燃气	0.0001	0.3242	0.3430	0.3326	0.0000	Ⅲ级
19	京能电力	0.0000	0.0004	0.5091	0.4897	0.0008	Ⅲ级
20	国投电力	0.0000	0.0005	0.5120	0.4875	0.0000	Ⅲ级
21	重庆燃气	0.0000	0.0004	0.5030	0.4966	0.0000	Ⅲ级
22	广州发展	0.0000	0.0006	0.5040	0.4954	0.0000	Ⅲ级
23	桂东电力	0.0000	0.0006	0.5012	0.4983	0.0000	Ⅲ级
24	冀中能源	0.0000	0.0007	0.5074	0.4919	0.0000	Ⅲ级
25	宝新能源	0.0000	0.0007	0.5047	0.4946	0.0000	Ⅲ级
26	昊华能源	0.0000	0.0008	0.5025	0.4967	0.0000	Ⅲ级

续表

序号	公司名称	Ⅰ级	Ⅱ级	Ⅲ级	Ⅳ级	Ⅴ级	评价等级
27	陕西煤业	0.0000	0.0014	0.4994	0.4993	0.0000	Ⅲ级
28	瀚蓝环境	0.0000	0.0013	0.5013	0.4974	0.0000	Ⅲ级
29	黔源电力	0.0000	0.0011	0.5002	0.4987	0.0000	Ⅲ级
30	西山煤电	0.0000	0.0016	0.5022	0.4962	0.0000	Ⅲ级
31	首创股份	0.0000	0.0061	0.5033	0.4906	0.0000	Ⅲ级
32	兰花科创	0.0000	0.0062	0.4971	0.4967	0.0000	Ⅲ级
33	新集能源	0.0000	0.0086	0.4962	0.4951	0.0000	Ⅲ级
34	大众公用	0.0000	0.0212	0.4914	0.4874	0.0000	Ⅲ级
35	闽东电力	0.0000	0.0647	0.4709	0.4644	0.0000	Ⅲ级
36	平煤股份	0.0001	0.1189	0.4417	0.4393	0.0000	Ⅲ级
37	广汇能源	0.0002	0.3763	0.3114	0.3120	0.0000	Ⅱ级
38	深圳能源	0.0004	0.6049	0.2000	0.1947	0.0000	Ⅱ级
39	通宝能源	0.0008	0.8272	0.0829	0.0891	0.0000	Ⅱ级
40	胜利股份	0.0006	0.8420	0.0802	0.0772	0.0000	Ⅱ级
41	三峡水利	0.0008	0.9222	0.0366	0.0403	0.0000	Ⅱ级
42	金山股份	0.0010	0.9287	0.0327	0.0376	0.0000	Ⅱ级
43	西昌电力	0.0011	0.9380	0.0301	0.0307	0.0000	Ⅱ级
44	重庆水务	0.0009	0.9507	0.0248	0.0237	0.0000	Ⅱ级
45	江南水务	0.0011	0.9780	0.0099	0.0111	0.0000	Ⅱ级
46	申能股份	0.0018	0.9902	0.0037	0.0043	0.0000	Ⅱ级
47	ST浩源	0.0021	0.9937	0.0024	0.0018	0.0000	Ⅱ级
48	中闽能源	0.0032	0.9934	0.0017	0.0017	0.0000	Ⅱ级
49	广安爱众	0.0035	0.9933	0.0017	0.0016	0.0000	Ⅱ级
50	嘉泽新能	0.0043	0.9923	0.0016	0.0018	0.0000	Ⅱ级
51	川投能源	0.0067	0.9902	0.0013	0.0017	0.0000	Ⅱ级
52	湖北能源	0.0055	0.9919	0.0013	0.0012	0.0000	Ⅱ级
53	华能国际	0.0085	0.9887	0.0012	0.0016	0.0000	Ⅱ级
54	钱江水利	0.0086	0.9886	0.0012	0.0016	0.0000	Ⅱ级
55	乐山电力	0.0147	0.9829	0.0012	0.0012	0.0000	Ⅱ级
56	海峡环保	0.0153	0.9825	0.0011	0.0011	0.0000	Ⅱ级
57	华电能源	0.0208	0.9772	0.0009	0.0010	0.0000	Ⅱ级
58	宁波热电	0.0433	0.9550	0.0008	0.0010	0.0000	Ⅱ级
59	上海能源	0.1017	0.8969	0.0007	0.0007	0.0000	Ⅱ级
60	福能股份	0.0958	0.9029	0.0005	0.0007	0.0000	Ⅱ级

续表

序号	公司名称	Ⅰ级	Ⅱ级	Ⅲ级	Ⅳ级	Ⅴ级	评价等级
61	创业环保	0.1034	0.8952	0.0007	0.0007	0.0000	Ⅱ级
62	中原环保	0.2821	0.7173	0.0003	0.0003	0.0000	Ⅱ级
63	涪陵电力	0.3778	0.6212	0.0006	0.0003	0.0000	Ⅱ级
64	国中水务	0.5483	0.4513	0.0002	0.0002	0.0000	Ⅰ级
65	蓝焰控股	0.9388	0.0611	0.0001	0.0000	0.0000	Ⅰ级

同理，可得所有样本公司 2006～2019 年度安全健康子系统评价云等级情况。将各公司等级进行量化处理后予以可视化呈现，结果如图 4－19 所示。

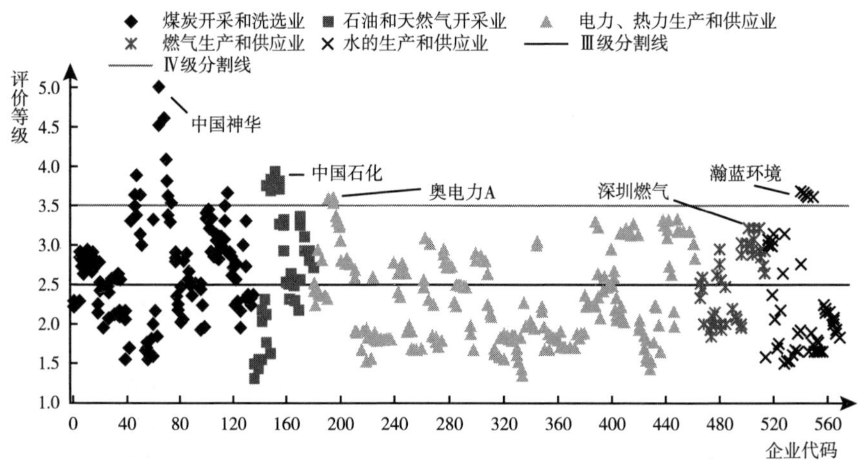

图 4－19　2006～2019 年度各公司 SH 子系统“绿度”等级评价（N＝71，S＝568）

由图 4－19 可知，在已发布的社会责任报告/可持续发展报告中，92.08%（S＝523）的样本反映出企业的安全健康（SH）管理水平隶属于“Ⅱ级－改进级”和“Ⅲ级－过渡级”，仅有 5.46%（S＝31）的样本反映出企业 SH 管理综合评价等级隶属于“Ⅳ级－可接受”和“Ⅴ级－可宣称”等级。如果考虑到还有 70 家上市公司 2006～2019 年度未披露任何安全健康管理相关信息，能源行业上市公司的总体安全健康管理水平处于“可接受”和

“可宣称”等级的比例还会更低。这表明大部分能源行业上市公司的安全健康管理仍处于低端水平。进一步对各等级样本数量进行统计可知，0.88%（S=5）的样本隶属于Ⅴ级，代表企业的SH管理水平处于“可宣称”层级；4.58%（S=26）的样本隶属于Ⅳ级，代表企业的SH管理水平处于“可接受”层级；36.44%（S=207）的样本隶属于Ⅲ级，代表企业的SH管理水平处于“过渡级”；55.63%（S=316）的样本隶属于Ⅱ级，代表企业的SH管理水平处于“改进级”；2.46%（S=14）的样本隶属于Ⅰ级，代表企业的SH管理水平处于“警惕级”。进一步研究发现，不同行业的SH管理水平存在差异，由高到低依次为：煤炭开采和洗选业，石油和天然气开采业，燃气生产和供应业，电力、热力生产和供应业，水的生产和供应业。其中，煤炭开采和洗选业，石油和天然气开采业，电力、热力生产和供应业，燃气生产和供应业，水的生产和供应业的SH管理标杆企业分别为中国神华（Ⅴ）、中国石化（Ⅳ）、粤电力A（Ⅳ）、深圳燃气（Ⅲ）、瀚蓝环境（Ⅳ）等，而胜利股份（Ⅱ）、创业环保（Ⅱ）、乐山电力（Ⅱ）、广安爱众（Ⅱ）、涪陵电力（Ⅱ）等公司评价相对较低（具体参见附录），表明这些公司在SH管理方面亟待改进。

二　各指标云模型等级分析

在确定定量指标的云模型等级以后，本研究对定量指标进行云模型等级赋值，继而利用逆向云发生器，根据式（6）-（9）计算各个指标对应的云参数，如表4-46所示。

表4-46　SH要素层云模型特征值

指标层(B)	要素层(C)	三级指标云模型参数		
		Ex	*En*	*He*
机构制度	管理制度	2.7804	0.0026	0.1233
	管理部门	2.5185	0.0017	0.1073
	相关委员会	1.5661	0.0019	0.0621

续表

指标层(B)	要素层(C)	三级指标云模型参数		
		Ex	*En*	*He*
管理文化	管理重视	2.9101	0.0030	0.1310
	文化活动	2.4339	0.0014	0.1020
管理体系	体系多样性	2.3148	0.0010	0.0944
	体系系统性	2.6587	0.0022	0.1160
条款政策	法律法规遵循	3.0503	0.0035	0.1392
	健康条款建设	1.8995	0.0030	0.0832
项目课题	项目课题等级	1.1852	0.0006	0.0328
	项目课题数量	1.2725	0.0009	0.0405
教育培训	教育培训措施	2.3836	0.0013	0.0988
	教育培训覆盖	2.4709	0.0016	0.1044
监测防护	个体防护	2.5635	0.0052	0.1217
	保险实施	2.9709	0.0032	0.1346
	体检实施	2.6772	0.0022	0.1171
	心理健康管理	2.0635	0.0002	0.0774
预防预控	作业环境管理	2.5847	0.0019	0.1114
	应急保障管理	2.4762	0.0016	0.1047
	隐患排查治理	2.5185	0.0017	0.1073
疾病管理	防治措施	1.7011	0.0023	0.0709
	管理档案	1.3704	0.0012	0.0483
	在岗管理	1.4074	0.0014	0.0510
安全事故	严重性(死亡率)	3.1693	0.0072	0.1551
	频发性(事故率)	3.1693	0.0072	0.1551
职业病发病	严重性(发病率)	1.4497	0.0015	0.0541
SH管理影响力	获奖/荣誉	1.1415	0.0005	0.0284
	专利/论文	1.0556	0.0002	0.0174
SH投入	安全生产投入	1.5582	0.0019	0.0616
	职业健康投入	1.0952	0.0003	0.0230
相关公益项目	SH公益项目	1.3201	0.0011	0.0444
	定向医疗救助	1.3624	0.0012	0.0477
	定向助学	1.6429	0.0021	0.0672

将二级指标的特征参数及权重带入公式进行云模型运算，得到上一层指标的云模型参数（见表4－47）。

表 4-47　SH 指标层云模型特征值

一级指标(A)	二级指标(B)	二级指标云模型参数			一级指标云模型参数
		Ex	*En*	*He*	(*Ex*,*En*,*He*)
治理结构体系	机构制度	2.3797	0.0021	0.1020	2.5074,0.0021,0.1083
	管理文化	2.6243	0.0021	0.1139	
	管理体系	2.5323	0.0018	0.1082	
	条款政策	2.5899	0.0033	0.1164	
管理实施过程	项目课题	1.2288	0.0008	0.0368	2.4545,0.0022,0.1059
	教育培训	2.4360	0.0014	0.1022	
	监测防护	2.5263	0.0030	0.1126	
	预防预控	2.5305	0.0018	0.1081	
	疾病管理	1.5189	0.0017	0.0589	
管理绩效/投入	安全事故	3.1693	0.0072	0.1551	2.0138,0.0034,0.0901
	职业病发病	1.4497	0.0015	0.0541	
	SH 影响力	1.1005	0.0003	0.0237	
	SH 投入	1.3730	0.0012	0.0485	
其他	相关公益项目	1.4090	0.0013	0.0509	1.4090,0.0013,0.0509

通过公式，对一级指标进行云模型虚拟云中的综合云运算，得到综合评级数字特征参数（2.3788，0.0025，0.1034）。将安全健康管理评价一级指标 A1 治理结构体系、A2 管理实施过程、A3 管理绩效/投入、A4 其他的特征参数及每个定性评语对应的元模型参数输入正向云发生器，利用 Matlab 2014 软件绘制定性评语及安全健康管理评价的云图。

图 4-20 为评价等级云标尺。从图 4-21 可以看出，能源行业上市公司安全健康综合评价云的期望值 $Ex=2.3788$ 落在了"改进级"和"过渡级"之间，较为偏向"改进级"的评价云，可以得出能源行业安全健康管理处于"改进级"和"过渡级"之间的结果。此外，评价结果云的熵值 *En* 远小于评价云，可知此评价结果范围较小、稳定性好，反映出上市公司群体在安全健康管理方面差异较小，这可能是由大部分公司安全健康管理水平较弱、披露较少造成的。而结果云超熵值 *He* 较多，显示为云的厚度大于评价云，说明评价结果存在一定的随机性，各公司的安全健康管理总体水平还未达成一致，整体有待提高。

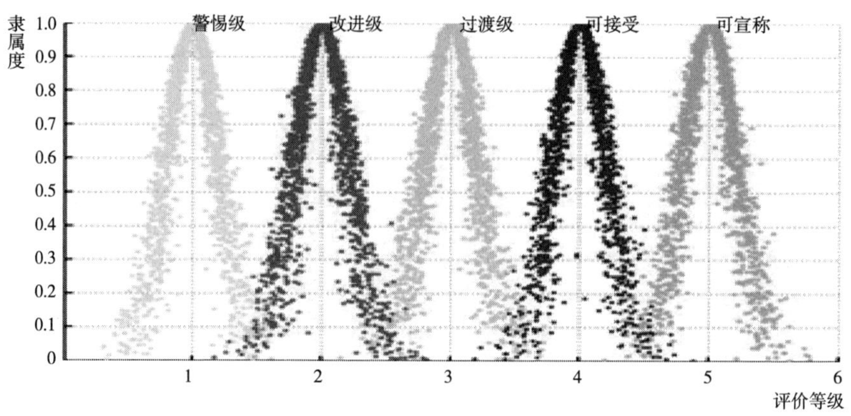

图 4-20 评价等级云标尺

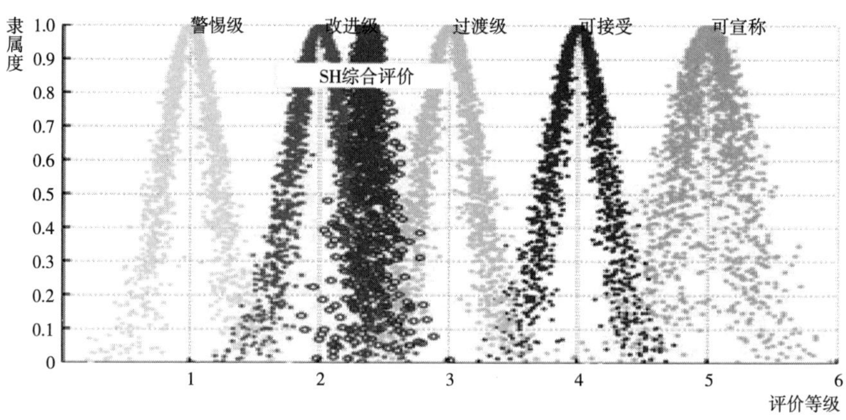

图 4-21 SH 综合评价云

从图 4-22 中可以看出，能源行业上市公司安全健康管理的一级指标 A1 治理结构体系云的期望值 $Ex=2.5074$ 落在了“改进级”和“过渡级”之间，较为偏向“过渡级”，可以得出能源行业安全健康管理的一级指标 A1 治理结构体系处于“改进级”和“过渡级”之间的结论。此外，评价结果云的熵值 En 远小于评价云，可知此评价结果范围较小、稳定性好，反映出上市公司群体在 SH 治理结构体系方面存在的差异较小，这可能是因为大部分公司的 SH 治理结构体系较弱、披露较少。而结果云超熵值 He 较多，图中显示为云的厚度大于评价云，说明评价结果存在一定的随机性，各公司的 SH 治理结构体系有待完善。

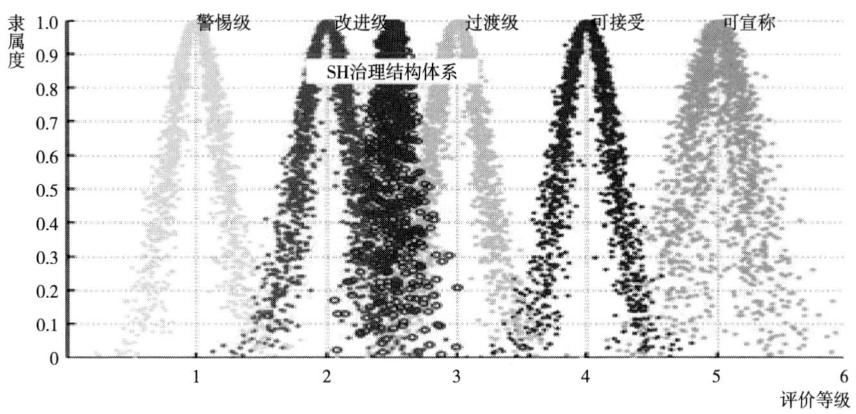

图 4－22 SH 治理结构体系评价云

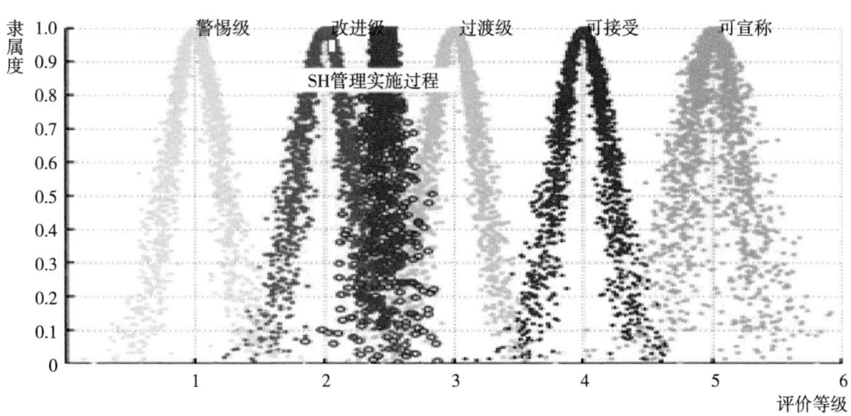

图 4－23 SH 管理实施过程评价云

从图 4－23 中可以看出，能源行业上市公司安全健康管理的一级指标 A2 管理实施过程云的期望值 $Ex = 2.4545$ 落在“改进级”和“过渡级”之间，较为偏向“改进级”的评价云，可以得出能源行业 SH 管理实施过程处于“改进级”的结论。此外，评价结果云的熵值 En 远小于评价云，可知此评价结果范围较小、稳定性好，反映出上市公司群体在 SH 管理实施过程方面存在的差异较小，这可能是由于大部分公司在 SH 管理实施过程方面实力较弱、披露较少。而结果云超熵值 He 较多，图中显示为云的厚度小于评价云，说明评价结果较为稳定，各公司的 SH 管理实施过程有待改善。

从图 4－24 中可以看出，能源行业上市公司安全健康管理的一级指标 A3 管理绩效/投入云的期望值 $Ex=2.0138$ 落在了“改进级”和“过渡级”之间，较为偏向“改进级”的评价云，可以得出能源行业安全健康管理的 A3 管理绩效/投入指标处于“改进级”水平。此外，评价结果云的熵值 En 远小于评价云，可知此评价结果范围较小、稳定性好，反映出上市公司群体在 SH 管理绩效/投入方面存在的差异较小，这可能是由于大部分公司的 SH 管理绩效/投入较弱、披露较少。而结果云超熵值 He 较多，图中显示为云的厚度小于评价云，说明评价结果较为稳定，各公司的 SH 管理绩效/投入水平有待提高。

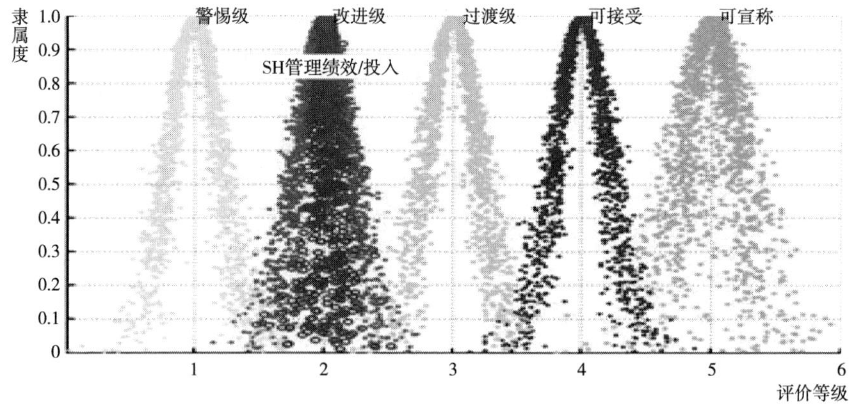

图 4－24　SH 管理绩效/投入评价云

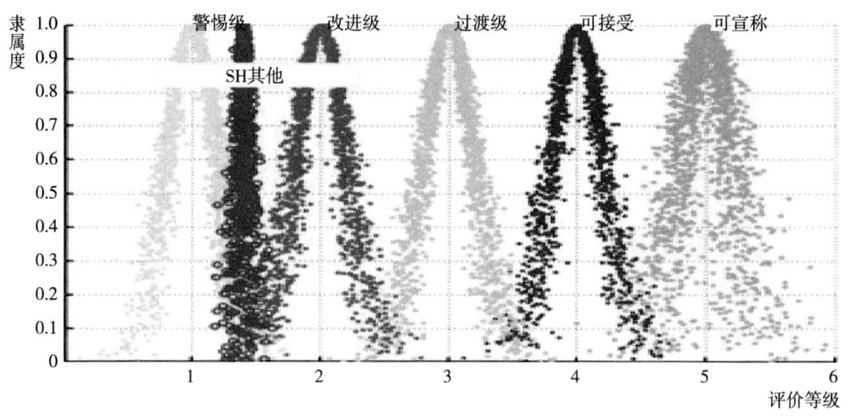

图 4－25　SH 其他评价云

从图 4－25 可以看出，能源行业上市公司安全健康管理的一级指标 A4 其他的云期望值 $Ex=1.4090$ 落在了“警惕级”和“改进级”之间，较为偏向“警惕级”的评价云，可以得出能源行业安全健康管理的 A4 其他方面很弱的结论。此外，评价结果云的熵值 En 远小于评价云，可知此评价结果范围较小、稳定性好，反映出上市公司群体在 SH 其他方面存在的差异较小，这可能是由于大部分公司在 SH 其他方面表现很差、披露较少。而结果云超熵值 He 较多，图中显示为云的厚度小于评价云，说明评价结果较为稳定，各公司的 SH 其他方面有待提高。

本研究进步一对 A1～A4 下属的 B1～B14 指标进行统计分析，统计结果如图 4－26 所示。

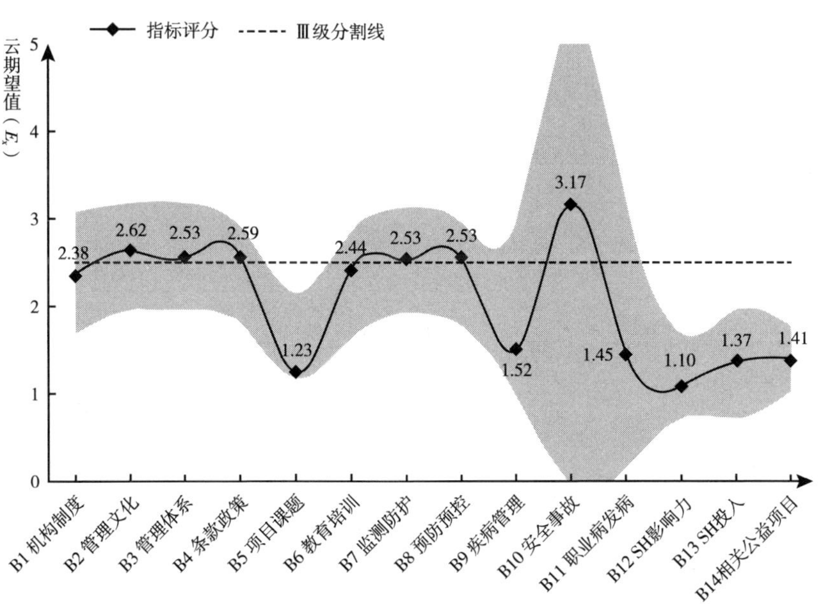

图 4－26　安全健康子系统各指标云期望分布

由图 4－26 可知，大部分指标在Ⅱ级和Ⅲ级分割线上下波动，其中 B10 安全事故的云期望值最高，以下依次是 B2 管理文化、B4 条款政策、B3 管理体系、B7 监测防护、B8 预防预控等，表明大部分上市公司在这些方面表现较好。值得注意的是B5项目课题、B11职业病发病、B12 SH影响力、B13 SH投入、B14相关公益项目方面表现较弱，这表明B5项目课题、B9疾病管理、B11职业病发病、B12 SH影响力、B13 SH投入、B14相关公益项目等是提升安全健康管理水平的关键所在。

本研究进一步对各等级公司的原始数据进行分析，以明晰相关标杆企业的经验做法以及各等级公司应该提升的重点。中国神华隶属于V级，代表其安全健康管理水平处于“可宣称”等级。进一步对原始数据分析可知，该公司2017年度在各个方面均比较完善，具体情况见表4－48。

表4－48　中国神华2017年度SH管理各指标简略情况

指标层(B)	要素层(C)	SH管理各指标概况
机构制度	管理制度	安全管理、作业环境、职业病管理等制度很完善
	管理部门	职业健康、员工权益方面有常设的机构/部门岗位，系统性强
	相关委员会	董事会下设安全健康环保委员会，系统性强
管理文化	管理重视	愿景、使命、价值观中包含SH陈述，高度重视
	文化活动	开展竞赛、宣讲、征文等一系列活动，内容十分丰富
管理体系	体系多样性	形成安全管理、职业病防治一系列管理体系，系统性强
	体系系统性	全面实施健康管理体系OHSAS18001认证，系统性强
条款政策	法律法规遵循	严格遵循《职业病防治法》等法律法规，规范性强
	健康条款建设	针对客户/供应商的健康条款很详实，规范性强
项目课题	项目课题等级	承担的国际创新课题/战略课题/行业标准，等级极高
	项目课题数量	承担安全健康项目20项以上，数量较多
教育培训	教育培训措施	开展现场教学、在线培训、专项培训等，内容丰富
	教育培训覆盖	安全健康培训覆盖率高，人均培训时间长，培训水平高
监测防护	个体防护	为员工配备的防护设备、医疗装备、救助设施很完善
	保险实施	职业健康保险实施率很高(98%)，保险实施完善
	体检实施	职业健康体检率很高(98%)，体检制度、项目完善
	心理健康管理	有心理健康咨询室，开展咨询、培训、宣传等，很完善
预防预控	作业环境管理	开展粉尘、噪声、有毒物质定期检测评价，很完善
	应急保障管理	有应急保障措施，资金、设备、人员齐全，很完善
	隐患排查治理	开展专项检查、专家会诊、年度考察等，系统、完善

续表

指标层(B)	要素层(C)	SH管理各指标概况
疾病管理	防治措施	开展防治工作体系构建、设备研发更新等,很完善
	管理档案	实施职业安全健康档案管理,实时更新,很完善
	在岗管理	对患病员工实施妥善的康复治疗、调岗安置等,很完善
安全事故	严重性(死亡率)	未发生较大的安全事故;百万工时事故率为0
	频发性(事故率)	未发生因公死亡情况,千人事故死亡率为0
职业病发病	严重性(发病率)	新增职业病5例,千人职业病发病率为5.61‰
SH影响力	获奖/荣誉	获得省部级及以上SH相关科技奖励26项
	专利/论文	创办刊物《清洁能源》,举办相关论坛
SH投入	安全生产投入	安全生产投入总额为39.62亿元,人均44488.36元
	职业健康投入	健康投入总额为4.18亿元,人均4693.62元
相关公益项目	SH公益项目	向职业病防治公益基金会捐赠、提供服务等
	定向医疗救助	开展职业病医疗救治,投入人、物、财,参与度高
	定向助学	开展职业病患病子女定向助学捐赠等,参与度高

同理可得其他等级公司的SH管理状况,见表4-49。

表4-49 各等级公司2017年度SH管理各指标简略情况

云等级	代表企业	主要特点等
Ⅴ级	中国神华等	(1)有完善的SH管理制度、系统的职业健康机构部门;设有安全健康环保委员会;高度重视SH管理;举办丰富的SH文化活动;通过OHSAS18001认证;形成系统的SH管理体系、规范的SH法律和健康条款。(2)承担国际SH创新课题;教育培训丰富、覆盖率高;个体防护完善;保险、体检覆盖率高;进行完善的心理健康管理;作业环境管理、应急保障管理、隐患排查治理等实施系统完善;疾病防治措施丰富,员工档案管理、患病员工在岗管理完善。(3)百万工时事故率、千人事故死亡率、千人职业病发病率极低;与SH相关的获奖/荣誉/专利/论文等数量多、影响力大;人均安全、健康投入高。(4)SH公益项目、医疗救助、定向助学等参与度较高
Ⅳ级	中国石化等	(1)机构制度、管理文化、管理体系、条款政策均较为完善;(2)教育培训、监测防护、预防预控、疾病管理均较为完善,项目课题水平有待进一步提升;(3)安全事故率和职业病发病率均低,SH影响力和SH投入相对较弱;(4)SH公益项目参与度有待提高

续表

云等级	代表企业	主要特点等
Ⅲ级	大唐发电等	(1)机构制度、管理文化、管理体系、条款政策均较为完善;(2)教育培训、监测防护、预防预控均较为完善,项目课题和疾病管理水平有待进一步提升;(3)安全事故率、职业病发病率低,SH影响力和SH投入相对较弱;(4)SH公益项目参与度有待提高
Ⅱ级	国中水务等	(1)机构制度、管理文化、管理体系等方面较差,条款政策方面完善度一般;(2)教育培训、预防预控均较为完善,项目课题、疾病管理方面较差,监测防护方面一般;(3)安全事故率低,职业病发病情况、SH影响力和SH投入方面未做任何说明;(4)SH公益项目参与度较差
Ⅰ级	福能股份等	B1~B14均披露较少,仅说明严格遵守法律法规、保护劳动者合法权益等

三 安全健康等级差异性分析

本节主要采用方差分析和均值分析来探讨能源行业上市公司的属性特征，以及相关信息披露在安全健康管理水平上的差异。主要采用独立样本T检验（Independent Sample T－test）和单因素方差分析（One－Way ANOVA）两种方法。

（一）时间

我们将安全健康管理及其各维度作为检验变量，发布年度作为分组变量，就不同时期的安全健康管理能力在各维度上是否存在差异进行单因素方差分析，分析结果见表4－50。

表4－50 时间维度单因素方差分析结果1

		平方和	df	均方	F	显著性
安全健康总体	组间	7.519	13	0.578	1.424	0.143
	组内	225.084	554	0.406		
	总数	232.604	567			
A1 治理结构体系	组间	10.461	13	0.805	1.457	0.129
	组内	305.983	554	0.552		
	总数	316.445	567			

续表

		平方和	df	均方	F	显著性
A2 管理实施过程	组间	4.935	13	0.380	0.804	0.656
	组内	261.509	554	0.472		
	总数	266.444	567			
A3 管理绩效/投入	组间	17.708	13	1.362	1.662	0.065
	组内	453.982	554	0.819		
	总数	471.690	567			
A4 其他	组间	6.390	13	0.492	1.480	0.120
	组内	183.990	554	0.332		
	总数	190.380	567			

SH 管理总体及其四个维度在时间上均未呈现出显著的差异，这表明 2006～2019 年度 SH 管理总体水平并没有发生显著变化。

同理，本研究进一步将指标 B1～B14 作为检验变量，发布时间作为分组变量，就不同时间内企业在指标 B1～B14 上是否存在差异进行单因素方差分析，分析结果见表 4－51。

表 4－51 时间维度单因素方差分析结果 2

		平方和	df	均方	F	显著性
B1 机构制度	组间	17.665	13	1.359	2.026	0.017
	组内	371.572	554	0.671		
	总数	389.237	567			
B2 管理文化	组间	14.901	13	1.146	1.836	0.035
	组内	345.774	554	0.624		
	总数	360.675	567			
B3 管理体系	组间	7.448	13	0.573	0.753	0.710
	组内	421.325	554	0.761		
	总数	428.772	567			
B4 条款政策	组间	3.348	13	0.258	0.480	0.936
	组内	297.017	554	0.536		
	总数	300.365	567			

续表

		平方和	df	均方	F	显著性
B5 项目课题	组间	2.867	13	0.221	0.686	0.778
	组内	178.146	554	0.322		
	总数	181.014	567			
B6 教育培训	组间	13.205	13	1.016	1.371	0.169
	组内	410.419	554	0.741		
	总数	423.624	567			
B7 监测防护	组间	3.044	13	0.234	0.375	0.977
	组内	346.121	554	0.625		
	总数	349.166	567			
B8 预防预控	组间	12.274	13	0.944	1.331	0.190
	组内	392.906	554	0.709		
	总数	405.179	567			
B9 疾病管理	组间	1.193	13	0.092	0.211	0.999
	组内	241.118	554	0.435		
	总数	242.311	567			
B10 安全事故	组间	70.703	13	5.439	1.675	0.063
	组内	1799.266	554	3.248		
	总数	1869.969	567			
B11 职业病发病	组间	11.420	13	0.878	0.528	0.908
	组内	921.181	554	1.663		
	总数	932.601	567			
B12 SH 影响力	组间	1.348	13	0.104	0.770	0.692
	组内	74.606	554	0.135		
	总数	75.954	567			
B13 SH 投入	组间	13.703	13	1.054	1.292	0.213
	组内	452.133	554	0.816		
	总数	465.836	567			
B14 相关公益项目	组间	6.390	13	0.492	1.480	0.120
	组内	183.990	554	0.332		
	总数	190.380	567			

由表4－51可知，B1 机构制度、B2 管理文化、B3 管理体系、B4 条款政策、B5 项目课题、B6 教育培训、B7 监测防护、B8 预防预控、B9 疾病管理、B10 安全事故、B11 职业病发病、B12 SH 影响力、B13 SH 投入、B14

相关公益项目在时间上均未呈现显著性差异。换言之，时间维度对 B1 机构制度、B2 管理文化、B3 管理体系、B4 条款政策、B5 项目课题、B6 教育培训、B7 监测防护、B8 预防预控、B9 疾病管理、B10 安全事故、B11 职业病发病、B12 SH 影响力、B13 SH 投入、B14 相关公益项目无显著影响，这表明 SH 管理总体水平及其指标在不同时期无明显差异。

（二）企业性质

我们将安全健康管理各维度作为检验变量，企业性质作为分组变量，就不同性质企业的安全健康管理能力在各维度上是否存在差异进行单因素方差分析，分析结果见表 4－52。

表 4－52　企业性质单因素方差分析结果 1

		平方和	df	均方	F	显著性
安全健康总体	组间	9.810	2	4.905	12.439	0.000
	组内	222.794	565	0.394		
	总数	232.604	567			
A1 治理结构体系	组间	10.586	2	5.293	9.778	0.000
	组内	305.859	565	0.541		
	总数	316.445	567			
A2 管理实施过程	组间	13.752	2	6.876	15.375	0.000
	组内	252.692	565	0.447		
	总数	266.444	567			
A3 管理绩效/投入	组间	17.085	2	8.542	10.617	0.000
	组内	454.606	565	0.805		
	总数	471.690	567			
A4 公益或等其他	组间	0.658	2	0.329	0.979	0.376
	组内	189.722	565	0.336		
	总数	190.380	567			

表 4－53　不同性质企业安全健康等级组间均值比较 1

企业性质	均值					
	A1 治理结构体系	A2 管理实施过程	A3 管理绩效/投入	A4 其他	安全健康总体	等级
中央国有企业	2.6494	2.6378	2.1330	1.3511	2.5215	过渡级
地方国有企业	2.4370	2.3106	1.9146	1.4628	2.2744	改进级
民营企业	2.2558	2.2713	2.0138	1.4447	2.2160	改进级

由表4－52可知，安全健康总体、A1治理结构体系、A2管理实施过程、A3管理绩效/投入均在企业性质因素上呈现显著性差异，而A4其他则在企业性质上未呈现显著性差异。换言之，企业性质对安全健康总体、A1治理结构体系、A2管理实施过程、A3管理绩效/投入影响显著，而对A4其他则无显著影响。

通过进一步组间均值分析（见表4－53）可以看出，中央国有企业的A1治理结构体系、A2管理实施过程、A3管理绩效/投入、安全健康总体水平均值均显著高于其他性质企业，且云模型等级处于“过渡级”。民营企业的A1治理结构体系、A2管理实施过程、安全健康总体水平最低。这侧面反映出中央国有企业在安全健康管理方面处于相对较好的层级，同时也提示不论是中央国有企业、地方国有企业还是民营企业都需要提高安全健康管理水平。

同理，本研究进一步将指标B1～B14作为检验变量，企业性质作为分组变量，就不同性质的企业在指标B1～B14上是否存在差异进行单因素方差分析，分析结果见表4－54。

表4－54　企业性质单因素方差分析结果2

		平方和	df	均方	F	显著性
B1机构制度	组间	7.850	2	3.925	5.815	0.003
	组内	381.387	565	0.675		
	总数	389.237	567			
B2管理文化	组间	6.493	2	3.246	5.179	0.006
	组内	354.182	565	0.627		
	总数	360.675	567			
B3管理体系	组间	14.261	2	7.131	9.719	0.000
	组内	414.511	565	0.734		
	总数	428.772	567			
B4条款政策	组间	24.349	2	12.175	24.921	0.000
	组内	276.016	565	0.489		
	总数	300.365	567			

续表

		平方和	df	均方	F	显著性
B5 项目课题	组间	0.574	2	0.287	0.899	0.408
	组内	180.439	565	0.319		
	总数	181.014	567			
B6 教育培训	组间	10.623	2	5.312	7.267	0.001
	组内	413.001	565	0.731		
	总数	423.624	567			
B7 监测防护	组间	14.847	2	7.424	12.546	0.000
	组内	334.318	565	0.592		
	总数	349.166	567			
B8 预防预控	组间	22.334	2	11.167	16.480	0.000
	组内	382.846	565	0.678		
	总数	405.179	567			
B9 疾病管理	组间	4.399	2	2.199	5.223	0.006
	组内	237.912	565	0.421		
	总数	242.311	567			
B10 安全事故	组间	74.531	2	37.265	11.727	0.000
	组内	1795.438	565	3.178		
	总数	1869.969	567			
B11 职业病发病	组间	52.583	2	26.292	16.880	0.000
	组内	880.018	565	1.558		
	总数	932.601	567			
B12 SH 影响力	组间	1.443	2	0.722	5.471	0.004
	组内	74.511	565	0.132		
	总数	75.954	567			
B13 SH 投入	组间	5.148	2	2.574	3.157	0.043
	组内	460.688	565	0.815		
	总数	465.836	567			
B14 相关公益项目	组间	0.658	2	0.329	0.979	0.376
	组内	189.722	565	0.336		
	总数	190.380	567			

表 4-55　不同性质企业安全健康管理等级组间均值比较 2

企业性质	均值						
	B1 机构制度	B2 管理文化	B3 管理体系	B4 条款政策	B5 项目课题	B6 教育培训	B7 监测防护
中央国有企业	2.5166	2.7283	2.6717	2.8428	1.2572	2.5318	2.7126
地方国有企业	2.3353	2.5651	2.4228	2.5289	1.2081	2.2966	2.3928
民营企业	2.0753	2.4607	2.3929	1.9714	1.1964	2.5107	2.3058
企业性质	均值						
	B8 预防预控	B9 疾病管理	B10 安全事故	B11 职业病发病	B12 SH 影响力	B13 SH 投入	B14 相关公益项目
中央国有企业	2.7692	1.6377	3.4173	1.4451	1.1744	1.4613	1.3511
地方国有企业	2.3660	1.4044	2.9450	1.4094	1.0435	1.3705	1.4628
民营企业	2.2305	1.4570	3.0000	1.5714	1.0236	1.1071	1.4447

由表 4-54 可知，B1 机构制度、B2 管理文化、B3 管理体系、B4 条款政策、B6 教育培训、B7 监测防护、B8 预防预控、B9 疾病管理、B10 安全事故、B11 职业病发病、B12 SH 影响力均在企业性质因素上呈现显著性差异，而 B5 项目课题、B13 SH 投入、B14 相关公益项目则在企业性质上未呈现显著性差异。换言之，企业性质对 B1 机构制度、B2 管理文化、B3 管理体系、B4 条款政策、B6 教育培训、B7 监测防护、B8 预防预控、B9 疾病管理、B10 安全事故、B11 职业病发病、B12 SH 影响力有显著影响，而对 B5 项目课题、B13 SH 投入、B14 相关公益项目等则无显著影响。

通过进一步组间均值分析（见表 4-55）可以看出，中央国有企业的 B1 机构制度、B2 管理文化、B3 管理体系、B4 条款政策、B5 项目课题、B6 教育培训、B7 监测防护、B8 预防预控、B9 疾病管理、B10 安全事故、B12 SH 影响力、B13 SH 投入均值均显著高于其他性质企业，且云模型等级高于地方国有企业和民营企业，但大部分指标仍处于云模型的“过渡级”。

（三）行业领域

我们将安全健康管理各维度作为检验变量，行业领域作为分组变量，就不同行业领域的安全健康管理能力在各维度上是否存在差异进行单因素方差分析，分析结果见表 4-56。

表 4-56 行业领域单因素方差分析结果 1

		平方和	df	均方	F	显著性
安全健康总体	组间	22.125	4	5.531	14.795	0.000
	组内	210.479	563	0.374		
	总数	232.604	567			
A1 治理结构体系	组间	10.455	4	2.614	4.809	0.001
	组内	305.989	563	0.543		
	总数	316.445	567			
A2 管理实施过程	组间	15.455	4	3.864	8.667	0.000
	组内	250.990	563	0.446		
	总数	266.444	567			
A3 管理绩效/投入	组间	61.447	4	15.362	21.082	0.000
	组内	410.243	563	0.729		
	总数	471.690	567			
A4 其他	组间	16.426	4	4.107	13.291	0.000
	组内	173.954	563	0.309		
	总数	190.380	567			

表 4-57 不同行业领域安全健康等级组间均值比较 1

行业领域	均值					
	A1 治理结构体系	A2 管理实施过程	A3 管理绩效/投入	A4 其他	安全健康总体	等级
煤炭开采和洗选业	2.6537	2.5945	2.4644	1.5934	2.6169	过渡级
石油和天然气开采业	2.6092	2.7980	2.0801	1.2745	2.5618	过渡级
电力、热力生产和供应业	2.4339	2.2920	1.8041	1.2726	2.2224	改进级
燃气生产和供应业	2.4380	2.5784	1.9113	1.6126	2.3964	改进级
水的生产和供应业	2.3572	2.2960	1.6070	1.3859	2.1535	改进级

由表 4-56 可知，安全健康总体、A1 治理结构体系、A2 管理实施过程、A3 管理绩效/投入、A4 其他均在行业领域因素上呈现显著性差异，这表明行业领域对安全健康总体、A1 治理结构体系、A2 管理实施过程、A3 管理绩效/投入、A4 其他影响显著。

通过进一步组间均值分析（见表 4-57）可以看出，煤炭开采和洗选业、石油和天然气开采业的 SH 管理总体水平处于“过渡级”。其中石油和天然气开采业的A2管理实施过程均值显著高于其他行业，煤炭开采和洗选业的A1治理结构体系、A3管理绩效/投入和安全健康总体水平均显著高于其他行业，燃气生产和供应业的A4其他的水平显著高于其他行业。这侧面反映出煤炭开采和洗选业、石油和天然气开采业在安全健康管理方面处于相对较好的层级，同时也提示煤炭开采和洗选业，石油和天然气开采业，电力、热力生产和供应业、燃气生产和供应业，水的生产和供应业都需要提高安全健康管理水平。

同理，本研究进一步将指标B1～B14作为检验变量，行业领域作为分组变量，就不同性质的企业在指标B1～B14上是否存在差异进行单因素方差分析，分析结果见表4－58。

表4－58　行业领域单因素方差分析结果2

		平方和	df	均方	F	显著性
B1 机构制度	组间	9.605	4	2.401	3.561	0.007
	组内	379.632	563	0.674		
	总数	389.237	567			
B2 管理文化	组间	8.722	4	2.180	3.488	0.008
	组内	351.953	563	0.625		
	总数	360.675	567			
B3 管理体系	组间	9.178	4	2.294	3.079	0.016
	组内	419.594	563	0.745		
	总数	428.772	567			
B4 条款政策	组间	59.531	4	14.883	34.792	0.000
	组内	240.834	563	0.428		
	总数	300.365	567			
B5 项目课题	组间	26.931	4	6.733	24.601	0.000
	组内	154.083	563	0.274		
	总数	181.014	567			
B6 教育培训	组间	7.909	4	1.977	2.678	0.031
	组内	415.715	563	0.738		
	总数	423.624	567			
B7 监测防护	组间	17.655	4	4.414	7.496	0.000
	组内	331.511	563	0.589		
	总数	349.166	567			

续表

		平方和	df	均方	F	显著性
B8 预防预控	组间	10.932	4	2.733	3.903	0.004
	组内	394.247	563	0.700		
	总数	405.179	567			
B9 疾病管理	组间	58.474	4	14.619	44.769	0.000
	组内	183.837	563	0.327		
	总数	242.311	567			
B10 安全事故	组间	154.783	4	38.696	12.702	0.000
	组内	1715.186	563	3.047		
	总数	1869.969	567			
B11 职业病发病	组间	49.293	4	12.323	7.855	0.000
	组内	883.308	563	1.569		
	总数	932.601	567			
B12 SH 影响力	组间	3.734	4	0.933	7.277	0.000
	组内	72.220	563	0.128		
	总数	75.954	567			
B13 SH 投入	组间	131.654	4	32.914	55.450	0.000
	组内	334.182	563	0.594		
	总数	465.836	567			
B14 相关公益活动	组间	16.426	4	4.107	13.291	0.000
	组内	173.954	563	0.309		
	总数	190.380	567			

表 4－59　不同行业企业安全健康等级组间均值比较 2

行业领域	均值						
	B1 机构制度	B2 管理文化	B3 管理体系	B4 条款政策	B5 项目课题	B6 教育培训	B7 监测防护
煤炭开采和洗选业	2.4825	2.7964	2.6236	2.9909	1.5409	2.3327	2.6545
石油和天然气开采业	2.6163	2.4114	2.6171	3.0057	1.4571	2.6743	2.9974
电力、热力生产和供应业	2.3248	2.5568	2.4741	2.3951	1.0000	2.3309	2.3519
燃气生产和供应业	2.2641	2.6556	2.5000	2.3333	1.3056	2.8611	2.4753
水的生产和供应业	2.1935	2.5771	2.4629	2.0800	1.0000	2.5714	2.5113

续表

行业领域	均值						
	B8 预防预控	B9 疾病管理	B10 安全事故	B11 职业病发病	B12 SH 影响力	B13 SH 投入	B14 相关公益项目
煤炭开采和洗选业	2.5363	1.9772	3.5709	1.8545	1.2221	2.0855	1.5934
石油和天然气开采业	2.8354	1.6784	3.2971	1.6857	1.0082	1.2400	1.2745
电力、热力生产和供应业	2.4627	1.2616	3.0741	1.1481	1.0758	1.0185	1.2726
燃气生产和供应业	2.7447	1.4724	3.3556	1.1111	1.0274	1.1000	1.6126
水的生产和供应业	2.3006	1.1582	2.0286	1.6857	1.0000	1.1886	1.3859

由表4－58可知，B1机构制度、B2管理文化、B4条款政策、B5项目课题、B7监测防护、B8预防预控、B9疾病管理、B10安全事故、B11职业病发病、B12 SH影响力、B13 SH投入、B14相关公益项目均在企业性质因素上呈现显著性差异，而B3管理体系、B6教育培训则在企业性质上未呈现显著性差异。换言之，企业性质对B1机构制度、B2管理文化、B4条款政策、B5项目课题、B7监测防护、B8预防预控、B9疾病管理、B10安全事故、B11职业病发病、B12 SH影响力、B13 SH投入、B14相关公益项目影响显著，而对B3管理体系、B6教育培训则无显著性影响。

通过进一步组间均值分析（见表4－59）可以看出，煤炭开采和洗选业企业的B2管理文化、B3管理体系、B5项目课题、B9疾病管理、B10安全事故、B11职业病发病、B12 SH影响力、B13 SH投入等的均值均显著高于其他行业企业，石油和天然气开采业类企业的B1机构制度、B4条款政策、B7监测防护、B8预防预控等的均值均显著高于其他行业企业。但总体来说大部分指标仍处于云模型的“过渡级”。

（四）上市地

我们将安全健康管理各维度作为检验变量，上市地作为分组变量，就不同上市地企业的安全健康管理能力在各维度上是否存在差异进行单因素方差分析，分析结果见表4-60。

表4-60　上市地单因素方差分析结果1

		平方和	df	均方	F	显著性
安全健康总体	组间	6.340	2	3.170	7.915	0.000
	组内	226.264	565	0.400		
	总数	232.604	567			
A1 治理结构体系	组间	20.197	2	10.098	19.260	0.000
	组内	296.248	565	0.524		
	总数	316.445	567			
A2 管理实施过程	组间	9.411	2	4.706	10.344	0.000
	组内	257.033	565	0.455		
	总数	266.444	567			
A3 管理绩效/投入	组间	2.423	2	1.211	1.459	0.233
	组内	469.267	565	0.831		
	总数	471.690	567			
A4 其他	组间	1.189	2	0.595	1.776	0.170
	组内	189.191	565	0.335		
	总数	190.380	567			

表4-61　不同上市地企业安全健康等级组间均值比较1

上市地	均值					
	A1 治理结构体系	A2 管理实施过程	A3 管理绩效/投入	A4 其他	安全健康总体	等级
上交所	2.5395	2.4658	1.9658	1.3947	2.3753	改进级
深交所	2.2379	2.2894	2.1171	1.4709	2.2844	改进级
港交所	3.8130	3.5646	2.8301	1.3632	3.3830	过渡级

由表4-60可知，安全健康总体、A1 治理结构体系、A2 管理实施过程等均在上市地因素上呈现显著性差异，而 A3 管理绩效/投入、A4 其他则在上市地上未呈现显著性差异。换言之，上市地对安全健康总体、A1 治理结构体系、A2 管理实施过程影响显著，而对 A3 管理绩效/投入、A4 其他则无

显著影响。

通过进一步组间均值分析（见表 4－61）可以看出，在港交所上市公司的安全健康总体、A1 治理结构体系、A2 管理实施过程、A3 管理绩效/投入等的均值均显著高于其他上市地上市公司，且云模型等级处于“过渡级”。这侧面反映了在港交所上市的公司在安全健康管理方面处于相对较好的水平，这可能是由于在港交所上市公司数量较少。

同理，本研究进一步将指标 B1～B14 作为检验变量，上市地作为分组变量，就不同上市地的企业在指标 B1～B14 上是否存在差异进行单因素方差分析，分析结果见表 4－62。

表 4－62　上市地单因素方差分析结果 2

		平方和	df	均方	F	显著性
B1 机构制度	组间	33.439	2	16.720	26.550	0.000
	组内	355.798	565	0.630		
	总数	389.237	567			
B2 管理文化	组间	20.322	2	10.161	16.867	0.000
	组内	340.353	565	0.602		
	总数	360.675	567			
B3 管理体系	组间	21.845	2	10.922	15.165	0.000
	组内	406.928	565	0.720		
	总数	428.772	567			
B4 条款政策	组间	1.923	2	0.962	1.820	0.163
	组内	298.442	565	0.528		
	总数	300.365	567			
B5 项目课题	组间	4.861	2	2.430	7.795	0.000
	组内	176.153	565	0.312		
	总数	181.014	567			
B6 教育培训	组间	2.188	2	1.094	1.466	0.232
	组内	421.437	565	0.746		
	总数	423.624	567			
B7 监测防护	组间	4.040	2	2.020	3.307	0.037
	组内	345.126	565	0.611		
	总数	349.166	567			

续表

		平方和	df	均方	F	显著性
B8 预防预控	组间	25.529	2	12.765	18.996	0.000
	组内	379.650	565	0.672		
	总数	405.179	567			
B9 疾病管理	组间	8.169	2	4.085	9.856	0.000
	组内	234.141	565	0.414		
	总数	242.311	567			
B10 安全事故	组间	14.936	2	7.468	2.275	0.104
	组内	1855.033	565	3.283		
	总数	1869.969	567			
B11 职业病发病	组间	11.099	2	5.550	3.403	0.034
	组内	921.502	565	1.631		
	总数	932.601	567			
B12 SH 影响力	组间	0.185	2	0.093	0.690	0.502
	组内	75.769	565	0.134		
	总数	75.954	567			
B13 SH 投入	组间	11.879	2	5.940	7.393	0.001
	组内	453.957	565	0.803		
	总数	465.836	567			
B14 相关公益项目	组间	1.189	2	0.595	1.776	0.170
	组内	189.191	565	0.335		
	总数	190.380	567			

表 4－63　不同上市地企业安全健康等级组间均值比较 2

上市地	均值						
	B1 机构制度	B2 管理文化	B3 管理体系	B4 条款政策	B5 项目课题	B6 教育培训	B7 监测防护
上交所	2.4486	2.6392	2.5622	2.5459	1.2162	2.4351	2.5064
深交所	1.9361	2.3973	2.2946	2.7027	1.2027	2.3757	2.4837
港交所	3.9345	4.1750	3.6250	3.1750	1.9375	3.0250	3.6544

上市地	均值						
	B8 预防预控	B9 疾病管理	B10 安全事故	B11 职业病发病	B12 SH 影响力	B13 SH 投入	B14 相关公益项目
上交所	2.5863	1.5076	3.0757	1.3716	1.1146	1.3953	1.3947
深交所	2.1890	1.4413	3.3459	1.8108	1.0549	1.1622	1.4709
港交所	3.6250	2.6575	5.0000	1.0000	1.0000	2.5000	1.3632

由表 4 -62 可知，B1 机构制度、B2 管理文化、B3 管理体系、B5 项目课题、B8 预防预控、B9 疾病管理、B13 SH 投入等均在企业性质因素上呈现显著性差异，而 B4 条款政策、B6 教育培训、B7 监测防护、B10 安全事故、B11 职业病发病、B12 SH 影响力、B14 相关公益项目则在企业性质上未呈现显著性差异。换言之，上市地对 B1 机构制度、B2 管理文化、B3 管理体系、B5 项目课题、B8 预防预控、B9 疾病管理、B13 SH 投入等影响显著，而对 B4 条款政策、B6 教育培训、B7 监测防护、B10 安全事故、B11 职业病发病、B12 SH 影响力、B14 相关公益项目等则无显著影响。

通过进一步组间均值分析（见表 4 -63）可以看出，港交所上市公司的 B1 机构制度、B2 管理文化、B3 管理体系、B4 条款政策、B5 项目课题、B6 教育培训、B7 监测防护、B8 预防预控、B9 疾病管理、B10 安全事故、B13 SH 投入等指标的均值均显著高于其他上市地企业，这可能是样本中在港交所上市的公司数量较少造成的。上交所、深交所的上市公司的各指标评分大部分处于“较差”水平，表明其要从各个方面提升安全健康管理水平。

（五）发布次数

我们将安全健康管理各维度作为检验变量，SH 信息发布次数作为分组变量，就不同发布次数企业的安全健康管理能力在各维度上是否存在差异进行单因素方差分析，分析结果见表 4 -64。

表 4 -64　信息发布次数单因素方差分析结果 1

		平方和	df	均方	F	显著性
安全健康总体	组间	17.698	3	5.899	15.482	0.000
	组内	214.906	564	0.381		
	总数	232.604	567			
A1 治理结构体系	组间	15.364	3	5.121	9.593	0.000
	组内	301.081	564	0.534		
	总数	316.445	567			
A2 管理实施过程	组间	16.709	3	5.570	12.578	0.000
	组内	249.736	564	0.443		
	总数	266.444	567			

续表

		平方和	df	均方	F	显著性
A3 管理绩效/投入	组间	27.632	3	9.211	11.699	0.000
	组内	444.058	564	0.787		
	总数	471.690	567			
A4 其他	组间	0.721	3	0.240	0.715	0.543
	组内	189.659	564	0.336		
	总数	190.380	567			

表 4-65 不同信息发布次数的企业安全健康等级组间均值比较 1

发布频次	均值					
	A1 治理结构体系	A2 管理实施过程	A3 管理绩效/投入	A4 其他	安全健康总体	等级
较少(1~3 次)	2.3596	2.2778	1.8230	1.3482	2.2099	改进级
一般(4~6 次)	2.4976	2.4325	1.9906	1.4090	2.3603	改进级
较多(7~9 次)	2.7024	2.6945	2.2793	1.4316	2.6059	过渡级
极多(10 次及以上)	2.9769	3.0842	2.6333	2.0256	2.9703	过渡级

由表 4-64 可知，安全健康总体、A1 治理结构体系、A2 管理实施过程、A3 管理绩效/投入均在信息发布次数因素上呈现显著性差异。换言之，信息发布次数对安全健康总体、A1 治理结构体系、A2 管理实施过程、A3 管理绩效/投入影响显著。

通过进一步组间均值分析（见表 4-65）可以看出，SH 信息发布次数极多（10 次及以上）和较多（7~9 次）的企业，SH 管理总体水平处于“过渡级”。总体而言，安全健康总体及其维度 A1 治理结构体系、A2 管理实施过程、A3 管理绩效/投入、A4 其他的评分均随着 SH 信息发布次数的增加而提高。其中，SH 信息发布次数极多的企业，在 A1 治理结构体系、A2 管理实施过程、A3 管理绩效/投入、A4 其他 4 个指标以及安全健康总体上的均值均显著高于其他发布频次企业，这表明 SH 信息发布次数较多的企业在 SH 管理方面水平较高。

同理，本研究进一步将指标 B1~B14 作为检验变量，SH 信息发布次数作为分组变量，就不同发布次数的企业在指标 B1 ~ B14 上是否存在差异进行单因素方差分析，分析结果见表 4 - 66。

表 4 - 66　信息发布次数单因素方差分析结果 2

		平方和	df	均方	F	显著性
B1 机构制度	组间	22.902	3	7.634	11.753	0.000
	组内	366.335	564	0.650		
	总数	389.237	567			
B2 管理文化	组间	23.231	3	7.744	12.943	0.000
	组内	337.443	564	0.598		
	总数	360.675	567			
B3 管理体系	组间	7.421	3	2.474	3.311	0.020
	组内	421.351	564	0.747		
	总数	428.772	567			
B4 条款政策	组间	10.744	3	3.581	6.974	0.000
	组内	289.622	564	0.514		
	总数	300.365	567			
B5 项目课题	组间	2.534	3	0.845	2.669	0.047
	组内	178.480	564	0.316		
	总数	181.014	567			
B6 教育培训	组间	22.201	3	7.400	10.398	0.000
	组内	401.423	564	0.712		
	总数	423.624	567			
B7 监测防护	组间	10.158	3	3.386	5.633	0.001
	组内	339.007	564	0.601		
	总数	349.166	567			
B8 预防预控	组间	20.865	3	6.955	10.207	0.000
	组内	384.315	564	0.681		
	总数	405.179	567			
B9 疾病管理	组间	12.707	3	4.236	10.405	0.000
	组内	229.603	564	0.407		
	总数	242.311	567			
B10 安全事故	组间	49.362	3	16.454	5.097	0.002
	组内	1820.607	564	3.228		
	总数	1869.969	567			

续表

		平方和	df	均方	F	显著性
B11 职业病发病	组间	28.200	3	9.400	5.862	0.001
	组内	904.401	564	1.604		
	总数	932.601	567			
B12 SH 影响力	组间	0.781	3	0.260	1.952	0.120
	组内	75.174	564	0.133		
	总数	75.954	567			
B13 SH 投入	组间	23.096	3	7.699	9.807	0.000
	组内	442.740	564	0.785		
	总数	465.836	567			
B14 相关公益项目	组间	0.721	3	0.240	0.715	0.543
	组内	189.659	564	0.336		
	总数	190.380	567			

表 4-67 信息发布次数不同的企业安全健康等级组间均值比较 2

发布频次	均值						
	B1 机构制度	B2 管理文化	B3 管理体系	B4 条款政策	B5 项目课题	B6 教育培训	B7 监测防护
较少(1~3 次)	2.2026	2.4897	2.3986	2.4662	1.1310	2.2552	2.3854
一般(4~6 次)	2.3774	2.5879	2.5439	2.5500	1.1856	2.4758	2.5042
较多(7~9 次)	2.6156	2.8200	2.6867	2.7733	1.3389	2.6289	2.7252
极多(10 次及以上)	2.8126	3.2364	2.8909	3.2000	2.1364	2.7636	3.0205

发布频次	均值						
	B8 预防预控	B9 疾病管理	B10 安全事故	B11 职业病发病	B12 SH 影响力	B13 SH 投入	B14 相关公益项目
较少(1~3 次)	2.3379	1.3695	2.9379	1.2207	1.0668	1.2124	1.3482
一般(4~6 次)	2.4965	1.4988	3.1697	1.3788	1.0934	1.3606	1.4090
较多(7~9 次)	2.8276	1.6884	3.4933	1.8444	1.1154	1.5267	1.4316
极多(10 次及以上)	3.0457	2.3441	3.5636	2.0909	1.5071	2.3818	2.0256

由表 4-66 可知，B1 机构制度、B2 管理文化、B4 条款政策、B6 教育培训、B7 监测防护、B8 预防预控、B9 疾病管理、B10 安全事故、B11 职业病发病、B13 SH 投入等均在企业性质因素上呈现显著性差异，而 B3 管理体系、B5 项目课题、B12 SH 影响力、B14 相关公益项目则在企业性质上未呈

现显著性差异。换言之，SH 信息发布次数对 B1 机构制度、B2 管理文化、B4 条款政策、B6 教育培训、B7 监测防护、B8 预防预控、B9 疾病管理、B10 安全事故、B11 职业病发病、B13 SH 投入等均影响显著，而对 B3 管理体系、B5 项目课题、B12 SH 影响力、B14 相关公益项目则无显著影响。

通过进一步组间均值分析（见表 4－67）可以看出，总体上来看，安全健康总体 14 个二级指标的评分均随着 SH 信息发布次数的增加而提高，其中 SH 信息发布次数极多（≥10 次）的企业在各项评分上均显著高于其他发布频次企业，这表明 SH 信息发布次数极多的企业在 SH 管理方面均表现较好。

（六）内容详实程度

我们将安全健康管理各维度作为检验变量，SH 信息详实程度作为分组变量，就不同详实程度的安全健康管理能力在各维度上是否存在差异进行单因素方差分析，分析结果见表 4－68。

表 4－68　信息内容详实程度单因素方差分析结果 1

		平方和	df	均方	F	显著性
安全健康总体	组间	139.784	6	23.297	140.808	0.000
	组内	92.820	561	0.165		
	总数	232.604	567			
A1 治理结构体系	组间	198.292	6	33.049	156.919	0.000
	组内	118.152	561	0.211		
	总数	316.445	567			
A2 管理实施过程	组间	140.330	6	23.388	104.039	0.000
	组内	126.115	561	0.225		
	总数	266.444	567			
A3 管理绩效/投入	组间	147.863	6	24.644	42.693	0.000
	组内	323.827	561	0.577		
	总数	471.690	567			
A4 其他	组间	12.802	6	2.134	6.741	0.000
	组内	177.578	561	0.317		
	总数	190.380	567			

表 4－69　不同信息内容详实程度企业安全健康等级组间均值比较 1

详实程度	均值					
	A1 治理结构体系	A2 管理实施过程	A3 管理绩效/投入	A4 其他	安全健康总体	等级
差	2.0656	2.1231	1.6672	1.3483	2.0328	改进级
较差	2.4492	2.3645	1.7799	1.2889	2.2504	改进级
一般	3.1203	2.8508	2.6010	1.5114	2.8649	过渡级
较好	3.2884	3.0479	2.7294	1.4607	3.0223	过渡级
极好	3.5789	3.5480	3.1668	1.9876	3.5596	可接受

由表 4－68 可知，安全健康总体、A1 治理结构体系、A2 管理实施过程、A3 管理绩效/投入、A4 其他均在信息详实性因素上呈现显著性差异。换言之，信息详实程度对安全健康总体、A1 治理结构体系、A2 管理实施过程、A3 管理绩效/投入、A4 其他影响显著。

通过进一步组间均值分析（见表 4－69）可以看出，SH 信息详实性极好的企业的 SH 管理总体水平处于“可接受”等级，SH 信息详实性较好和一般的企业的 SH 管理总体水平处于“过渡级”。总体上来看，安全健康总体及 A1 治理结构体系、A2 管理实施过程、A3 管理绩效/投入维度的评分均随着 SH 信息详实性程度的提高而提高，其中 SH 信息详实性极好的企业的 A1 治理结构体系、A2 管理实施过程、A3 管理绩效/投入、A4 其他、安全健康总体的得分均显著高于其他企业，这表明 SH 信息详实性极好的企业在 SH 管理方面水平较高。

同理，本研究进一步将指标 B1～B14 作为检验变量，SH 信息详实程度作为分组变量，就信息详实程度不同的企业在指标 B1～B14 上是否存在差异进行单因素方差分析，分析结果见表 4－70。

表 4－70　信息内容详实程度单因素方差分析结果 2

		平方和	df	均方	F	显著性
B1 机构制度	组间	190.694	6	31.782	89.803	0.000
	组内	198.543	561	0.354		
	总数	389.237	567			

续表

		平方和	df	均方	F	显著性
B2 管理文化	组间	184.880	6	30.813	98.332	0.000
	组内	175.795	561	0.313		
	总数	360.675	567			
B3 管理体系	组间	252.292	6	42.049	133.665	0.000
	组内	176.480	561	0.315		
	总数	428.772	567			
B4 条款政策	组间	118.997	6	19.833	61.346	0.000
	组内	181.368	561	0.323		
	总数	300.365	567			
B5 项目课题	组间	50.153	6	8.359	35.834	0.000
	组内	130.861	561	0.233		
	总数	181.014	567			
B6 教育培训	组间	119.383	6	19.897	36.689	0.000
	组内	304.242	561	0.542		
	总数	423.624	567			
B7 监测防护	组间	163.927	6	27.321	82.742	0.000
	组内	185.239	561	0.330		
	总数	349.166	567			
B8 预防预控	组间	168.526	6	28.088	66.584	0.000
	组内	236.653	561	0.422		
	总数	405.179	567			
B9 疾病管理	组间	68.008	6	11.335	36.481	0.000
	组内	174.302	561	0.311		
	总数	242.311	567			
B10 安全事故	组间	343.656	6	57.276	21.052	0.000
	组内	1526.313	561	2.721		
	总数	1869.969	567			
B11 职业病发病	组间	170.882	6	28.480	20.975	0.000
	组内	761.719	561	1.358		
	总数	932.601	567			
B12 SH 影响力	组间	24.762	6	4.127	45.228	0.000
	组内	51.192	561	0.091		
	总数	75.954	567			

续表

		平方和	df	均方	F	显著性
B13 SH 投入	组间	100.441	6	16.740	25.702	0.000
	组内	365.395	561	0.651		
	总数	465.836	567			
B14 相关公益项目	组间	12.802	6	2.134	6.741	0.000
	组内	177.578	561	0.317		
	总数	190.380	567			

表 4-71 不同信息内容详实程度企业安全健康等级组间均值比较 2

详实程度	均值						
	B1 机构制度	B2 管理文化	B3 管理体系	B4 条款政策	B5 项目课题	B6 教育培训	B7 监测防护
差	1.9318	2.1922	2.0615	2.2358	1.1229	2.1464	2.1346
较差	2.3584	2.5236	2.5056	2.4090	1.1629	2.5753	2.4272
一般	2.9058	3.2151	3.2264	3.2906	1.2075	2.6943	3.0459
较好	3.0850	3.5125	3.3375	3.3063	1.1875	2.8000	3.2829
极好	3.6455	3.6880	3.4960	3.3680	2.3200	3.0000	3.6132

详实程度	均值						
	B8 预防预控	B9 疾病管理	B10 安全事故	B11 职业病发病	B12 SH 影响力	B13 SH 投入	B14 相关公益项目
差	2.2101	1.2889	2.6469	1.1117	1.0514	1.1374	1.3483
较差	2.3859	1.4143	2.9011	1.2135	1.0462	1.1124	1.2889
一般	2.9114	1.8694	3.9358	2.3208	1.0000	1.7019	1.5114
较好	3.3076	1.6626	4.5688	2.0000	1.1430	1.5875	1.4607
极好	3.5365	2.6113	4.4480	2.1600	1.8037	3.0160	1.9876

由表 4-70 可知，B1 机构制度、B2 管理文化、B3 管理体系、B4 条款政策、B5 项目课题、B6 教育培训、B7 监测防护、B8 预防预控、B9 疾病管理、B10 安全事故、B11 职业病发病、B12 SH 影响力、B13 SH 投入、B14 相关公益项目等均在信息详实性因素上呈现显著性差异。换言之，SH 信息详实程度对 B1 机构制度、B2 管理文化、B3 管理体系、B4 条款政策、B5 项目课题、B6 教育培训、B7 监测防护、B8 预防预控、B9 疾病管理、B10 安全事故、B11 职业病发病、B12 SH 影响力、B13 SH 投入、B14 相关公益项目等均影响显著。

通过进一步组间均值分析（见表4－71）可以看出，信息详实程度极好的公司B1～B14指标均值普遍显著高于其他公司，表明要从信息详实程度方面进一步提升安全健康管理水平。

（七）参考标准

我们将安全健康管理各维度作为检验变量，SH信息参考标准作为分组变量，就不同参考标准的安全健康管理能力在各维度上是否存在差异进行单因素方差分析，分析结果见表4－72。

表4－72　参考标准单因素方差分析结果1

		平方和	df	均方	F	显著性
安全健康总体	组间	77.306	2	38.653	140.626	0.000
	组内	155.298	565	0.275		
	总数	232.604	567			
A1治理结构体系	组间	114.779	2	57.390	160.787	0.000
	组内	201.665	565	0.357		
	总数	316.445	567			
A2管理实施过程	组间	77.144	2	38.572	115.124	0.000
	组内	189.301	565	0.335		
	总数	266.444	567			
A3管理绩效/投入	组间	75.714	2	37.857	54.017	0.000
	组内	395.976	565	0.701		
	总数	471.690	567			
A4其他	组间	1.942	2	0.971	2.911	0.055
	组内	188.438	565	0.334		
	总数	190.380	567			

表4－73　不同参考标准企业安全健康等级组间均值比较1

参考标准	均值					
	A1治理结构体系	A2管理实施过程	A3管理绩效/投入	A4其他	安全健康总体	等级
无参考标准	2.0686	2.1391	1.6098	1.2931	2.0201	改进级
单一参考标准	2.2181	2.1901	1.8317	1.4020	2.1471	改进级
多重参考标准	3.0243	2.8591	2.4404	1.5049	2.7987	过渡级

由表4－72可知，安全健康总体、A1治理结构体系、A2管理实施过程、A3管理绩效/投入均在参考标准因素上呈现显著性差异。换言之，SH信息参考标准对安全健康总体、A1治理结构体系、A2管理实施过程、A3管理绩效/投入影响显著。

通过进一步组间均值分析（见表4－73）可以看出，具有多重参考标准的企业，SH管理总体水平处于“过渡级”。总体上来看，安全健康总体及其维度A1治理结构体系、A2管理实施过程、A3管理绩效/投入、A4其他的评分均随着SH信息参考标准的增加而提高。其中，拥有SH信息多重参考标准的企业，在A1治理结构体系、A2管理实施过程、A3管理绩效/投入、A4其他等四个维度以及安全健康总体上均显著高于其他企业，这表明拥有SH信息多重参考标准的企业在SH管理方面水平较高。

同理，本研究进一步将指标B1～B14作为检验变量，SH信息参考标准作为分组变量，就拥有不同参考标准的企业在指标B1～B14上是否存在差异进行单因素方差分析，分析结果见表4－74。

表4－74　参考标准单因素方差分析结果2

		平方和	df	均方	F	显著性
B1机构制度	组间	118.240	2	59.120	123.260	0.000
	组内	270.997	565	0.480		
	总数	389.237	567			
B2管理文化	组间	107.829	2	53.915	120.476	0.000
	组内	252.846	565	0.448		
	总数	360.675	567			
B3管理体系	组间	135.108	2	67.554	129.972	0.000
	组内	293.664	565	0.520		
	总数	428.772	567			
B4条款政策	组间	66.283	2	33.141	79.992	0.000
	组内	234.083	565	0.414		
	总数	300.365	567			

续表

		平方和	df	均方	F	显著性
B5 项目课题	组间	4.117	2	2.059	6.575	0.002
	组内	176.896	565	0.313		
	总数	181.014	567			
B6 教育培训	组间	43.211	2	21.605	32.089	0.000
	组内	380.414	565	0.673		
	总数	423.624	567			
B7 监测防护	组间	105.658	2	52.829	122.577	0.000
	组内	243.507	565	0.431		
	总数	349.166	567			
B8 预防预控	组间	90.304	2	45.152	81.019	0.000
	组内	314.875	565	0.557		
	总数	405.179	567			
B9 疾病管理	组间	33.279	2	16.640	44.976	0.000
	组内	209.031	565	0.370		
	总数	242.311	567			
B10 安全事故	组间	212.176	2	106.088	36.156	0.000
	组内	1657.793	565	2.934		
	总数	1869.969	567			
B11 职业病发病	组间	67.206	2	33.603	21.939	0.000
	组内	865.396	565	1.532		
	总数	932.601	567			
B12 SH 影响力	组间	0.985	2	0.493	3.712	0.025
	组内	74.969	565	0.133		
	总数	75.954	567			
B13 SH 投入	组间	20.228	2	10.114	12.824	0.000
	组内	445.608	565	0.789		
	总数	465.836	567			
B14 相关公益项目	组间	1.942	2	0.971	2.911	0.055
	组内	188.438	565	0.334		
	总数	190.380	567			

表 4－75　不同参考标准企业安全健康等级组间均值比较 2

参考标准	均值						
	B1 机构制度	B2 管理文化	B3 管理体系	B4 条款政策	B5 项目课题	B6 教育培训	B7 监测防护
无参考标准	1.9138	2.2048	2.0683	2.2746	1.0595	2.2127	2.1587
单一参考标准	2.1208	2.2925	2.2366	2.3161	1.2581	2.3226	2.1604
多重参考标准	2.9005	3.1509	3.0730	3.0000	1.3459	2.6792	3.0316
参考标准	均值						
	B8 预防预控	B9 疾病管理	B10 安全事故	B11 职业病发病	B12 SH 影响力	B13 SH 投入	B14 相关公益项目
无参考标准	2.2250	1.2918	2.4873	1.0794	1.0453	1.1762	1.2931
单一参考标准	2.2445	1.3301	2.9871	1.3011	1.0680	1.0903	1.4020
多重参考标准	2.9398	1.8094	3.8164	1.8302	1.1632	1.6943	1.5049

由表 4－74 可知，B1 机构制度、B2 管理文化、B3 管理体系、B4 条款政策、B5 项目课题、B6 教育培训、B7 监测防护、B8 预防预控、B9 疾病管理、B10 安全事故、B11 职业病发病、B13 SH 投入等均在 SH 信息参考标准因素上呈现显著性差异。换言之，SH 信息参考标准对 B1 机构制度、B2 管理文化、B3 管理体系、B4 条款政策、B5 项目课题、B6 教育培训、B7 监测防护、B8 预防预控、B9 疾病管理、B10 安全事故、B11 职业病发病、B13 SH 投入等均影响显著。

通过进一步组间均值分析（见表 4－75）可以看出，有多重参考标准的公司 B1～B14 的均值均显著高于其他公司，这表明可以从参考标准方面进一步提升安全健康管理水平。

（八）第三方评价

我们将安全健康管理各维度作为检验变量，SH 信息第三方评价作为分组变量，就不同第三方评价的安全健康管理能力在各维度上是否存在差异进行单因素方差分析，分析结果见表 4－76。

表 4-76 第三方评价单因素方差分析结果 1

		平方和	df	均方	F	显著性
安全健康总体	组间	46.458	4	11.615	35.128	0.000
	组内	186.146	563	0.331		
	总数	232.604	567			
A1 治理结构体系	组间	66.713	4	16.678	37.600	0.000
	组内	249.732	563	0.444		
	总数	316.445	567			
A2 管理实施过程	组间	49.325	4	12.331	31.975	0.000
	组内	217.120	563	0.386		
	总数	266.444	567			
A3 管理绩效/投入	组间	56.294	4	14.074	19.074	0.000
	组内	415.396	563	0.738		
	总数	471.690	567			
A4 其他	组间	16.374	4	4.094	13.245	0.000
	组内	174.006	563	0.309		
	总数	190.380	567			

表 4-77 不同第三方评价的企业安全健康等级组间均值比较 1

外部鉴证	均值					
	A1 治理结构体系	A2 管理实施过程	A3 管理绩效/投入	A4 其他	安全健康总体	等级
无任何外部鉴证	2.4028	2.3641	1.9153	1.3620	2.2851	改进级
相关评价	3.3438	2.8955	2.2833	1.7842	2.8495	过渡级
报告评级	3.5191	3.4320	2.7970	1.0092	3.2348	过渡级
质量认证	3.9372	4.3797	3.9267	2.5043	4.1517	可接受
数据审验	3.4640	3.6829	4.1848	2.3100	3.8188	可接受

由表 4-76 可知，安全健康总体、A1 治理结构体系、A2 管理实施过程、A3 管理绩效/投入、A4 其他均在第三方评价因素上呈现显著性差异。换言之，第三方评价对安全健康总体、A1 治理结构体系、A2 管理实施过程、A3 管理绩效/投入、A4 其他影响显著。

通过进一步组间均值分析（见表 4-77）可以看出，接受质量认证和数据审验的企业，SH 管理总体水平处于“可接受”级别；接受报告评级和相关评价的企业，SH 管理总体水平处于“过渡级”；而无任何外部鉴证的企业，SH 管理总体水平处于“改进级”。总体上来看，通过质量认证的企业，在安全健康总体水平及其维度 A1 治理结构体系、A2 管理实施过程、A4 其他方面得分显著高于其他企业；通过数据审验的企业则在 A3 管理绩效/投入方面得分显著高于其他企业；而无任何外部鉴证的企业，在安全健康总体水平及各维度上得分均最低或较低。这表明通过质量认证和数据审验的企业，在 SH 管理总体及各个指标方面水平较高。

同理，本研究进一步将指标 B1 ~ B14 作为检验变量，SH 信息第三方评价作为分组变量，就接受不同第三方评价的企业在指标 B1 ~ B14 上是否存在差异进行单因素方差分析，分析结果见表 4 - 78。

表 4 - 78 第三方评价单因素方差分析结果 2

		平方和	df	均方	F	显著性
B1 机构制度	组间	69.386	4	17.347	30.533	0.000
	组内	319.851	563	0.568		
	总数	389.237	567			
B2 管理文化	组间	58.902	4	14.725	27.472	0.000
	组内	301.773	563	0.536		
	总数	360.675	567			
B3 管理体系	组间	91.794	4	22.949	38.341	0.000
	组内	336.978	563	0.599		
	总数	428.772	567			
B4 条款政策	组间	44.289	4	11.072	24.343	0.000
	组内	256.076	563	0.455		
	总数	300.365	567			
B5 项目课题	组间	56.616	4	14.154	64.059	0.000
	组内	124.397	563	0.221		
	总数	181.014	567			
B6 教育培训	组间	21.237	4	5.309	7.429	0.000
	组内	402.387	563	0.715		
	总数	423.624	567			

续表

		平方和	df	均方	F	显著性
B7 监测防护	组间	55.319	4	13.830	26.497	0.000
	组内	293.847	563	0.522		
	总数	349.166	567			
B8 预防预控	组间	43.224	4	10.806	16.808	0.000
	组内	361.956	563	0.643		
	总数	405.179	567			
B9 疾病管理	组间	54.806	4	13.702	41.140	0.000
	组内	187.504	563	0.333		
	总数	242.311	567			
B10 安全事故	组间	102.519	4	25.630	8.164	0.000
	组内	1767.450	563	3.139		
	总数	1869.969	567			
B11 职业病发病	组间	99.396	4	24.849	16.791	0.000
	组内	833.205	563	1.480		
	总数	932.601	567			
B12 SH 影响力	组间	42.606	4	10.651	179.820	0.000
	组内	33.349	563	0.059		
	总数	75.954	567			
B13 SH 投入	组间	83.207	4	20.802	30.608	0.000
	组内	382.629	563	0.680		
	总数	465.836	567			
B14 相关公益项目	组间	16.374	4	4.094	13.245	0.000
	组内	174.006	563	0.309		
	总数	190.380	567			

表 4-79　不同第三方评价企业安全健康等级组间均值比较 2

外部鉴证	均值						
	B1 机构制度	B2 管理文化	B3 管理体系	B4 条款政策	B5 项目课题	B6 教育培训	B7 监测防护
无任何外部鉴证	2.2618	2.5312	2.4282	2.5018	1.1426	2.3712	2.4275
相关评价	3.1795	3.5714	3.4476	3.0571	1.0238	2.9524	3.1809
报告评级	3.8252	2.5667	3.6000	4.4000	2.5833	3.1667	3.4822
质量认证	4.0509	4.2000	3.6667	3.8000	4.1667	3.5333	4.3440
数据审验	3.5841	3.5500	3.3250	3.3000	3.3125	2.8750	3.6086

续表

外部鉴证	均值						
	B8 预防预控	B9 疾病管理	B10 安全事故	B11 职业病发病	B12 SH 影响力	B13 SH 投入	B14 相关公益项目
无任何外部鉴证	2.4558	1.4385	3.0318	1.3735	1.0383	1.2906	1.3620
相关评价	3.0536	1.4886	4.4571	1.0000	1.0274	1.1143	1.7842
报告评级	3.1667	2.6725	4.0000	3.5000	1.0480	1.1000	1.0092
质量认证	3.8042	3.9716	4.2000	3.0000	3.1482	4.8667	2.5043
数据审验	3.3750	3.2344	4.6250	3.7500	3.2061	4.4500	2.3100

由表4-78可知，B1机构制度、B2管理文化、B3管理体系、B4条款政策、B5项目课题、B6教育培训、B7监测防护、B8预防预控、B9疾病管理、B10安全事故、B11职业病发病、B12 SH影响力、B13 SH投入、B14相关公益项目等均在SH信息第三方评价因素上呈现显著性差异。换言之，SH信息第三方评价对B1机构制度、B2管理文化、B3管理体系、B4条款政策、B5项目课题、B6教育培训、B7监测防护、B8预防预控、B9疾病管理、B10安全事故、B11职业病发病、B12 SH影响力、B13 SH投入、B14相关公益项目等均影响显著。

通过进一步组间均值分析（见表4-79）可以看出，通过质量认证的企业在B1机构制度、B2管理文化、B3管理体系、B5项目课题、B6教育培训、B7监测防护、B8预防预控、B9疾病管理、B13 SH投入、B14相关公益项目等方面得分最高；通过数据审验的企业在B10安全事故、B11职业病发病、B12 SH影响力等方面得分最高；而无任何外部鉴证的企业在各个指标评价方面得分普遍较低。这表明通过质量认证和数据审验的企业，在SH管理总体水平及各维度上优于采用其他第三方评价的企业。

SH管理总体水平及各个维度在时间维度、企业性质、行业领域、上市地、信息发布次数、信息翔实程度、参考标准、第三方评价等变量上的差异性检验结果如表4-80所示。

表 4-80　SH 管理水平在统计变量上的差异分布汇总

	时间维度	企业性质	行业领域	上市地	信息发布次数	信息翔实程度	参考标准	第三方评价
A1 治理结构体系	—	显著	显著	显著	显著	显著	显著	显著
B1 机构制度	—	显著	显著	显著	显著	显著	显著	显著
B2 管理文化	—	显著	显著	显著	显著	显著	显著	显著
B3 管理体系	—	显著	—	显著	—	显著	显著	显著
B4 条款政策	—	显著	显著	—	显著	显著	显著	显著
A2 管理实施过程	—	显著	显著	显著	显著	显著	显著	显著
B5 项目课题	—	—	显著	显著	—	显著	显著	显著
B6 教育培训	—	显著	—	—	显著	显著	显著	显著
B7 监测防护	—	显著	显著	—	显著	显著	显著	显著
B8 预防预控	—	显著	显著	显著	显著	显著	显著	显著
B9 疾病管理	—	显著	显著	显著	显著	显著	显著	显著
A3 管理绩效/投入	—	显著	显著	—	显著	显著	显著	显著
B10 安全事故	—	显著	显著	—	显著	显著	显著	显著
B11 职业病发病	—	显著	显著	—	显著	显著	显著	显著
B12 SH 影响力	—	显著	显著	—	—	显著	—	显著
B13 SH 投入	—	—	显著	显著	显著	显著	显著	显著
A4 其他	—	—	显著	—	—	显著	—	显著
B14 相关公益项目	—	—	显著	—	—	显著	—	显著
安全健康总体	—	显著	显著	显著	显著	显著	显著	显著

第六节　从绿色到深绿：“经济－环境－健康”一体化“绿度”评价

一　能源行业上市公司综合“绿度”评价

对能源行业上市公司“经济－环境－健康”一体化“绿度”的总体状况、时间变化趋势、行业分布状况等方面进行梳理，有助于我们从整体上把握其“绿色”发展的现状和趋势。

（一）各公司“绿度”等级评价

为了分析能源行业上市公司“经济－环境－健康”一体化“绿度”的总体状况，参考前文步骤，本研究测算能源行业上市公司2019年度“经济－环境－健康”一体化“绿度”评价结果，如表4－81所示。

表4－81 2019年度能源行业上市公司综合“绿度”评价等级

序号	公司名称	Ⅰ级	Ⅱ级	Ⅲ级	Ⅳ级	Ⅴ级	评价等级
1	中国神华	0.0000	0.0000	0.0428	0.0611	0.8961	Ⅴ级
2	中国石化	0.0000	0.0002	0.4569	0.4630	0.0799	Ⅳ级
3	长江电力	0.0000	0.0003	0.4832	0.5038	0.0127	Ⅳ级
4	中国核电	0.0000	0.0002	0.4862	0.5123	0.0013	Ⅳ级
5	文山电力	0.0000	0.0002	0.4915	0.5078	0.0004	Ⅳ级
6	兖州煤业	0.0000	0.0003	0.4951	0.5045	0.0001	Ⅳ级
7	深圳燃气	0.0000	0.0004	0.4960	0.5036	0.0000	Ⅳ级
8	大唐发电	0.0000	0.0005	0.5005	0.4991	0.0000	Ⅲ级
9	国电电力	0.0000	0.0005	0.5078	0.4917	0.0000	Ⅲ级
10	贵州燃气	0.0000	0.0004	0.5133	0.4862	0.0000	Ⅲ级
11	中国石油	0.0000	0.0004	0.5074	0.4923	0.0000	Ⅲ级
12	中煤能源	0.0000	0.0006	0.5026	0.4968	0.0000	Ⅲ级
13	瀚蓝环境	0.0000	0.0006	0.5057	0.4936	0.0000	Ⅲ级
14	潞安环能	0.0000	0.0006	0.5022	0.4972	0.0000	Ⅲ级
15	国投电力	0.0000	0.0007	0.5000	0.4993	0.0000	Ⅲ级
16	首创股份	0.0000	0.0009	0.5009	0.4982	0.0000	Ⅲ级
17	华能水电	0.0000	0.0015	0.4999	0.4986	0.0000	Ⅲ级
18	粤电力A	0.0000	0.0025	0.5011	0.4963	0.0000	Ⅲ级
19	宝新能源	0.0000	0.0048	0.4993	0.4959	0.0000	Ⅲ级
20	重庆燃气	0.0000	0.0056	0.4987	0.4957	0.0000	Ⅲ级
21	冀中能源	0.0000	0.0057	0.505	0.4892	0.0000	Ⅲ级
22	陕西煤业	0.0000	0.0080	0.4979	0.4941	0.0000	Ⅲ级
23	兴蓉环境	0.0000	0.0099	0.5071	0.483	0.0000	Ⅲ级
24	大众公用	0.0000	0.0160	0.4929	0.491	0.0000	Ⅲ级
25	广州发展	0.0000	0.0208	0.4928	0.4864	0.0000	Ⅲ级
26	重庆水务	0.0000	0.0392	0.4888	0.4719	0.0000	Ⅲ级
27	京能电力	0.0001	0.1565	0.4257	0.4177	0.0000	Ⅲ级
28	伊泰B股	0.0000	0.1777	0.4216	0.4007	0.0000	Ⅲ级

续表

序号	公司名称	Ⅰ级	Ⅱ级	Ⅲ级	Ⅳ级	Ⅴ级	评价等级
29	西山煤电	0.0001	0.1768	0.4122	0.4109	0.0000	Ⅲ级
30	新集能源	0.0000	0.0002	0.4929	0.5004	0.0064	Ⅲ级
31	昊华能源	0.0000	0.0002	0.4902	0.5094	0.0002	Ⅲ级
32	广汇能源	0.0000	0.0003	0.4983	0.5013	0.0001	Ⅲ级
33	华电国际	0.0000	0.0006	0.4930	0.5063	0.0000	Ⅲ级
34	黔源电力	0.0000	0.0006	0.4955	0.5038	0.0000	Ⅲ级
35	闽东电力	0.0000	0.0007	0.4966	0.5026	0.0000	Ⅲ级
36	华能国际	0.0000	0.0061	0.4960	0.4979	0.0000	Ⅲ级
37	兰花科创	0.0000	0.0105	0.4894	0.5001	0.0000	Ⅲ级
38	申能股份	0.0000	0.0161	0.4879	0.4960	0.0000	Ⅲ级
39	通宝能源	0.0000	0.0172	0.4853	0.4974	0.0000	Ⅲ级
40	川投能源	0.0000	0.0391	0.4770	0.4839	0.0000	Ⅲ级
41	胜利股份	0.0001	0.0829	0.4535	0.4635	0.0000	Ⅲ级
42	深圳能源	0.0000	0.0935	0.4459	0.4605	0.0000	Ⅲ级
43	平煤股份	0.0001	0.1384	0.4266	0.4349	0.0000	Ⅲ级
44	西昌电力	0.0001	0.1514	0.4135	0.4350	0.0000	Ⅲ级
45	江南水务	0.0001	0.1497	0.4192	0.4310	0.0000	Ⅲ级
46	华电能源	0.0001	0.1741	0.4066	0.4192	0.0000	Ⅲ级
47	中原环保	0.0001	0.1828	0.4046	0.4125	0.0000	Ⅲ级
48	桂东电力	0.0001	0.2954	0.3437	0.3608	0.0000	Ⅲ级
49	福能股份	0.0003	0.4022	0.3046	0.2929	0.0000	Ⅱ级
50	国中水务	0.0003	0.4217	0.2840	0.2940	0.0000	Ⅱ级
51	创业环保	0.0002	0.4401	0.2880	0.2717	0.0000	Ⅱ级
52	钱江水利	0.0003	0.4616	0.2654	0.2727	0.0000	Ⅱ级
53	中闽能源	0.0004	0.4966	0.2487	0.2543	0.0000	Ⅱ级
54	海峡环保	0.0007	0.6536	0.1718	0.1739	0.0000	Ⅱ级
55	ST浩源	0.0004	0.6572	0.1820	0.1604	0.0000	Ⅱ级
56	广安爱众	0.0007	0.8268	0.0861	0.0865	0.0000	Ⅱ级
57	三峡水利	0.0008	0.8847	0.0592	0.0553	0.0000	Ⅱ级
58	上海能源	0.0007	0.9362	0.0301	0.0329	0.0000	Ⅱ级
59	湖北能源	0.0010	0.9511	0.0235	0.0244	0.0000	Ⅱ级
60	嘉泽新能	0.0007	0.9640	0.0179	0.0173	0.0000	Ⅱ级
61	蓝焰控股	0.0011	0.9645	0.0166	0.0178	0.0000	Ⅱ级
62	乐山电力	0.0011	0.9711	0.0139	0.0139	0.0000	Ⅱ级

续表

序号	公司名称	Ⅰ级	Ⅱ级	Ⅲ级	Ⅳ级	Ⅴ级	评价等级
63	金山股份	0.0018	0.9921	0.0030	0.0032	0.0000	Ⅱ级
64	宁波热电	0.0023	0.9925	0.0024	0.0027	0.0000	Ⅱ级
65	涪陵电力	0.0031	0.9933	0.0018	0.0019	0.0000	Ⅱ级

同理可得出样本公司2006～2019年度综合“绿度”评价等级结果（见图4－27）。

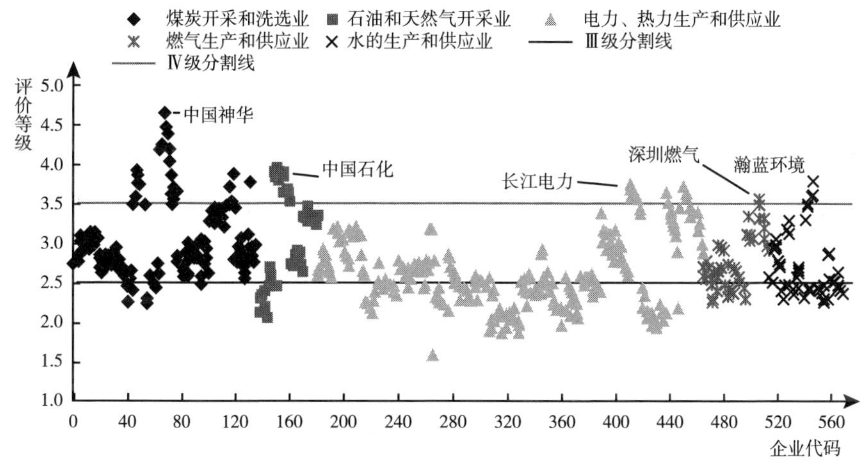

图4－27　各公司综合“绿度”等级评价情况（N＝71，S＝568）

在已发布的相关社会责任报告/可持续发展报告中，90.49%（S＝514）的样本反映出企业的SHEE综合管理水平隶属于“Ⅱ级－改进级”和“Ⅲ级－过渡级”层次，仅有9.51%（S＝54）的样本反映出企业的SHEE综合管理水平隶属于“Ⅳ级－可接受”和“Ⅴ级－可宣称”层次。如果考虑到还有70家上市公司2006～2019年未披露任何SHEE相关信息，能源行业上市公司的总体SHEE管理水平处于“可接受”和“可宣称”等级的比例将低于3.53%。这表明大部分能源行业上市公司的SHEE管理仍处于低端水平。进一步对样本进行统计可知，0.53%（S＝3）的样本隶属于Ⅴ级，代表企业的SHEE综合管理水平处于“可宣称”等级；8.98%（S＝51）的样本隶属于Ⅳ级，代表企业的 SHEE 综合管理水平处于“可接受”等级；55.11%（S＝313）的样本隶属于Ⅲ级，代表企业的 SHEE 综合管理水平处于“过渡级”；35.39%（S＝201）的样本隶属于Ⅱ级，代表企业的 SHEE 综合管理水平处于“改进级”。

不同行业的“绿度”水平存在差异，按照行业等级分布从高到低依次为：煤炭开采和洗选业，石油和天然气开采业，燃气生产和供应业，电力、热力生产和供应业，水的生产和供应业。其中，煤炭开采和洗选业，石油和天然气开采业，电力、热力生产和供应业，燃气生产和供应业，水的生产和供应业的“深绿”标杆企业分别为中国神华（Ⅴ）、中国石化（Ⅳ）、长江电力（Ⅳ）、深圳燃气（Ⅳ）、瀚蓝环境（Ⅳ）等；而宁波热电（Ⅱ）、乐山电力（Ⅱ）、蓝焰控股（Ⅱ）、广安爱众（Ⅱ）、涪陵电力（Ⅱ）等公司的综合评价相对较低（具体参见附录），表明这些公司“绿度”水平仍处于较低层次。

（二）各年度“绿度”等级评价

为了考察能源行业上市公司“绿度”的时间变化情况，本研究进一步对样本公司 2006～2019 年度的经营状况子系统、节能环保子系统、安全健康子系统及综合评价结果的随时间变化趋势进行考察，结果如图 4－28 所示。

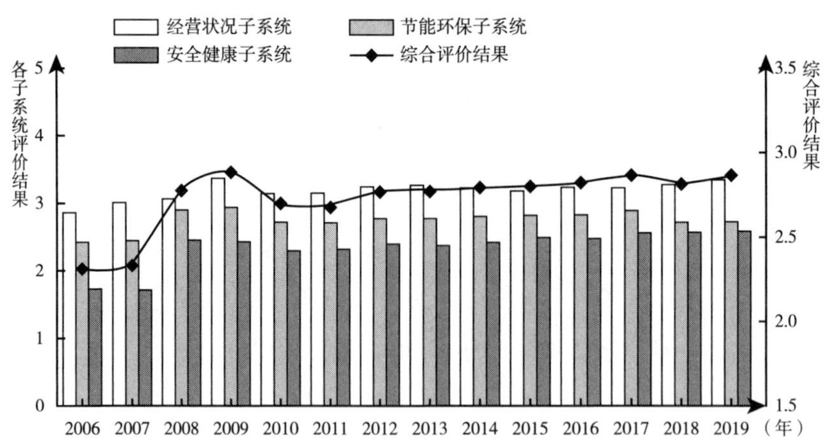

图 4－28　各子系统 2006～2019 年度“绿度”变化情况

由图4-28可知，2006~2019年，中国能源行业上市公司年度经营状况子系统、节能环保子系统、安全健康子系统及综合评价结果均呈现出波动上升趋势，但增长率较低，总体水平仍为未达到"可接受"等级，这表明经营状况子系统、节能环保子系统、安全健康子系统及综合评价结果仍有待进一步提高，尤其是节能环保子系统和安全健康子系统方面。

（三）各行业"绿度"等级评价

为了分析能源行业"绿度"的发展水平，本研究进一步比较了煤炭开采和洗选业，石油和天然气开采业、电力、热力生产和供应业，燃气生产和供应业，水的生产和供应业的"绿度"年度变化情况以及综合评价结果，具体如图4-29所示。

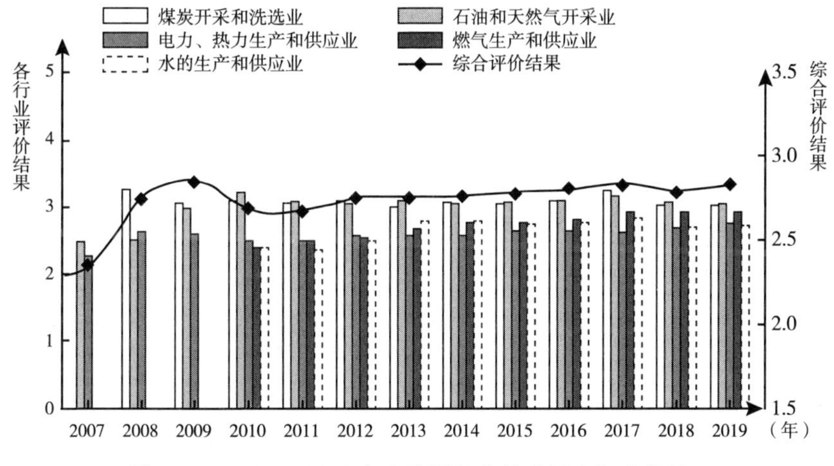

图4-29　2007~2019年度能源行业的"绿度"变化情况

由图4-29可知，不同行业"绿度"的综合评价结果存在差异。研究期内，不同行业的一体化评价结果均值水平从高到低依次为：煤炭开采和洗选业>石油和天然气开采业>燃气生产和供应业>电力、热力生产和供应业>水的生产和供应业。其中，煤炭开采和洗选业的综合管理评级最高，达到了"Ⅲ级-过渡级"水平。从年度变化情况来看，各个行业领域的OSH管理水平呈现出波动上升的趋势，但增长率极低，且不同行业的综合管理变化情况存在差异。研究期内，不同行业的综合管理水平增长率从高到低依次为：燃气生产和供应业 > 煤炭开采和洗选业 > 石油和天然气开采业 > 水的生产和供应业 > 电力、热力生产和供应业。

（四）子行业典型企业的“绿度”变化分析

为了明晰能源行业上市公司“经济 - 环境 - 健康”的综合评价结果随时间变化状况及变化原因，本研究进一步对能源行业各子行业典型样本公司2006 ~ 2019 年度的经营状况子系统、节能环保子系统、安全健康子系统及综合评价结果随时间变化状况进行了梳理和分析，典型样本公司“绿度”变化趋势分类及主要特点如表 4 - 82 所示。

表 4 - 82　2006 ~ 2019 年度各行业典型样本公司“绿度”变化趋势分类及主要特点

行业	分类及典型企业	主要特点
煤炭开采和洗选业	波动上升型： 中国神华（Ⅲ→Ⅴ） 兖州煤业（Ⅲ→Ⅳ） 兰花科创（Ⅱ→Ⅲ）	经营状况子系统：(1)资产规模、收入规模、人员规模均呈现稳定状态；(2)盈利能力、偿债能力、营运能力、发展能力均呈现稳定状态；(3)创新投入呈现微弱上升趋势。 节能环保子系统：(1)机构制度、管理文化、管理体系、条款政策均较为稳定；(2)清洁生产管理、污染减排管理、资源循环利用、能源增效管理、应对气候变化、生态环境保护、绿色办公管理等方面有了改善；(3)环境污染事件、废弃物排放、能源资源利用、温室气体排放、生态建设成效、节能环保影响力、节能环保投入均持续披露，且有改善；(4)相关公益项目也持续参与。 安全健康子系统：(1)机构制度、管理文化、管理体系、条款政策均较为完善；(2)项目课题、教育培训、监测防护、预防预控、疾病管理均有持续性改善；(3)对安全事故、职业病发病、SH 管理影响力、SH 投入都持续性披露，且进行改善；(4)相关公益项目也持续参与。 总体而言，经营状况子系统较为稳定，节能环保子系统和安全健康子系统呈现出稳定上升趋势。
	持续稳定型： 潞安环能（Ⅲ→Ⅲ） 平庄能源（Ⅲ→Ⅲ） 冀中能源（Ⅲ→Ⅲ）	经营状况子系统：(1) ~ (3)各要素指标均呈现稳定状态。 节能环保子系统：(1) ~ (4)各要素指标均呈现稳定状态，特别是清洁生产管理、污染减排管理、资源循环利用、能源增效管理、应对气候变化、生态环境保护、绿色办公管理、环境污染事件、废弃物排放、能源资源利用、温室气体排放、生态建设成效、节能环保影响力、节能环保投入等方面年度变化情况较小，并未进行持续性改善。 安全健康子系统：(1) ~ (4)各要素指标均处于稳定状态，特别是项目课题、教育培训、监测防护、预防预控、疾病管理、安全事故、职业病发病、SH 影响力、SH 投入等方面年度变化较小，并未进行持续性改善。 总体而言，经营状况子系统、节能环保子系统、安全健康子系统均较为稳定。

续表

行业	分类及典型企业	主要特点
煤炭开采和洗选业	波动下降型： 上海能源（Ⅲ→Ⅱ） 平煤股份（Ⅲ→Ⅱ） 中煤能源（Ⅳ→Ⅲ）	经营状况子系统：(1)～(3)各要素指标均呈现稳定状态。 节能环保子系统：(1)、(2)、(4)各要素指标均呈现稳定状态，而在环境污染事件、废弃物排放、能源资源利用、温室气体排放、生态建设成效、节能环保影响力、节能环保投入等管理效能类要素指标方面年度变化呈现下降趋势，部分指标信息由披露转向不披露。 安全健康子系统：(1)、(2)、(4)各要素指标均处于稳定状态，而在教育培训、监测防护、预防预控、疾病管理、安全事故、职业病发病、SH影响力、SH投入等管理效能类要素指标方面年度变化呈现下降趋势，部分指标信息由披露转向不披露。 总体而言，经营状况子方面较为稳定，节能环保子系统和安全健康子系统呈现出下降趋势，特别是节能环保子系统。
石油和天然气开采业	波动上升型： 中国石化（Ⅲ→Ⅳ）	经营状况子系统：(1)资产规模、收入规模、人员规模均呈现稳定状态；(2)盈利能力、偿债能力、营运能力、发展能力处于稳定状态；(3)创新投入呈现稳定上升趋势。 节能环保子系统：(1)机构制度、管理文化、管理体系、条款政策等方面均呈现稳定状态；(2)在清洁生产管理、污染减排管理、资源循环利用、能源增效管理、应对气候变化、生态环境保护、绿色办公管理等方面进行了完善；(3)对环境污染事件、废弃物排放、能源资源利用、温室气体排放、生态建设成效、节能环保影响力、节能环保投入均持续性披露，且进行了改善；(4)对相关公益活动也持续参与。 安全健康子系统：(1)机构制度、管理文化、管理体系、条款政策均呈现稳定状态；(2)项目课题、教育培训、监测防护、预防预控、疾病管理均持续改善；(3)对安全事故、职业病发病、SH影响力、SH投入都持续披露，且进行改善；(4)对SH公益项目也持续参与。 总体而言，经营状况子系统较为稳定，节能环保子系统和安全健康子系统呈现出稳定上升趋势，特别是安全健康子系统改善较为明显。
	持续稳定型： 中国石油（Ⅲ→Ⅲ） 广汇能源（Ⅲ→Ⅲ）	经营状况子系统：(1)～(3)各要素指标均呈现稳定状态。 节能环保子系统：(1)～(4)各要素指标均呈现稳定状态，特别是在清洁生产管理、污染减排管理、资源循环利用、能源增效管理、应对气候变化、生态环境保护、绿色办公管理、环境污染事件、废弃物排放、能源资源利用、温室气体排放、生态建设成效、节能环保影响力、节能环保投入等方面年度变化较小，并未进行持续改善。 安全健康子系统：(1)～(4)各要素指标均处于稳定状态，特别是在项目课题、教育培训、监测防护、预防预控、疾病管理、安全事故、职业病发病、SH影响力、SH投入等方面年度变化较小，并未进行持续改善。 总体而言，经营状况子系统、节能环保子系统、安全健康子系统均较为稳定。

续表

行业	分类及典型企业	主要特点
石油和天然气开采业	波动下降型： 蓝焰控股（Ⅲ→Ⅱ）	经营状况子系统：（1）~（3）各要素指标均呈现稳定状态。 节能环保子系统：（1）、（2）、（4）各要素指标均呈现稳定状态，而在环境污染事件、废弃物排放、能源资源利用、温室气体排放、生态建设成效、节能环保影响力、节能环保投入等管理效能类要素指标方面年度变化呈现下降趋势，部分指标信息由披露转向不披露。 安全健康子系统：（1）、（2）、（4）各要素指标均处于稳定状态，而在教育培训、监测防护、预防预控、疾病管理、安全事故、职业病发病、SH影响力、SH投入等管理效能类要素指标方面年度变化呈现下降趋势，部分指标信息由披露转向不披露。 总体而言，经营状况子系统较为稳定，节能环保子系统和安全健康子系统呈现出下降趋势，特别是节能环保子系统。
电力、热力生产和供应业	波动上升型： 闽东电力（Ⅱ→Ⅲ） 华能国际（Ⅱ→Ⅲ） 华电国际（Ⅱ→Ⅲ）	经营状况子系统：（1）资产规模、收入规模、人员规模均呈现稳定状态；（2）盈利能力、偿债能力、营运能力、发展能力均呈现稳定状态；（3）创新投入呈现微弱增加趋势。 节能环保子系统：（1）机构制度、管理文化、管理体系、条款政策均呈现稳定状态；（2）在清洁生产管理、污染减排管理、资源循环利用、能源增效管理、应对气候变化、生态环境保护、绿色办公管理等方面进行了改善；（3）环境污染事件、废弃物排放、能源资源利用、温室气体排放、生态建设成效、节能环保影响力、节能环保投入均等方面有了改善。 安全健康子系统：（1）机构制度、管理文化、管理体系、条款政策均呈现稳定状态；（2）在项目课题、教育培训、监测防护、预防预控、疾病管理等方面进行了改善；（3）对安全事故、职业病发病、SH影响力、SH投入都持续披露，且进行改善。 总体而言，经营状况子系统较为稳定，节能环保子系统和安全健康子系统呈现出稳定上升趋势，特别是节能环保子系统改善较为明显。
	持续稳定型： 深圳能源（Ⅲ→Ⅲ） 粤电力A（Ⅲ→Ⅲ） 桂东电力（Ⅲ→Ⅲ）	经营状况子系统：（1）~（3）各要素指标均呈现稳定状态。 节能环保子系统：（1）~（4）各要素指标均呈现稳定状态，特别是在清洁生产管理、污染减排管理、资源循环利用、能源增效管理、应对气候变化、生态环境保护、绿色办公管理、环境污染事件、废弃物排放、能源资源利用、温室气体排放、生态建设成效、节能环保影响力、节能环保投入等方面年度变化较小，并未进行持续改善。 安全健康子系统：（1）~（4）各要素指标均呈现稳定状态，特别是在项目课题、教育培训、监测防护、预防预控、疾病管理、安全事故、职业病发病、SH影响力、SH专项投入等方面年度变化较小，并未进行持续性改善。 总体而言，经营状况子系统、节能环保子系统、安全健康子系统均较为稳定。

续表

行业	分类及典型企业	主要特点
电力、热力生产和供应业	波动下降型： 华电能源（Ⅲ→Ⅱ） 京能电力（Ⅲ→Ⅱ） 中闽能源（Ⅲ→Ⅱ）	经营状况子系统：(1)～(3)各要素指标均呈现稳定状态。 节能环保子系统：(1)、(2)、(4)各要素指标均呈现稳定状态，而在环境污染事件、废弃物排放、能源资源利用、温室气体排放、生态建设成效、节能环保影响力、节能环保投入等管理效能类要素指标方面年度变化呈现下降趋势，部分指标信息由披露转向不披露。 安全健康子系统：(1)、(2)、(4)各要素指标均呈现稳定状态，而在教育培训、监测防护、预防预控、疾病管理、安全事故、职业病发病、SH影响力、SH投入等管理效能类要素指标方面年度变化呈现下降趋势，部分指标信息由披露转向不披露。 总体而言，经营状况子系统较为稳定，节能环保子系统和安全健康子系统呈现下降趋势，特别是节能环保子系统。
燃气生产和供应业	波动上升型： 深圳燃气（Ⅲ→Ⅳ） 大众公用（Ⅱ→Ⅲ） 申能股份（Ⅱ→Ⅲ） 胜利股份（Ⅱ→Ⅲ）	经营状况子系统：(1)资产规模、收入规模、人员规模均呈现稳定状态；(2)盈利能力、偿债能力、营运能力、发展能力均呈现稳定状态；(3)创新投入微弱增加。 节能环保子系统：(1)机构制度、管理文化、管理体系、条款政策均呈现稳定状态；(2)在清洁生产管理、污染减排管理、资源循环利用、能源增效管理、应对气候变化、生态环境保护、绿色办公管理等方面进行了改善；(3)环境污染事件、废弃物排放、能源资源利用、温室气体排放、生态建设成效、节能环保影响力、节能环保投入等方面有了改善。 安全健康子系统：(1)机构制度、管理文化、管理体系、条款政策均呈现稳定状态；(2)在项目课题、教育培训、监测防护、预防预控、疾病管理等方面进行了改善；(3)对安全事故、职业病发病、SH影响力、SH投入都持续披露，且进行改善。 总体而言，经营状况子系统较为稳定，节能环保子系统和安全健康子系统呈现稳定上升趋势，特别是安全健康子系统改善较为明显。
	持续稳定型： 重庆燃气（Ⅲ→Ⅲ） 贵州燃气（Ⅲ→Ⅲ）	经营状况子系统：(1)～(3)各要素指标均呈现稳定状态。 节能环保子系统：(1)～(4)各要素指标均呈现稳定状态，特别是在清洁生产管理、污染减排管理、资源循环利用、能源增效管理、应对气候变化、生态环境保护、绿色办公管理、环境污染事件、废弃物排放、能源资源利用、温室气体排放、生态建设成效、节能环保影响力、节能环保投入等方面年度变化较小，并未进行持续改善。 安全健康子系统：(1)～(4)各要素指标均呈现稳定状态，特别是在项目课题、教育培训、监测防护、预防预控、疾病管理、安全事故、职业病发病、SH影响力、SH投入等方面年度变化较小，并未进行持续改善。 总体而言，经营状况子系统、节能环保子系统、安全健康子系统均较为稳定。

续表

行业	分类及典型企业	主要特点
燃气生产和供应业	波动下降型： 新疆浩源（Ⅲ→Ⅱ）	经营状况子系统：（1）~（3）各要素指标均呈现出波动下降趋势。 节能环保子系统：（1）、（2）、（4）各要素指标均呈现稳定状态，而在环境污染事件、废弃物排放、能源资源利用、温室气体排放、生态建设成效、节能环保影响力、节能环保投入等管理效能类要素指标方面年度变化呈现下降趋势，部分指标信息由披露转向不披露。 安全健康子系统：（1）、（2）、（4）各要素指标均呈现稳定状态，而在教育培训、监测防护、预防预控、疾病管理、安全事故、职业病发病、SH影响力、SH投入等管理效能类要素指标方面年度变化呈现下降趋势，部分指标信息由披露转向不披露。 总体而言，经营状况子系统、节能环保子系统、安全健康子系统均呈现微弱下降趋势。
水的生产和供应业	波动上升型： 兴蓉环境（Ⅱ→Ⅲ） 江南水务（Ⅱ→Ⅲ）	经营状况子系统：（1）资产规模、收入规模、人员规模均呈现稳定状态；（2）盈利能力、偿债能力、营运能力、发展能力均呈现稳定状态；（3）创新投入均呈现稳定状态。 节能环保子系统：（1）机构制度、管理文化、管理体系、条款政策均呈现稳定状态；（2）在清洁生产管理、污染减排管理、资源循环利用、能源增效管理、应对气候变化、生态环境保护、绿色办公管理等方面进行了改善；（3）在环境污染事件、废弃物排放、能源资源利用、温室气体排放、生态建设成效、节能环保影响力、节能环保投入均等方面进行了改善。 安全健康子系统：（1）机构制度、管理文化、管理体系、条款政策均较为完善；（2）项目课题、教育培训、监测防护、预防预控、疾病管理均进行了改善；（3）对安全事故、职业病发病、SH影响力、SH投入都持续披露，且进行了微弱改善。 总体而言，经营状况子系统较为稳定，节能环保子系统和安全健康子系统呈现稳定上升趋势，特别是节能环保子系统改善较为明显。
	持续稳定型： 首创股份（Ⅲ→Ⅲ） 钱江水利（Ⅲ→Ⅲ） 创业环保（Ⅱ→Ⅱ）	经营状况子系统：（1）~（3）各要素指标均呈现稳定状态。 节能环保子系统：（1）~（4）各要素指标均呈现稳定状态，特别是清洁生产管理、污染减排管理、资源循环利用、能源增效管理、应对气候变化、生态环境保护、绿色办公管理、环境污染事件、废弃物排放、能源资源利用、温室气体排放、生态建设成效、节能环保影响力、节能环保投入等方面年度变化较小，并未持续改善。 安全健康子系统：（1）~（4）各要素指标均呈现稳定状态，特别是项目课题、教育培训、监测防护、预防预控、疾病管理、安全事故、职业病发病、SH影响力、SH投入等方面年度变化较小，并未持续改善。 总体而言，经营状况子系统、节能环保子系统、安全健康子系统均较为稳定。

续表

行业	分类及典型企业	主要特点
水的生产和供应业	波动下降型：国中水务（Ⅲ→Ⅱ）	经营状况子系统：(1)~(3)各要素指标均呈现稳定状态。 节能环保子系统：(1)、(2)、(4)各要素指标均呈现稳定状态，而在环境污染事件、废弃物排放、能源资源利用、温室气体排放、生态建设成效、节能环保影响力、节能环保投入等管理效能类要素指标方面年度变化呈现下降趋势，部分指标信息由披露转向不披露。 安全健康子系统：(1)、(2)、(4)各要素指标均呈现稳定状态，而在教育培训、监测防护、预防预控、疾病管理、安全事故、职业病发病、SH影响力、SH投入等管理效能类要素指标方面年度变化呈现下降趋势，部分指标信息由披露转向不披露。 总体而言，经营状况子系统呈现稳定状态，节能环保子系统、安全健康子系统均呈现出微弱下降趋势。

二　能源行业上市公司“绿度”协调度评价

（一）二元子系统协调度评价

在单一子系统（企业经营状况子系统、节能环保子系统、安全健康子系统）管理水平综合得分的基础上，本研究对二元子系统协调度进行评价，可视化结果如图4－30、4－31、4－32所示。

由图4－30可知，企业经营状况子系统、节能环保子系统并不总是协调一致的，存在高经营水平－低节能环保型、低经营水平－高节能环保型两类缺口型企业。

由图4－31可知，企业经营状况子系统、安全健康子系统并不总是协调一致的，存在高经营水平－低安全健康型、低经营水平－高安全健康型两类缺口型企业。

由图4－32可知，节能环保子系统、安全健康子系统并不总是协调一致的，存在高节能环保－低安全健康型、低节能环保－高安全健康型两类缺口型企业。

在单一子系统（企业经营状况子系统、节能环保子系统、安全健康子系统）管理水平综合得分的基础上，本研究亦构建了二元子系统协调度评价函数，对二元子系统的协调度进行评价。由于两个子系统之间的协调度主

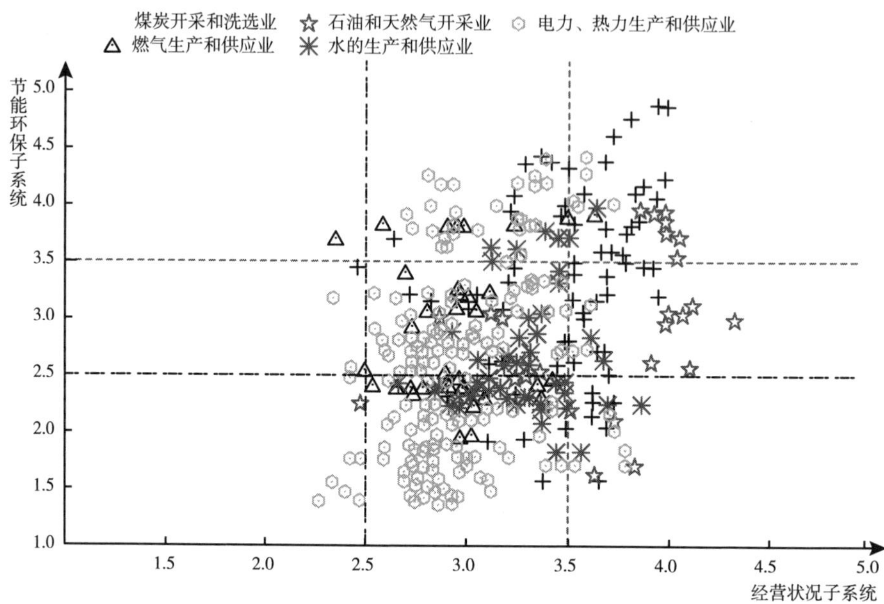

图 4－30 经济－环境二元子系统协调情况

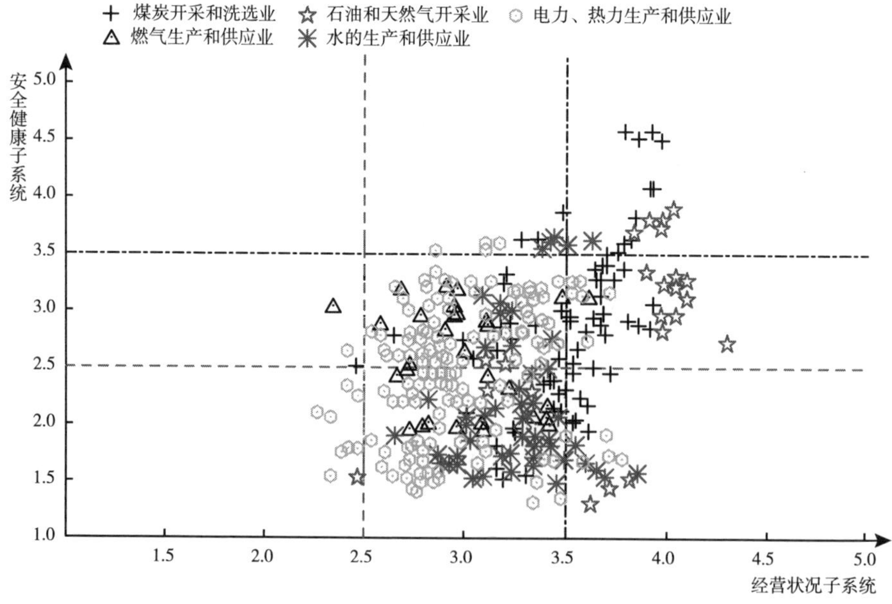

图 4－31 经济－健康二元子系统协调情况

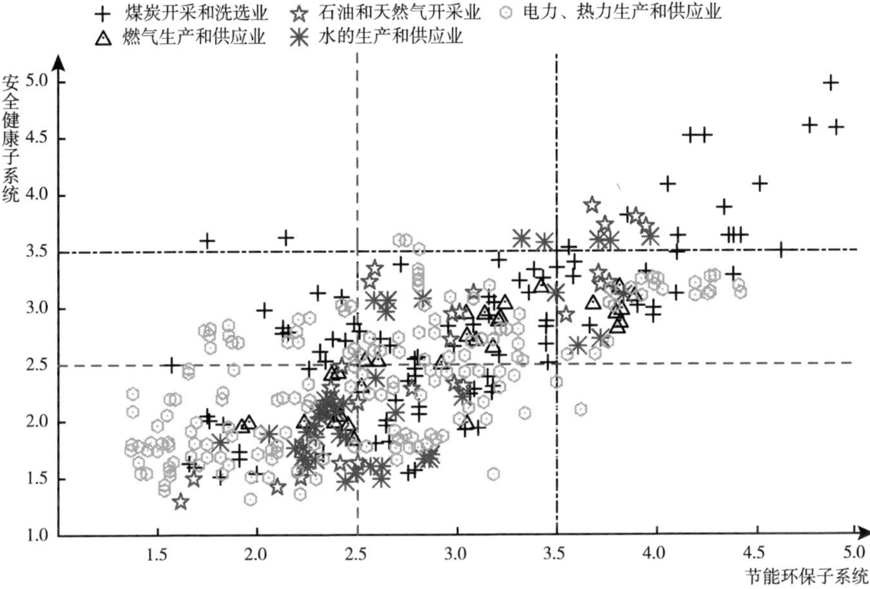

图 4－32 环境－健康二元子系统协调情况

要体现在两个单一子系统发展变化趋势的同步性与一致性上，因此可以通过两个单一子系统发展变化趋势的同步性与一致性来评价二元子系统间的协调程度。

假设上市公司 A 经济子系统综合得分为F_{A1}，环境子系统综合得分为F_{A2}，健康子系统综合得分为F_{A3}，则经济－环境系统协调度计算公式如下：

$$
\begin{cases}
\mu_1 = \dfrac{\left(\sum\limits_{A=1}^{568} C_{F_{1\geqslant 3}} \cap \sum\limits_{A=1}^{568} C_{F_{1\geqslant 3}}\right)}{568} \\
\mu_2 = \dfrac{\left(\sum\limits_{A=1}^{568} C_{F_{1\geqslant 3}} \cap \sum\limits_{A=1}^{568} C_{F_{1\leqslant 3}}\right)}{568} \\
\mu_3 = \dfrac{\left(\sum\limits_{A=1}^{568} C_{F_{1\leqslant 3}} \cap \sum\limits_{A=1}^{568} C_{F_{1\leqslant 3}}\right)}{568} \\
\mu_4 = \dfrac{\left(\sum\limits_{A=1}^{568} C_{F_{1\leqslant 3}} \cap \sum\limits_{A=1}^{568} C_{F_{1\geqslant 3}}\right)}{568}
\end{cases}
\tag{11}
$$

式中，μ_1表示经济－环境二元子系统一致型高水平统计量，μ_2表示经济－环境二元子系统缺口型 X 取向统计量，μ_3表示经济－环境二元子系统一致型低水平统计量，μ_4表示经济－环境二元子系统缺口型 Y 取向统计量，$C_{F_{1\geq 3}}$表示$F_{A1}\geq 3$的数量。同理，可以得到经济－健康系统协调度、环境－健康系统协调度，结果如表 4－83 所示。

表 4－83　二元子系统协调度情况

公司类别	经济－环境子系统	经济－健康子系统	环境－健康子系统
一致型高水平	24.82%（141）	16.02%（91）	16.02%（91）
缺口型 X 取向	35.21%（200）	44.01%（250）	16.37%（93）
一致型低水平	32.39%（184）	36.27%（206）	63.91%（363）
缺口型 Y 取向	7.57%（43）	3.70%（21）	3.70%（21）
一致性协调度	0.572	0.523	0.799

能源行业的经营状况、节能环保水平、安全健康发展水平并不总是协调一致的。从二元子系统协调度来看，环境－健康子系统表现出的一致性协调度较高（0.799），其次是经济－环境子系统（0.572），最后是经济－健康子系统（0.523），这表明对健康子系统的重视程度有待提升。

（二）三元子系统协调度评价

由于三元子系统综合评价是建立在经济－环境、经济－健康、环境－健康二元子系统之上的，因此三元子系统的协调程度也应在各二元子系统协调程度之上进行评价。我们对二元子系统的协调度进行数学处理，建立了三元子系统协调度评价模型：

$$E_{1,2,3} = \sqrt[3]{E_{1,2} \times E_{1,3} \times E_{2,3}} \tag{12}$$

式中，$E_{1,2}$表示经济－环境二元子系统协调度，$E_{1,3}$表示经济－健康二元子系统协调度，$E_{2,3}$表示环境－健康二元子系统协调度。$E_{1,2,3}$的值越接近 1，表明三元子系统协调度越高。

按照波动幅度和最终协调度评价，三元子系统综合协调度为 0.6207。

结合“绿度”水平判断，大部分样本公司的SHEE管理仍处于低端水平（见图4－33）。

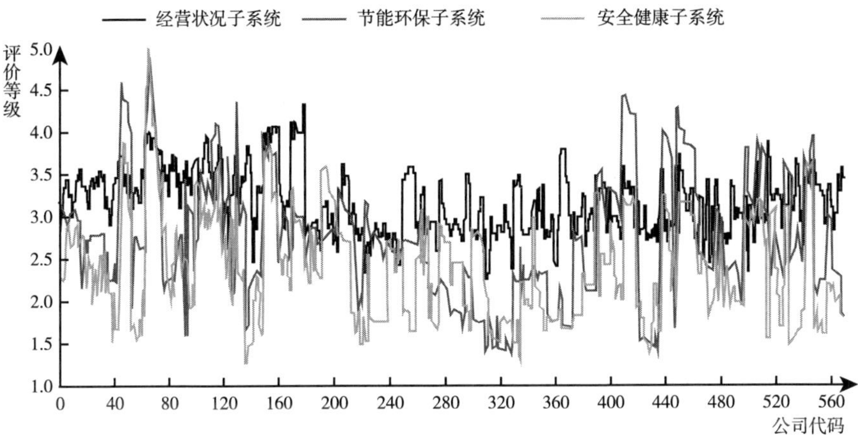

图4－33　经济－环境－健康三元子系统分布情况

第五章　结论与对策

第一节　研究结论

一　关于信息披露现状的研究结论

第一，SHEE信息发布率较低。2006～2019年，能源行业上市公司中仅有50.35%（N＝71）的企业发布了SHEE相关信息报告（S＝568），49.65%（N＝70）的企业在此期间未发布任何SHEE相关信息报告。且在已发布报告的企业中，仅有22家企业连续五年发布了相关信息报告，这与"美丽中国""健康中国"国家战略的实施要求还有很大差距。

第二，SHEE信息发布主体分布不平衡。从地区分布来看，总部在北京（S＝121）、广东（S＝60）、山西（S＝54）、四川（S＝48）、上海（S＝32）等地的公司共发布了315份SHEE信息报告，占比55.46%，构成SHEE信息发布的主体。从企业性质来看，地方国有企业（S＝236）和民营企业（S＝87）SHEE信息发布数量显著低于中央国有企业（S＝245，P＝43.13%）。从行业领域来看，不同行业的信息发布率存在较大的差异，其中燃气生产和供应业发布率较低（近三年发布率为25.56%）。从上市地来看，深交所和港交所上市公司的SHEE信息发布率显著低于上交所上市公司（S＝451，P＝79.40%）。

第三，SHEE信息内容的规范性、系统性、可比性方面仍有待提升。从参考标准来看，70.07%的SHEE信息报告参考了《上市公司行业信息披露指引》《可持续发展报告指南》《关于中央企业履行社会责任的指导意见》等相关编写规范，但仍有29.93%的SHEE信息报告未披露或未参考相关标准，表明其编写较随意，规范性有待提升。从外部鉴证来看，第三方机构对SHEE信息的监督审验较为匮乏，仅10.39%的企业引入外部评价，披露信息的说服力有待提升；从SHEE内容的分布来看，SHEE信息内容的系统性不足，定量化信息披露水平有待提高，披露的科学性有待提升。

二 关于节能环保评价的研究结论

第一，在已发布的社会责任报告/可持续发展报告中，80.46%（S=457）的样本反映出企业节能环保（ESEP）管理水平处于“Ⅱ级－改进级”和“Ⅲ级－过渡级”之间，仅有16.73%（S=95）的样本反映出企业ESEP管理水平处于“Ⅳ级－可接受”和“Ⅴ级－可宣称”等级之间。进一步研究发现，不同行业的ESEP管理水平存在差异，ESEP管理水平由高到低依次为：煤炭开采和洗选业，石油和天然气开采业，燃气生产和供应业，水的生产和供应业，电力、热力生产和供应业。其中，煤炭开采和洗选业，石油和天然气开采业，电力、热力生产和供应业，燃气生产和供应业，水的生产和供应业的ESEP管理标杆企业分别为中国神华（Ⅴ）、中国石化（Ⅳ）、长江电力（Ⅴ）、深圳燃气（Ⅳ）、瀚蓝环境（Ⅳ）等，而涪陵电力（Ⅰ）、湖北能源（Ⅱ）、乐山电力（Ⅱ）、宁波热电（Ⅱ）、广安爱众（Ⅱ）等公司评价较低，表明这些公司在ESEP管理方面亟待改进。

第二，大部分节能环保管理指标的期望值在Ⅱ级～Ⅲ级分割线上下波动，在B1机构制度、B2管理文化、B3管理体系、B4条款政策、B8能源增效管理、B9应对气候变化等方面表现较好（达到“过渡级”及以上水平），在B13废弃物排放方面表现较弱、B14能源资源利用、B15温室气体排放、B16生态建设成效、B17管理影响力（处于“过渡级”以下水平）。进一步研究表明，B13废弃物排放、B14能源资源利用、B15温室气体排放、B16生态建设成效、B17管理影响力是Ⅲ～Ⅳ级企业进一步提升SHEE

管理水平的关键，而B1机构制度、B2管理文化、B3管理体系、B4条款政策、B8能源增效管理、B9应对气候变化则是Ⅰ~Ⅱ级企业建设的重点。

第三，节能环保总体水平在企业性质（中央国有企业高）、行业领域（煤炭开采和洗选业高）、上市地（港交所高）、信息发布次数（发布较多者高）、内容详实程度（极其详实者高）、参考标准（多重参考标准者高）、第三方评价（通过质量认证者高）上呈现显著差异。

三　关于安全健康评价的研究结论

第一，在已发布的社会责任报告/可持续发展报告中，92.08%（S=523）的样本反映出企业的安全健康（SH）管理水平隶属于“Ⅱ级-改进级”和“Ⅲ级-过渡级”之间，仅有5.46%（S=31）的样本反映出企业SH管理处于“Ⅳ级-可接受”和“Ⅴ级-可宣称”等级之间。进一步研究发现，不同行业的SH管理水平存在差异，SH管理水平由高到低依次为：煤炭开采和洗选业，石油和天然气开采业，燃气生产和供应业，电力、热力生产和供应业，水的生产和供应业。其中，煤炭开采和洗选业，石油和天然气开采业，电力、热力生产和供应业，燃气生产和供应业，水的生产和供应业的安全健康管理标杆企业分别为中国神华（Ⅴ）、中国石化（Ⅳ）、粤电力A（Ⅳ）、深圳燃气（Ⅲ）、瀚蓝环境（Ⅳ）等，而胜利股份（Ⅱ）、创业环保（Ⅱ）、乐山电力（Ⅱ）、广安爱众（Ⅱ）、涪陵电力（Ⅱ）等公司的评价相对较低，表明这些公司在SH管理方面亟待改进。

第二，大部分安全健康管理指标期望值在Ⅱ级~Ⅲ级分割线上下波动，在SH影响力、项目课题、SH投入等方面表现较弱，在安全事故、条款政策等方面表现较好。进一步研究发现，B5项目课题、B9疾病管理、B12 SH影响力、B13 SH投入、B14相关公益项目是Ⅲ~Ⅳ级企业进一步提升SH管理水平的关键，而B1机构制度、B2管理文化、B3管理体系、B7监测防护、B8预防预控则是Ⅰ~Ⅱ级企业建设的重点。

第三，安全健康总体在企业性质（中央国有企业高）、行业领域（煤炭开采和洗选业高）、上市地（港交所高）、信息发布次数（发布较多者高）、信息内容详实程度（极其详实者高）、参考标准（多重参考标准者高）、第三方评价（通过质量认证者高）上呈现显著差异。

四　关于一体化评价的研究结论

第一，2006～2019年，中国能源行业上市公司年度经营状况子系统、节能环保子系统、安全健康子系统及综合评价结果均呈现波动上升趋势，但增长率较低，总体及分行业的“绿度”水平仍为未达到“可接受”等级。

第二，在已发布的社会责任报告/可持续发展报告中，90.49%（S＝514）的样本反映出企业的综合评价等级处于“改进级”和“过渡级”之间，仅有9.51%（S＝54）的样本隶属于Ⅳ级或Ⅴ级，其“绿度”水平达到“可接受”或“可宣称”层次。如果考虑到还有70家上市公司2006～2019年未披露任何SHEE相关信息，达到“可接受”和“可宣称”等级的比例将更低。不同行业的“绿度”水平存在差异，评价结果行业分布从高到低依次为：煤炭开采和洗选业，石油和天然气开采业，燃气生产和供应业，电力、热力生产和供应业，水的生产和供应业。其中，煤炭开采和洗选业，石油和天然气开采业，电力、热力生产和供应业，燃气生产和供应业，水的生产和供应业的“深绿”标杆企业分别为中国神华（Ⅴ）、中国石化（Ⅳ）、长江电力（Ⅳ）、深圳燃气（Ⅳ）、瀚蓝环境（Ⅳ）等，而宁波热电（Ⅱ）、乐山电力（Ⅱ）、蓝焰控股（Ⅱ）、广安爱众（Ⅱ）、涪陵电力（Ⅱ）等公司的综合评价相对较低，表明这些公司的“绿度”水平仍处于较低层次。

第三，能源行业上市公司的经营状况、节能环保、安全健康的发展水平并不总是协调一致的。其中，从二元子系统协调度来看，环境－健康子系统表现最为一致（0.799），其次是经济－环境子系统（0.572），最后是经济－健康子系统（0.523）。从三元子系统协调度来看，三元子系统综合协调度为0.6207，结合“绿度”水平判断，大部分样本公司的SHEE管理仍处于低端水平。

第二节　提升策略

一　强化 SHEE 信息披露的规范与监督

目前，还没有系统的、权威的企业 SHEE 信息披露框架和标准，这使得上市公司披露的 SHEE 信息的可比性、一致性、全面性较差。由前文可知，在 SHEE 信息披露方面，存在 SHEE 信息发布率不高、定量化披露较少等问题。鉴于此，政府应该建立和完善相关的法律体系，以进一步规范 SHEE 信息披露。如可以采取设定最低披露标准，规范披露格式，引入鉴证评价，将信息披露纳入企业考核中，对发布虚假信息的企业进行制裁等方式，推动企业进一步提升 SHEE 管理水平。

二　鼓励企业参与评价指标体系的设计

本研究中“深绿”评价体系中的大部分指标是基于企业年报、企业社会责任报告、可持续发展报告建立的，由于时间紧迫，受数据可获得性制约，指标体系本身具有一定的主观性，亦不能保证完全涵盖所有反映 SHEE 水平的评价指标。因此，建议更多企业参与到“深绿”评价指标的设计中来，开放更多数据。可以采取企业座谈的方式，邀请利益相关者参与整个排名的过程，从而建立更高效、更有价值的“深绿”评价体系。

三　积极开展 SHEE 管理评价

积极开展 SHEE 管理评价，是提升我国 SHEE 管理水平的重要举措。但目前并没有机构和学者对 SHEE 管理工作进行系统全面的评价。因此，建议有关部门建立系统全面、科学规范、前瞻有效的 SHEE 管理评价体系，积极开展 SHEE 管理评价工作（如建立 SHEE 管理统计制度等），并定期发布评估结果，追踪分析整体和分行业的 SHEE 管理状况和变化趋势，促使企业

“绿度”升级，以期为深入实施“健康中国”“美丽中国”国家战略，不断提升企业可持续发展能力提供基础支撑。

四 发挥标杆企业的模范带头作用

中国神华、中国石化、长江电力、深圳燃气、瀚蓝环境等企业，作为煤炭开采和洗选业，石油和天然气开采业，电力、热力生产和供应业，燃气生产和供应业，水的生产和供应业的 SHEE 管理标杆企业，是 SHEE 管理改革与发展的指路者和领跑者。相关组织应该开展 SHEE 管理模范评选活动，积极推广模范企业的管理经验等，促进这些企业保持并完善 SHEE 管理模范形象，进而影响并带动其他企业和公司提升 SHEE 管理水平。

五 引导企业持续改进关键环节

管理绩效类指标是 SHEE 管理的核心内容，也是目前上市公司 SHEE 信息披露中最薄弱、最需要改善的环节。其中 SHEE 管理影响力、SHEE 管理投入、职业病发病情况等方面较弱，这些薄弱环节是上市公司未来进一步改善 SHEE 管理水平应该努力的方向。鉴于此，可通过提高获奖/荣誉/论文/专利的质量和数量以提高 SHEE 管理影响力；通过绿色信贷、绿色证券、绿色投入、税收优惠等经济政策引导企业提高 SHEE 专项投入等。

第六章　研究创新和展望

第一节　主要创新点

第一，本书在对新时代绿色发展理念深度思考的基础上，将健康性要素引入绿色发展的研究范畴，首次将“经济－环境－健康”纳入一体化框架，提出“深绿”概念，创新形成“从绿色到深绿”的理论研究框架，并构建了面向实现“美丽中国”“健康中国”国家战略的企业可持续发展“深绿”评价体系（简称SHEE体系）。在此基础上提出了“绿度”概念作为评价的重要尺度，并基于此对能源行业上市公司的“绿度”进行评价，运用公开数据形成对上市公司发展状况的透视性观察，给出了国内第一个针对能源行业上市公司的“绿度”评价指数，促进“绿色发展”向“深绿发展”演变，拓展了绿色发展的相关研究，具有重要的理论创新和现实意义。

第二，在参考社会责任会计法、声誉评价法、内容分析法、指数法等信息披露计量方法的基础上，结合企业管理实际情况和特点，编制了SHEE体系中定量化指标赋值的参考依据，进一步丰富了绿色发展评估的相关研究，并基于上市公司披露的相关信息报告（社会责任报告/可持续发展报告），收集、筛选、提炼SHEE相关信息，为企业绿色发展评估研究提供了新颖的研究视角。

第三，结合云模型相关理论，构建了基于AHP－熵权－云模型的SHEE管理评估模型，实现了主观权重和客观权重结合的综合测算，给出刻画各指标评估均值与云模型数字特征的算法仿真，得出样本公司的经营状况等级、节能环保等级和安全健康等级，并通过建立能源行业上市公司 SHEE 管理评估仿真云图，探索基准管理水平云图与综合评价云图的关系，为评估各个指标等级、优化关键指标、提升绿色管理水平提供了技术支持。

第四，基于研究结论，运用归纳与演绎等系统、科学和思辨的研究方法，对我国能源行业 SHEE 管理标杆企业和关键指标进行梳理和分析，为我国能源行业绿色管理水平的提高提供科学可行的建议。

第二节　未来展望

本智库团队关于《中国企业绿色发展程度评价——基于能源行业上市公司视角》的相关成果，在“从绿色到深绿”的理论研究框架的形成、“深绿”评价体系的构建、企业 SHEE 信息的收集提炼、企业“绿度”评价的实施应用等方面做出了大量原创性、开拓性的工作，不仅为后续的研究提供了借鉴，还为企业新时期绿色发展实践创新提供了指导。在此基础上，未来的相关研究和应用还应当关注以下几个方面。

第一，“深绿”评价体系构建方面。未来学者们应当对“深绿”体系的概念和维度进行更深层次的探讨，并鼓励企业参与相关体系的设计，以达成统一的认识，进而使“深绿”评价体系指标等更具普适性、引导性、系统性。在此基础上，未来还可以进一步构建个体层面、城市层面、国家层面的“深绿”评价体系，进一步丰富“深绿”发展理论相关成果。

第二，SHEE 信息获取方面。建议政府加强绿色发展顶层设计，建立和完善相关的法律体系，进一步规范企业“深绿”信息的披露时间、披露内容、披露方式、披露载体等，促使企业披露更全面的相关信息。此外，鼓励相关机构建立 SHEE 信息数据库，同时辅助开展大规模的有针对性的问卷调查等，为获取较为系统全面的 SHEE 信息提供便利。

第三，“绿度”评价实施应用方面。建议政府主动作为，推进行业绿色安全健康发展，负责任地实施行业企业“绿度”评价，并定期发布评估结果，追踪分析整体和分行业的“绿度”状况和变化趋势，发挥好价格杠杆引导资源优化配置、实现生态环境成本内部化、促进全社会重视个体身心健康的积极作用，进而激发全社会的力量，共同促进从“绿色发展”向“深绿发展”演变。

总之，本研究的相关成果在促进从“绿色发展”向“深绿发展”演变、引导企业“绿度”升级、辅助社会监督评价和政府政策制定等方面将发挥积极的作用，具有广阔的应用前景。目前，相关成果已被《中国煤炭报》《中国能源报》报道并引起了广泛关注，相信一定能在新时期绿色发展理论与实践创新工作中起到更好的指导和支持作用。

参考文献

[1] 毕克新、黄平、王楠，2012，《信息化条件下我国制造业绿色创新政策体系构建》，《中国行政管理》第7期。

[2] 蔡宁、丛雅静、李卓，2014，《技术创新与工业节能减排效率——基于SBM－DDF方法和面板数据模型的区域差异研究》，《经济理论与经济管理》第6期。

[3] 蔡绍洪、魏媛、刘明显，2017，《西部地区绿色发展水平测度及空间分异研究》，《管理世界》第6期。

[4] 陈春，2010，《铜矿企业安全管理绩效评价的研究》，《管理世界》第11期。

[5] 陈红、祁慧，2013，《积极安全管理视域下的煤矿安全管理制度有效性研究》，科学出版社。

[6] 陈红、祁慧、芦慧等，2017，《我国从业人员职业心理健康报告》，科学出版社。

[7] 陈君石、黄建始，2007，《健康管理师》，中国协和医科大学出版社。

[8] 陈凯、李华晶、郭芬，2014，《消费者绿色出行的心理因素分析》，《华东经济管理》第6期。

[9] 董锋、杨庆亮、龙如银等，2015，《中国碳排放分解与动态模拟》，《中国人口·资源与环境》第4期。

[10] 杜永强、迟国泰，2015，《基于指标甄别的绿色产业评价指标体系构建》，《科研管理》第9期。

[11] 杜元伟、段万春、孙永河，2012，《基于网络分析法的企业节能减排绩效评价方法》，《经济问题探索》第1期。

[12] 郭兆晖、马玉琪、范超，2017，《“一带一路”沿线区域绿色发展水平评价》，《福建论坛》（人文社会科学版）第9期。

[13] 国家安全生产监督管理总局，《工矿商贸企业职业卫生监管统计制度》，http://www.docin.com/p-1210262733.html。

[14] 国家安全生产监督管理总局，《工作场所职业卫生监督管理规定》，http://www.zywsw.com/news/2939.html。

[15] 国家安全生产监督管理总局，《煤矿作业场所职业病危害防治规定》，http://www.gov.cn/gongbao/content/2015/content_2864064.htm。

[16] 国家安全生产监督管理总局，《用人单位职业卫生基础建设主要内容及检查方法》，https://wenku.baidu.com/view/ce5f15d68 44769eae10 9ed62.html。

[17] 国家发展改革委、国家统计局、环境保护部等，《绿色发展指标体系》，http://www.ndrc.gov.cn/zcfb/zcfbtz/201612/t20161222_832303.html。

[18] 国家发展改革委、国家统计局、环境保护部等，《生态文明建设考核目标体系》，http://www.ndrc.gov.cn/zcfb/zcfbtz/201612/t20161222_832303.html。

[19] 国家发展和改革委员会，《国家应对气候变化规划（2014~2016）》，http://www.scio.gov.cn/xwfbh/xwbfbh/wqfbh/33978/35364/xgzc35370/Document/1514527/1514527_2.htm。

[20] 国家发展和改革委员会，《火电行业清洁生产评价指标体系（试行）》，https://wenku.baidu.com/view/a683fd34a32d7375a41780 a1.html? from=related&hasrec=1。

[21] 国家发展和改革委员会，《煤炭行业清洁生产评价指标体系（试行）》，https://wenku.baidu.com/view/8d37ed66783e0912a2162a25.html? from=related。

[22] 国家发展和改革委员会,《石油和天然气开采行业清洁生产评价指标体系(试行)》, https://wenku.baidu.com/view/28b3f336ee06eff9aef80773.html。

[23] 国家统计局,《统计上大中小微型企业划分办法(2017)》, http://www.stats.gov.cn/tjgz/tzgb/201801/t20180103_1569254.html。

[24] 国家卫生和计划生育委员会,《火力发电企业职业危害预防预控指南》, https://www.wiki8.com/GBZ.2FT+280.E2.80.942017+huolifadianqi-yezhiyeweihaiyufangkongzhizhinan_162276/Archive_244030.html。

[25] 国务院, 2012,《节能减排"十二五"规划(2011-2015)》, http://www.miit.gov.cn/newweb/n1146295/n1146557/n1146619/c3072823/content.html。

[26] 国务院, 2016,《"健康中国2030"规划纲要》, http://www.mohrss.gov.cn/SYrlzyhshbzb/zwgk/ghcw/ghjh/201612/t20161230_263500.html。

[27] 国务院, 2016,《"十三五"节能减排综合工作方案(2016-2020)》, http://szs.mof.gov.cn/mofhome/mof/zhengwuxinxi/caizhengxinwen/201701/t20170106_2515580.htm。

[28] 国务院,《国家职业病防治规划(2016—2020年)》, http://www.gov.cn/zhengce/content/2017-01/04/content_5156356.htm。

[29] 国务院, 2007,《节能减排综合性工作方案》。

[30] 国资委,《中央企业节能减排统计监测报表》, http://www.gov.cn/gzdt/2009-01/08/content_1199333.htm。

[31] 国资委综合局,《中央企业节能减排发展报告2018》, https://mp.weixin.qq.com/s?src=11×tamp=1554863970&ver=1537&signature=vxnZioqVR81HNOmOGsoP21E*n7GtwpugNUFmfiJLps6WgMNbkJNJxuNZ3spJ8MC947nIpK5yH4fJonwimcD5KrMApspeUAzsyPs7enC0ja6NRLXiPJaecfuEyXqxi2y&new=1。

[32] 黄志斌、姚灿、王新, 2015,《绿色发展理论基本概念及其相互关系

辨析》，《自然辩证法研究》第8期。

[33] 金桂荣、张丽，2014，《中小企业节能减排效率及影响因素研究》，《中国软科学》第1期。

[34] 李程宇、邵帅，2017，《可预期减排政策会引发“绿色悖论”效应吗？——基于中国供给侧改革与资本稀缺性视角的考察》，《系统工程理论与实践》第5期。

[35] 李德毅、孟海军、史雪梅，1995，《隶属云和隶属云发生器》，《计算机研究与发展》第6期。

[36] 李维安、张耀伟、郑敏娜等，2019，《中国上市公司绿色治理及其评价研究》，《管理世界》第5期。

[37] 李霞，2013，《我国省域节能减排综合评价指标体系与实证研究》，《理论月刊》第4期。

[38] 李霞，2014，《中国省域节能减排绩效评价指标体系与实证分析》，《统计与决策》第13期。

[39] 梁戈清、李伟、郭智斌等，2007，《健康安全环境和职业健康安全两个管理体系中的健康因素审核要点》，《工业卫生与职业病》第6期。

[40] 刘冰、张磊，2017，《山东绿色发展水平评价及对策探析》，《经济问题探索》第7期。

[41] 刘戒骄，2007，《节能减排：完善机制破解难题》，《中国国情国力》第8期。

[42] 刘秋华、冯奕，2017，《海上风电节能减排指标体系的构建》，《统计与决策》第7期。

[43] 刘素霞、梅强、杜建国等，2014，《企业组织安全行为、员工安全行为与安全绩效——基于中国中小企业的实证研究》，《系统管理学报》第1期。

[44] 龙如银、李梦、李倩文，2017，《产业转移对中国省域工业能源效率的影响研究——基于空间溢出视角的实证检验》第3期。

[45] 龙如银、杨冉冉、牛源，2014，《江苏省节能减排绩效的区域比较研

究》，《北京理工大学学报》（社会科学版）第6期。

[46] 龙如银、岳婷、杨冉冉等，2014，《燃煤电力工业煤炭低碳化利用的政策仿真》，《系统工程学报》第6期。

[47] 陆忠梅，2015，《通信行业节能减排评估指标体系构建》，《电脑知识与技术》第3期。

[48] 牛鑫淼，2015，《基于节能减排对道路运输业评价指标的研究》，《北方交通》第12期。

[49] 欧阳志云、赵娟娟、桂振华等，2009，《中国城市的绿色发展评价》，《中国人口·资源与环境》第5期。

[50] 钱娟、李金叶，2018，《技术进步是否有效促进了节能降耗与CO_2减排?》，《科学学研究》第1期。

[51] 任胜钢、袁宝龙，2016，《长江经济带产业绿色发展的动力找寻》，《改革》第7期。

[52] 荣昊鹏，2017，《企业职业安全健康管理评价体系研究——以YG电力公司为例》，天津大学硕士研究论文。

[53] 沈小袷、贺武，2005，《企业绿色财务评价系统框架理论研究》，《经济与社会发展》第5期。

[54] 石峻驿、周妮文、练泽锷，2017，《中国“节能减排”效果评估——基于不同类型数据的比较研究》，《宏观经济研究》第4期。

[55] 田泽、严铭、顾欣，2016，《碳约束下长江经济带区域节能减排效率时空分异研究》，《软科学》第12期。

[56] 王班班、齐绍洲，2016，《市场型和命令型政策工具的节能减排技术创新效应——基于中国工业行业专利数据的实证》，《中国工业经济》第6期。

[57] 王世进，2013，《企业节能减排绩效评价体系构建与实证研究——以煤炭上市企业为例》，《经济问题探索》第4期。

[58] 王云锦、陈学礼，2011，《企业健康管理体系的建设》，《电脑知识与技术》第36期。

[59] 王兆华、丰超，2015，《中国区域全要素能源效率及其影响因素分析——基于2003～2010年的省际面板数据》，《系统工程理论与实践》第6期。
[60] 魏微、尚英男、江沂璟等，2018，《成都市环境绩效评估研究》，《中国人口·资源与环境》第7期。
[61] 吴利华、陈瑜，2014，《全过程视角下企业环境管理绩效评价》，《中国人口·资源与环境》第3期。
[62] 吴琦、武春友，2009，《基于DEA的能源效率评价模型研究》，《管理科学》第1期。
[63] 武晓龙、李妍锦，2016，《以可持续发展为目标的企业绿色财务评价体系的构建》，《管理世界》第9期。
[64] 谢晶莹，2009，《节能减排与经济发展方式的关系》，《有色冶金节能》第6期。
[65] 许凯、张刚刚，2010，《面向行业的节能减排评价体系研究》，《武汉理工大学学报》第4期。
[66] 叶琴、曾刚、戴劭勍等，2018，《不同环境规制工具对中国节能减排技术创新的影响——基于285个地级市面板数据》，《中国人口·资源与环境》第2期。
[67] 岳书敬、邹玉琳、胡姚雨，2015，《产业集聚对中国城市绿色发展效率的影响》，《城市问题》第10期。
[68] 曾萍、邓腾智、吴小节，2013，《节能减排与技术创新：来自广东珠三角地区企业的经验证据》，《经济体制改革》第1期。
[69] 张丹、王腊芳、叶晗，2012，《中国区域节能减排绩效及影响因素对比研究》，《中国人口·资源与环境》第S2期。
[70] 张国兴、高秀林、汪应洛等，2014，《政策协同：节能减排政策研究的新视角》，《系统工程理论与实践》第3期。
[71] 张国兴、张振华、管欣等，2017，《我国节能减排政策的措施与目标协同有效吗？——基于1052条节能减排政策的研究》，《管理科学学

报》第3期。

[72] 张欢、罗畅、成金华等，2016，《湖北省绿色发展水平测度及其空间关系》，《经济地理》第9期。

[73] 张雷，2015，《基于复杂系统理论的火电企业节能减排绩效评价模型研究》，华北电力大学博士研究论文。

[74] 张炜、樊瑛，2008，《德国节能减排的经验及启示》，《国际经济合作》第3期。

[75] 张雅静、胡春立，2016，《消费模式绿色化的协同推进机制研究》，《科学技术哲学研究》第3期。

[76] 郑季良、王希希，2018，《高耗能企业节能减排协同效应演变及预测研究》，《科技管理研究》第4期。

[77] 朱妍，2014，《企业员工健康管理评价指标体系研究》，南京理工大学硕士研究论文。

[78] 朱珠、钟飚，2013，《企业环境绩效审计指标的研究》，《中国人口·资源与环境》第11期。

[79] Alruqi, W. M., & Hallowell, M. R. 2019. Critical success factors for construction safety: Review and meta-analysis of safety leading indicators. *Journal of Construction Engineering and Management* 145: 1 – 11.

[80] American Federation of Labor and Congress of Industrial Organizations (AFL-CIO). 2012. (Report on 'Death on the Job, the Toll of Neglect: A National and State-by-state Profile of Worker Safety and Health in the United States').

[81] Amponsah-Tawiah, K., Leka, S., Jain, A., Hollis, D., & Cox, T. 2014. The impact of physical and psychosocial risks on employee well-being and quality of life: The case of the mining industry in Ghana. *Safety Science* 6: 28 – 35.

[82] Bennett, J., & Foster, P. 2005. Predicting progress: The use of leading indicators in occupational safety and health. *Policy & Practice in Health &*

Safety 2: 77 -90.

[83] Bianchini, A., Donini, F., Pellegrini, M., & Saccani, C. 2017. An innovative methodology for measuring the effective implementation of an occupational health and safety management system in the European Union. *Safety Science* 92: 26 -33.

[84] British Standards Institution, 2011. Results of the Survey into the availability of OH&S Standardsand Certificates upuntil 2009 -12 -31. BSI, London.

[85] Bronkhorst, B., Tummers, L., Steijn, B., & Vijverberg, D. 2015. Organizational climate and employee mental health outcomes: A systematic review of studies in health care organizations. *Health Care Management Review* 3: 254 -263.

[86] Choudhry, R. M., Fang, D., & Mohamed, S. 2007. The nature of safety culture: A survey of the state-of-the-art. *Safety Science* 10: 993 -1012.

[87] Donnelly, P. G. 1982. The Origins of the Occupational Safety and Health Act of 1970. *Social Problems.* 1: 13 -25.

[88] Fan, D., Lo, C. K. Y., Ching, V., & Kan, C. W. 2014. Occupational health and safety issues in operations management: A systematic and citation network analysis review. *International Journal of Production Economics* 158: 334 -344.

[89] Fernández-Muñiz, B., Montes-Peón, J. M., & Vázquez-Ordás, C. J. 2009. Relation between occupational safety management and firm performance. *Safety Science* 7: 980 -991.

[90] Floyde, A., Lawson, G., Shalloe, S., Eastgate, R., & D Cruz, M. 2013. The design and implementation of knowledge management systems and e-learning for improved occupational health and safety in small to medium sized enterprises. *Safety Science* 12: 69 -76.

[91] Freeman, J. , & Tao, C. 2015. Green supplier selection using an AHP-Entropy-TOPSIS framework. *Supply Chain Management* 3: 327 – 340.

[92] Greden, J. F. 2017. Workplace mental health programmes: the role of managers. *Lancet Psychiatry* 11: 821 – 823.

[93] Gregory, D. D. 1979. A hospital self-insurance program: employee medical benefits. *Health Care Management Review* 2: 15 – 25.

[94] Haslam, R. A. , Hide, S. A. , Gibb, A. G. F. , Gyi, D. E. , Pavitt, T. , Atkinson, S. , ... Duff, A. R. 2005. Contributing factors in construction accidents. *Applied Ergonomics* 4: 401 – 415.

[95] Häusser, J. A. , Mojzisch, A. , Niesel, M. , & Schulzhardt, S. 2010. Ten years on: A review of recent research on the job demand-control (– support) model and psychological well-being. *Work & Stress* 1: 1 – 35.

[96] Hohnen, P. , & Hasle, P. 2011. Making work environment auditable-A 'critical case' study of certified occupational health and safety management systems in Denmark. *Safety Science* 7: 1022 – 1029.

[97] Joy, J. 2004. Occupational safety risk management in Australian mining. *Occupational Medicine* 5: 311 – 515.

[98] KPMG. 2017. The KPMG Survey of corporate responsibility reporting 2017.

[99] Lamontagne, A. D. , Barbeau, E. , Youngstrom, R. A. , Lewiton, M. , Stoddard, A. M. , Mclellan, D. , ... Sorensen, G. 2004. Assessing and intervening on OSH programmes: effectiveness evaluation of the Wellworks – 2 intervention in 15 manufacturing worksites. *Occupational & Environmental Medicine*, 8: 651 – 660.

[100] Liu, J. , Gong, E. , Dong, W. , & Yue, T. 2018. Cloud model-based safety performance evaluation of prefabricated building project in China. *Wireless Personal Communications* 3: 1 – 19.

[101] Ma, J. , Fan, Z. , & Huang, L. 1999. A subjective and objective

integrated approach to determine attribute weights. *European Journal of Operational Research*, 2: 397 – 404.

[102] Musich, D. S. A., Schultz, A. B., Burton, W. N., & Edington, D. W. 2004. Overview of disease management approaches: Implications for corporate-sponsored programs. *Disease Management & Health Outcomes*, 5: 299 – 326.

[103] Pawłowska, Z. 2015. Using lagging and leading indicators for the evaluation of occupational safety and health performance in industry. *International Journal of Occupational Safety & Ergonomics* 3: 284 – 290.

[104] Pulich, M., & Tourigny, L. 2004. Workplace deviance: Strategies for modifying employee behavior. *Health Care Manager* 4: 290 – 301.

[105] Ren, L., Li, H., Yizhong, C., Tian, P. T., & Liu, J. 2015. A cloud model based multi-attribute decision making approach for selection and evaluation of groundwater management schemes. *Journal of Hydrology* 551: 881 – 893.

[106] Simon, A., Karapetrovic, S., & Casadesus, M. 2012. Evolution of integrated management systems in Spanish firms. *Journal of Cleaner Production* 1: 8 – 19.

[107] Sorensen, G., Mclellan, D., Dennerlein, J. T., Pronk, N. P., Allen, J. D., Boden, L. I., ... Wagner, G. R. 2013. Integration of health protection and health promotion: Rationale, indicators, and metrics. *Journal of Occupational & Environmental Medicine*, 12: 12 – 18.

[108] Sousa, V., Almeida, N. M., & Dias, L. A. 2014. Risk-based management of occupational safety and health in the construction industry-Part 1: Background knowledge. *Safety Science* 13: 75 – 86.

[109] Swider, B. W., & Zimmerman, R. D. 2010. Born to burnout: A meta-analytic path model of personality, job burnout, and work outcomes. *Journal of Vocational Behavior* 3: 487 – 506.

[110] Vaidyaab, O. S. 2006. Analytic hierarchy process: An overview of applications. *European Journal of Operational Research* 1: 1 – 29.

[111] Waddell, G., & Burton, A. K. 2001. Occupational health guidelines for the management of low back pain at work: evidence review. *Occupational Medicine* 2: 124 – 135.

[112] Wang, Q., Yuan, X., Zhang, J., Gao, Y., Hong, J., Zuo, J., ... Liu, W. 2015. Assessment of the Sustainable Development Capacity with the Entropy Weight Coefficient Method. *Sustainability* 10: 13542 – 13563.

[113] Wright, T. A., Bonett, D. G., & Sweeney, D. A. 2011. Mental health and work performance: Results of a longitudinal field study. *Journal of Occupational & Organizational Psychology*, 4: 277 – 284.

[114] Wu, D. 2017. Worldwide annual loss of work-related accidents and occupational diseases. *Labor Protection* 10: 101 – 102.

[115] Yan, L., Zhang, L., Wei, L., Li, W., & Min, D. 2017. Key factors identification and dynamic fuzzy assessment of health, safety and environment performance in petroleum enterprises. *Safety Science* 94: 77 – 84.

[116] Yang, S., Xianquan, H., Bo, C., Bo, L., & Fei, Y. (2018). Cloud-Model-Based Method for Risk Assessment of Mountain Torrent Disasters. *Water*, 7: 830 – 850.

[117] Zhang, W., Liu, S., Bo, S., Yue, L., & Pecht, M. 2015. A cloud model-based method for the analysis of accelerated life test data. *Microelectronics Reliability*, 1: 123 – 128.

附　录

附表1　SHEE 信息披露样本

序号	股份代码	上市公司名称	企业性质	行业	上市地	披露年度
1	000780	平庄能源	中央国有企业	煤炭开采和洗选业	深交所	2011～2015
2	000937	冀中能源	地方国有企业	煤炭开采和洗选业	深交所	2009～2019
3	000983	西山煤电	地方国有企业	煤炭开采和洗选业	深交所	2008～2019
4	002128	露天煤业	中央国有企业	煤炭开采和洗选业	深交所	2009～2013
5	600123	兰花科创	中央国有企业	煤炭开采和洗选业	上交所	2010～2019
6	600188	兖州煤业	地方国有企业	煤炭开采和洗选业	港交所	2010～2019
7	600508	上海能源	中央国有企业	煤炭开采和洗选业	上交所	2010～2019
8	601088	中国神华	中央国有企业	煤炭开采和洗选业	上交所	2008～2019
9	601101	昊华能源	中央国有企业	煤炭开采和洗选业	上交所	2011～2019
10	601225	陕西煤业	中央国有企业	煤炭开采和洗选业	上交所	2012～2019
11	601666	平煤股份	地方国有企业	煤炭开采和洗选业	上交所	2013～2019
12	601699	潞安环能	地方国有企业	煤炭开采和洗选业	上交所	2010～2019
13	601898	中煤能源	中央国有企业	煤炭开采和洗选业	上交所	2010～2019
14	601918	新集能源	中央国有企业	煤炭开采和洗选业	上交所	2012～2019
15	900948	伊泰 B 股	民营企业	煤炭开采和洗选业	上交所	2011～2019
16	000968	蓝焰控股	地方国有企业	石油和天然气开采业	深交所	2007～2019
17	600028	中国石化	中央国有企业	石油和天然气开采业	上交所	2009～2019
18	600256	广汇能源	民营企业	石油和天然气开采业	上交所	2011～2019
19	601857	中国石油	中央国有企业	石油和天然气开采业	上交所	2010～2019

续表

序号	股份代码	上市公司名称	企业性质	行业	上市地	披露年度
20	000027	深圳能源	地方国有企业	电力、热力生产和供应业	深交所	2008~2019
21	000539	粤电力A	中外合资企业	电力、热力生产和供应业	上交所	2008~2019
22	000690	宝新能源	民营企业	电力、热力生产和供应业	深交所	2008~2019
23	000875	吉电股份	中央国有企业	电力、热力生产和供应业	深交所	2006~2007
24	000883	湖北能源	中央国有企业	电力、热力生产和供应业	深交所	2015~2019
25	000939	*ST凯迪	地方国有企业	电力、热力生产和供应业	深交所	2016~2017
26	000993	闽东电力	地方国有企业	电力、热力生产和供应业	深交所	2006~2019
27	002039	黔源电力	中央国有企业	电力、热力生产和供应业	深交所	2008~2019
28	600011	华能国际	中央国有企业	电力、热力生产和供应业	上交所	2010~2019
29	600021	上海电力	中央国有企业	电力、热力生产和供应业	上交所	2013~2015
30	600025	华能水电	中央国有企业	电力、热力生产和供应业	上交所	2017~2019
31	600027	华电国际	中央国有企业	电力、热力生产和供应业	上交所	2010~2019
32	600098	广州发展	地方国有企业	电力、热力生产和供应业	上交所	2012~2019
33	600116	三峡水利	中央国有企业	电力、热力生产和供应业	上交所	2010~2019
34	600163	中闽能源	地方国有企业	电力、热力生产和供应业	上交所	2015~2019
35	600310	桂东电力	中央国有企业	电力、热力生产和供应业	上交所	2010~2019
36	600396	金山股份	中央国有企业	电力、热力生产和供应业	上交所	2010~2019
37	600452	涪陵电力	中央国有企业	电力、热力生产和供应业	上交所	2010~2019
38	600483	福能股份	地方国有企业	电力、热力生产和供应业	上交所	2014~2019
39	600505	西昌电力	地方国有企业	电力、热力生产和供应业	上交所	2011~2019
40	600578	京能电力	地方国有企业	电力、热力生产和供应业	上交所	2010~2019
41	600644	乐山电力	地方国有企业	电力、热力生产和供应业	上交所	2011~2019
42	600674	川投能源	地方国有企业	电力、热力生产和供应业	上交所	2010~2019
43	600726	华电能源	中央国有企业	电力、热力生产和供应业	上交所	2013~2019
44	600780	通宝能源	地方国有企业	电力、热力生产和供应业	上交所	2011~2019
45	600795	国电电力	中央国有企业	电力、热力生产和供应业	上交所	2010~2019
46	600886	国投电力	中央国有企业	电力、热力生产和供应业	上交所	2010~2019
47	600900	长江电力	中央国有企业	电力、热力生产和供应业	上交所	2010~2019
48	600969	郴电国际	地方国有企业	电力、热力生产和供应业	上交所	2010
49	600979	广安爱众	地方国有企业	电力、热力生产和供应业	上交所	2010~2019

续表

序号	股份代码	上市公司名称	企业性质	行业	上市地	披露年度
50	600982	宁波热电	地方国有企业	电力、热力生产和供应业	上交所	2013～2019
51	600995	文山电力	中央国有企业	电力、热力生产和供应业	上交所	2010～2019
52	601619	嘉泽新能	民营企业	电力、热力生产和供应业	上交所	2019
53	601985	中国核电	中央国有企业	电力、热力生产和供应业	上交所	2015～2019
54	601991	大唐发电	中央国有企业	电力、热力生产和供应业	上交所	2008～2019
55	000407	胜利股份	民营企业	燃气生产和供应业	上交所	2010～2019
56	002700	新疆浩源	地方国有企业	燃气生产和供应业	上交所	2017～2019
57	600635	大众公用	民营企业	燃气生产和供应业	上交所	2010～2019
58	600642	申能股份	民营企业	燃气生产和供应业	上交所	2010～2019
59	600903	贵州燃气	民营企业	燃气生产和供应业	上交所	2017～2019
60	600917	重庆燃气	地方国有企业	燃气生产和供应业	上交所	2014～2019
61	601139	深圳燃气	地方国有企业	燃气生产和供应业	上交所	2011～2019
62	000544	中原环保	地方国有企业	水的生产和供应业	上交所	2018～2019
63	000598	兴蓉环境	地方国有企业	水的生产和供应业	上交所	2010～2019
64	600008	首创股份	地方国有企业	水的生产和供应业	上交所	2017～2019
65	600187	国中水务	民营企业	水的生产和供应业	上交所	2011～2019
66	600283	钱江水利	民营企业	水的生产和供应业	上交所	2018～2019
67	600323	瀚蓝环境	地方国有企业	水的生产和供应业	上交所	2013～2019
68	600874	创业环保	地方国有企业	水的生产和供应业	上交所	2010～2019
69	601158	重庆水务	地方国有企业	水的生产和供应业	上交所	2018～2019
70	601199	江南水务	地方国有企业	水的生产和供应业	上交所	2012～2019
71	603817	海峡环保	地方国有企业	水的生产和供应业	上交所	2018～2019

附表 2　SHEE 信息未披露样本（等外级）

序号	股份代码	上市公司名称	企业性质	行业	上市地	未披露年度
1	000552	靖远煤电	地方国有企业	煤炭开采和洗选业	深交所	2006～2019
2	600121	郑州煤电	中央国有企业	煤炭开采和洗选业	上交所	2006～2019
3	600157	永泰能源	民营企业	煤炭开采和洗选业	上交所	2006～2019
4	600348	阳泉煤业	地方国有企业	煤炭开采和洗选业	上交所	2006～2019
5	600395	盘江股份	地方国有企业	煤炭开采和洗选业	上交所	2006～2019

续表

序号	股份代码	上市公司名称	企业性质	行业	上市地	未披露年度
6	600397	*ST 安煤	地方国有企业	煤炭开采和洗选业	上交所	2006~2019
7	600403	大有能源	地方国有企业	煤炭开采和洗选业	上交所	2006~2019
8	600714	金瑞矿业	中央国有企业	煤炭开采和洗选业	上交所	2006~2019
9	600758	红阳能源	中央国有企业	煤炭开采和洗选业	上交所	2006~2019
10	600971	恒源煤电	中央国有企业	煤炭开采和洗选业	上交所	2006~2019
11	600985	雷鸣科化	地方国有企业	煤炭开采和洗选业	深交所	2006~2019
12	601001	大同煤业	中央国有企业	煤炭开采和洗选业	上交所	2006~2019
13	600759	洲际油气	民营企业	石油和天然气开采业	上交所	2006~2019
14	000037	深南电 A	中外合资企业	电力、热力生产和供应业	深交所	2006~2019
15	000040	东旭蓝天	民营企业	电力、热力生产和供应业	深交所	2006~2019
16	000531	穗恒运 A	地方国有企业	电力、热力生产和供应业	深交所	2006~2019
17	000543	皖能电力	地方国有企业	电力、热力生产和供应业	深交所	2006~2019
18	000591	太阳能	中央国有企业	电力、热力生产和供应业	深交所	2006~2019
19	000600	建投能源	地方国有企业	电力、热力生产和供应业	深交所	2006~2019
20	000601	韶能股份	地方国有企业	电力、热力生产和供应业	深交所	2006~2019
21	000692	惠天热电	地方国有企业	电力、热力生产和供应业	深交所	2006~2019
22	000695	滨海能源	地方国有企业	电力、热力生产和供应业	深交所	2006~2019
23	000720	*ST 新能	中央国有企业	电力、热力生产和供应业	深交所	2006~2019
24	000722	湖南发展	地方国有企业	电力、热力生产和供应业	深交所	2006~2019
25	000767	漳泽电力	地方国有企业	电力、热力生产和供应业	深交所	2006~2019
26	000791	甘肃电投	地方国有企业	电力、热力生产和供应业	深交所	2006~2019
27	000862	银星能源	中央国有企业	电力、热力生产和供应业	深交所	2006~2019
28	000899	赣能股份	地方国有企业	电力、热力生产和供应业	深交所	2006~2019
29	000958	东方能源	中央国有企业	电力、热力生产和供应业	深交所	2006~2019
30	000966	长源电力	中央国有企业	电力、热力生产和供应业	深交所	2006~2019
31	001896	豫能控股	地方国有企业	电力、热力生产和供应业	深交所	2006~2019
32	002479	富春环保	民营企业	电力、热力生产和供应业	深交所	2006~2019
33	002499	科林环保	民营企业	电力、热力生产和供应业	深交所	2006~2019
34	002608	江苏国信	地方国有企业	电力、热力生产和供应业	深交所	2006~2019
35	002893	华通热力	民营企业	电力、热力生产和供应业	深交所	2006~2019
36	300335	迪森股份	民营企业	电力、热力生产和供应业	上交所	2006~2019
37	600023	浙能电力	地方国有企业	电力、热力生产和供应业	上交所	2006~2019
38	600101	明星电力	中央国有企业	电力、热力生产和供应业	上交所	2006~2019

续表

序号	股份代码	上市公司名称	企业性质	行业	上市地	未披露年度
39	600131	岷江水电	中央国有企业	电力、热力生产和供应业	上交所	2006~2019
40	600167	联美控股	民营企业	电力、热力生产和供应业	上交所	2006~2019
41	600236	桂冠电力	中央国有企业	电力、热力生产和供应业	上交所	2006~2019
42	600509	天富能源	地方国有企业	电力、热力生产和供应业	上交所	2006~2019
43	600719	大连热电	地方国有企业	电力、热力生产和供应业	上交所	2006~2019
44	600744	华银电力	中央国有企业	电力、热力生产和供应业	上交所	2006~2019
45	600863	内蒙华电	中央国有企业	电力、热力生产和供应业	上交所	2006~2019
46	600868	梅雁吉祥	民营企业	电力、热力生产和供应业	上交所	2006~2019
47	601016	节能风电	中央国有企业	电力、热力生产和供应业	上交所	2006~2019
48	603693	江苏新能	地方国有企业	电力、热力生产和供应业	上交所	2006~2019
49	000421	南京公用	地方国有企业	燃气生产和供应业	上交所	2006~2019
50	000593	大通燃气	民营企业	燃气生产和供应业	上交所	2006~2019
51	000669	金鸿控股	地方国有企业	燃气生产和供应业	上交所	2006~2019
52	002259	ST 升达	民营企业	燃气生产和供应业	上交所	2006~2019
53	002267	陕天然气	地方国有企业	燃气生产和供应业	上交所	2006~2019
54	002524	光正集团	民营企业	燃气生产和供应业	上交所	2006~2019
55	002911	佛燃股份	地方国有企业	燃气生产和供应业	上交所	2006~2019
56	300332	天壕环境	民营企业	燃气生产和供应业	上交所	2006~2019
57	600207	安彩高科	地方国有企业	燃气生产和供应业	上交所	2006~2019
58	600333	长春燃气	地方国有企业	燃气生产和供应业	上交所	2006~2019
59	600617	国新能源	地方国有企业	燃气生产和供应业	上交所	2006~2019
60	600681	百川能源	民营企业	燃气生产和供应业	上交所	2006~2019
61	600856	中天能源	民营企业	燃气生产和供应业	上交所	2006~2019
62	603080	新疆火炬	民营企业	燃气生产和供应业	上交所	2006~2019
63	603393	新天然气	民营企业	燃气生产和供应业	上交所	2006~2019
64	603689	皖天然气	地方国有企业	燃气生产和供应业	上交所	2006~2019
65	603706	东方环宇	地方国有企业	燃气生产和供应业	上交所	2006~2019
66	000605	渤海股份	中央国有企业	水的生产和供应业	上交所	2006~2019
67	000685	中山公用	地方国有企业	水的生产和供应业	上交所	2006~2019
68	600168	武汉控股	地方国有企业	水的生产和供应业	上交所	2006~2019
69	600461	洪城水业	地方国有企业	水的生产和供应业	上交所	2006~2019
70	601368	绿城水务	地方国有企业	水的生产和供应业	上交所	2006~2019

附表 3　能源行业上市公司一体化"绿度"评价结果（2019 年度）

序号	公司名称	经营状况	节能环保	安全健康	综合评价	综合评语
1	中国神华	Ⅳ级	Ⅳ级	Ⅴ级	Ⅴ级	可宣称
2	中国石化	Ⅳ级	Ⅳ级	Ⅳ级	Ⅳ级	可接受
3	长江电力	Ⅳ级	Ⅳ级	Ⅲ级	Ⅳ级	可接受
4	中国核电	Ⅳ级	Ⅳ级	Ⅲ级	Ⅳ级	可接受
5	文山电力	Ⅳ级	Ⅳ级	Ⅲ级	Ⅳ级	可接受
6	兖州煤业	Ⅳ级	Ⅳ级	Ⅲ级	Ⅳ级	可接受
7	深圳燃气	Ⅲ级	Ⅳ级	Ⅲ级	Ⅳ级	可接受
8	大唐发电	Ⅲ级	Ⅳ级	Ⅲ级	Ⅲ级	过渡级
9	国电电力	Ⅲ级	Ⅲ级	Ⅲ级	Ⅲ级	过渡级
10	贵州燃气	Ⅲ级	Ⅳ级	Ⅲ级	Ⅲ级	过渡级
11	中国石油	Ⅳ级	Ⅲ级	Ⅲ级	Ⅲ级	过渡级
12	中煤能源	Ⅳ级	Ⅲ级	Ⅲ级	Ⅲ级	过渡级
13	瀚蓝环境	Ⅲ级	Ⅳ级	Ⅲ级	Ⅲ级	过渡级
14	潞安环能	Ⅳ级	Ⅲ级	Ⅲ级	Ⅲ级	过渡级
15	国投电力	Ⅲ级	Ⅲ级	Ⅲ级	Ⅲ级	过渡级
16	首创股份	Ⅲ级	Ⅳ级	Ⅲ级	Ⅲ级	过渡级
17	华能水电	Ⅲ级	Ⅲ级	Ⅲ级	Ⅲ级	过渡级
18	粤电力 A	Ⅲ级	Ⅲ级	Ⅳ级	Ⅲ级	过渡级
19	宝新能源	Ⅲ级	Ⅲ级	Ⅲ级	Ⅲ级	过渡级
20	重庆燃气	Ⅲ级	Ⅲ级	Ⅲ级	Ⅲ级	过渡级
21	冀中能源	Ⅲ级	Ⅲ级	Ⅲ级	Ⅲ级	过渡级
22	陕西煤业	Ⅳ级	Ⅲ级	Ⅲ级	Ⅲ级	过渡级
23	兴蓉环境	Ⅲ级	Ⅲ级	Ⅲ级	Ⅲ级	过渡级
24	大众公用	Ⅲ级	Ⅲ级	Ⅲ级	Ⅲ级	过渡级
25	广州发展	Ⅲ级	Ⅱ级	Ⅲ级	Ⅲ级	过渡级
26	重庆水务	Ⅲ级	Ⅲ级	Ⅱ级	Ⅲ级	过渡级
27	京能电力	Ⅲ级	Ⅱ级	Ⅲ级	Ⅲ级	过渡级
28	伊泰 B 股	Ⅲ级	Ⅱ级	Ⅲ级	Ⅲ级	过渡级
29	西山煤电	Ⅲ级	Ⅱ级	Ⅲ级	Ⅲ级	过渡级
30	新集能源	Ⅲ级	Ⅲ级	Ⅲ级	Ⅲ级	过渡级

续表

序号	公司名称	经营状况	节能环保	安全健康	综合评价	综合评语
31	昊华能源	Ⅲ级	Ⅱ级	Ⅲ级	Ⅲ级	过渡级
32	广汇能源	Ⅲ级	Ⅱ级	Ⅱ级	Ⅲ级	过渡级
33	华电国际	Ⅲ级	Ⅱ级	Ⅲ级	Ⅲ级	过渡级
34	黔源电力	Ⅲ级	Ⅲ级	Ⅲ级	Ⅲ级	过渡级
35	闽东电力	Ⅲ级	Ⅲ级	Ⅲ级	Ⅲ级	过渡级
36	华能国际	Ⅲ级	Ⅲ级	Ⅱ级	Ⅲ级	过渡级
37	兰花科创	Ⅲ级	Ⅱ级	Ⅲ级	Ⅲ级	过渡级
38	申能股份	Ⅲ级	Ⅱ级	Ⅱ级	Ⅲ级	过渡级
39	通宝能源	Ⅲ级	Ⅱ级	Ⅱ级	Ⅲ级	过渡级
40	川投能源	Ⅳ级	Ⅱ级	Ⅱ级	Ⅲ级	过渡级
41	胜利股份	Ⅲ级	Ⅲ级	Ⅱ级	Ⅲ级	过渡级
42	深圳能源	Ⅲ级	Ⅲ级	Ⅱ级	Ⅲ级	过渡级
43	平煤股份	Ⅳ级	Ⅱ级	Ⅲ级	Ⅲ级	过渡级
44	西昌电力	Ⅲ级	Ⅲ级	Ⅱ级	Ⅲ级	过渡级
45	江南水务	Ⅲ级	Ⅱ级	Ⅱ级	Ⅲ级	过渡级
46	华电能源	Ⅲ级	Ⅲ级	Ⅱ级	Ⅲ级	过渡级
47	中原环保	Ⅳ级	Ⅱ级	Ⅱ级	Ⅲ级	过渡级
48	桂东电力	Ⅲ级	Ⅱ级	Ⅲ级	Ⅲ级	过渡级
49	福能股份	Ⅲ级	Ⅱ级	Ⅱ级	Ⅱ级	改进级
50	国中水务	Ⅲ级	Ⅱ级	Ⅰ级	Ⅱ级	改进级
51	创业环保	Ⅳ级	Ⅱ级	Ⅱ级	Ⅱ级	改进级
52	钱江水利	Ⅲ级	Ⅱ级	Ⅱ级	Ⅱ级	改进级
53	中闽能源	Ⅲ级	Ⅱ级	Ⅱ级	Ⅱ级	改进级
54	海峡环保	Ⅳ级	Ⅱ级	Ⅱ级	Ⅱ级	改进级
55	ST 浩源	Ⅲ级	Ⅱ级	Ⅱ级	Ⅱ级	改进级
56	广安爱众	Ⅲ级	Ⅱ级	Ⅱ级	Ⅱ级	改进级
57	三峡水利	Ⅲ级	Ⅱ级	Ⅱ级	Ⅱ级	改进级
58	上海能源	Ⅲ级	Ⅱ级	Ⅱ级	Ⅱ级	改进级
59	湖北能源	Ⅲ级	Ⅱ级	Ⅱ级	Ⅱ级	改进级
60	嘉泽新能	Ⅲ级	Ⅱ级	Ⅱ级	Ⅱ级	改进级
61	蓝焰控股	Ⅳ级	Ⅱ级	Ⅰ级	Ⅱ级	改进级
62	乐山电力	Ⅲ级	Ⅱ级	Ⅱ级	Ⅱ级	改进级
63	金山股份	Ⅱ级	Ⅰ级	Ⅱ级	Ⅱ级	改进级
64	宁波热电	Ⅲ级	Ⅱ级	Ⅱ级	Ⅱ级	改进级
65	涪陵电力	Ⅲ级	Ⅰ级	Ⅱ级	Ⅱ级	改进级

附表4 能源行业上市公司一体化“绿度”评价结果（2018年度）

序号	公司名称	经营状况	节能环保	安全健康	综合评价	综合评语
1	中国神华	Ⅳ级	Ⅳ级	Ⅴ级	Ⅳ级	可接受
2	中国石化	Ⅳ级	Ⅳ级	Ⅳ级	Ⅳ级	可接受
3	长江电力	Ⅲ级	Ⅳ级	Ⅲ级	Ⅳ级	可接受
4	兖州煤业	Ⅳ级	Ⅳ级	Ⅲ级	Ⅳ级	可接受
5	深圳燃气	Ⅳ级	Ⅳ级	Ⅲ级	Ⅳ级	可接受
6	文山电力	Ⅲ级	Ⅳ级	Ⅲ级	Ⅲ级	过渡级
7	中国核电	Ⅲ级	Ⅳ级	Ⅲ级	Ⅲ级	过渡级
8	大唐发电	Ⅲ级	Ⅳ级	Ⅲ级	Ⅲ级	过渡级
9	瀚蓝环境	Ⅲ级	Ⅳ级	Ⅲ级	Ⅲ级	过渡级
10	中国石油	Ⅳ级	Ⅲ级	Ⅲ级	Ⅲ级	过渡级
11	潞安环能	Ⅳ级	Ⅲ级	Ⅲ级	Ⅲ级	过渡级
12	中煤能源	Ⅳ级	Ⅲ级	Ⅲ级	Ⅲ级	过渡级
13	国电电力	Ⅲ级	Ⅲ级	Ⅲ级	Ⅲ级	过渡级
14	粤电力A	Ⅲ级	Ⅲ级	Ⅳ级	Ⅲ级	过渡级
15	华能水电	Ⅲ级	Ⅲ级	Ⅲ级	Ⅲ级	过渡级
16	首创股份	Ⅲ级	Ⅳ级	Ⅲ级	Ⅲ级	过渡级
17	宝新能源	Ⅲ级	Ⅲ级	Ⅲ级	Ⅲ级	过渡级
18	贵州燃气	Ⅲ级	Ⅳ级	Ⅲ级	Ⅲ级	过渡级
19	重庆燃气	Ⅲ级	Ⅲ级	Ⅲ级	Ⅲ级	过渡级
20	冀中能源	Ⅲ级	Ⅲ级	Ⅲ级	Ⅲ级	过渡级
21	兴蓉环境	Ⅲ级	Ⅲ级	Ⅲ级	Ⅲ级	过渡级
22	伊泰B股	Ⅳ级	Ⅱ级	Ⅲ级	Ⅲ级	过渡级
23	陕西煤业	Ⅲ级	Ⅱ级	Ⅲ级	Ⅲ级	过渡级
24	京能电力	Ⅲ级	Ⅱ级	Ⅲ级	Ⅲ级	过渡级
25	重庆水务	Ⅲ级	Ⅲ级	Ⅱ级	Ⅲ级	过渡级
26	国投电力	Ⅲ级	Ⅲ级	Ⅱ级	Ⅲ级	过渡级
27	昊华能源	Ⅳ级	Ⅱ级	Ⅲ级	Ⅲ级	过渡级
28	广州发展	Ⅲ级	Ⅱ级	Ⅲ级	Ⅲ级	过渡级
29	新集能源	Ⅲ级	Ⅲ级	Ⅲ级	Ⅲ级	过渡级
30	西山煤电	Ⅲ级	Ⅱ级	Ⅲ级	Ⅲ级	过渡级
31	黔源电力	Ⅲ级	Ⅲ级	Ⅲ级	Ⅲ级	过渡级

续表

序号	公司名称	经营状况	节能环保	安全健康	综合评价	综合评语
32	华电国际	Ⅲ级	Ⅱ级	Ⅲ级	Ⅲ级	过渡级
33	广汇能源	Ⅲ级	Ⅱ级	Ⅲ级	Ⅲ级	过渡级
34	兰花科创	Ⅲ级	Ⅱ级	Ⅲ级	Ⅲ级	过渡级
35	大众公用	Ⅲ级	Ⅲ级	Ⅱ级	Ⅲ级	过渡级
36	胜利股份	Ⅲ级	Ⅲ级	Ⅱ级	Ⅲ级	过渡级
37	华能国际	Ⅲ级	Ⅲ级	Ⅱ级	Ⅲ级	过渡级
38	深圳能源	Ⅲ级	Ⅱ级	Ⅱ级	Ⅲ级	过渡级
39	申能股份	Ⅲ级	Ⅱ级	Ⅱ级	Ⅲ级	过渡级
40	新疆浩源	Ⅲ级	Ⅱ级	Ⅱ级	Ⅲ级	过渡级
41	西昌电力	Ⅲ级	Ⅲ级	Ⅱ级	Ⅲ级	过渡级
42	通宝能源	Ⅲ级	Ⅱ级	Ⅱ级	Ⅲ级	过渡级
43	江南水务	Ⅲ级	Ⅱ级	Ⅱ级	Ⅲ级	过渡级
44	中原环保	Ⅳ级	Ⅱ级	Ⅱ级	Ⅲ级	过渡级
45	华电能源	Ⅲ级	Ⅲ级	Ⅱ级	Ⅲ级	过渡级
46	平煤股份	Ⅲ级	Ⅱ级	Ⅲ级	Ⅱ级	改进级
47	川投能源	Ⅳ级	Ⅱ级	Ⅱ级	Ⅱ级	改进级
48	桂东电力	Ⅲ级	Ⅱ级	Ⅲ级	Ⅱ级	改进级
49	国中水务	Ⅲ级	Ⅱ级	Ⅰ级	Ⅱ级	改进级
50	中闽能源	Ⅲ级	Ⅱ级	Ⅱ级	Ⅱ级	改进级
51	闽东电力	Ⅲ级	Ⅲ级	Ⅱ级	Ⅱ级	改进级
52	创业环保	Ⅲ级	Ⅱ级	Ⅱ级	Ⅱ级	改进级
53	福能股份	Ⅲ级	Ⅱ级	Ⅱ级	Ⅱ级	改进级
54	海峡环保	Ⅲ级	Ⅱ级	Ⅱ级	Ⅱ级	改进级
55	蓝焰控股	Ⅳ级	Ⅱ级	Ⅱ级	Ⅱ级	改进级
56	钱江水利	Ⅲ级	Ⅱ级	Ⅱ级	Ⅱ级	改进级
57	上海能源	Ⅲ级	Ⅱ级	Ⅱ级	Ⅱ级	改进级
58	三峡水利	Ⅲ级	Ⅱ级	Ⅱ级	Ⅱ级	改进级
59	湖北能源	Ⅲ级	Ⅱ级	Ⅱ级	Ⅱ级	改进级
60	广安爱众	Ⅲ级	Ⅱ级	Ⅱ级	Ⅱ级	改进级
61	乐山电力	Ⅲ级	Ⅱ级	Ⅱ级	Ⅱ级	改进级
62	宁波热电	Ⅲ级	Ⅰ级	Ⅱ级	Ⅱ级	改进级
63	涪陵电力	Ⅲ级	Ⅰ级	Ⅱ级	Ⅱ级	改进级
64	金山股份	Ⅱ级	Ⅰ级	Ⅱ级	Ⅱ级	改进级

附表 5　能源行业上市公司一体化“绿度”评价结果（2017 年度）

序号	公司名称	经营状况	节能环保	安全健康	综合评价	综合评语
1	中国神华	Ⅳ级	Ⅴ级	Ⅴ级	Ⅴ级	可宣称
2	中国石化	Ⅳ级	Ⅴ级	Ⅳ级	Ⅳ级	可接受
3	长江电力	Ⅳ级	Ⅳ级	Ⅳ级	Ⅳ级	可接受
4	兖州煤业	Ⅳ级	Ⅳ级	Ⅲ级	Ⅳ级	可接受
5	深圳燃气	Ⅳ级	Ⅳ级	Ⅲ级	Ⅳ级	可接受
6	文山电力	Ⅲ级	Ⅳ级	Ⅲ级	Ⅳ级	可接受
7	中国核电	Ⅲ级	Ⅲ级	Ⅳ级	Ⅲ级	过渡级
8	大唐发电	Ⅲ级	Ⅳ级	Ⅲ级	Ⅲ级	过渡级
9	瀚蓝环境	Ⅳ级	Ⅲ级	Ⅲ级	Ⅲ级	过渡级
10	中国石油	Ⅳ级	Ⅲ级	Ⅲ级	Ⅲ级	过渡级
11	潞安环能	Ⅲ级	Ⅳ级	Ⅲ级	Ⅲ级	过渡级
12	中煤能源	Ⅲ级	Ⅳ级	Ⅲ级	Ⅲ级	过渡级
13	国电电力	Ⅲ级	Ⅳ级	Ⅲ级	Ⅲ级	过渡级
14	粤电力 A	Ⅲ级	Ⅳ级	Ⅲ级	Ⅲ级	过渡级
15	华能水电	Ⅲ级	Ⅲ级	Ⅳ级	Ⅲ级	过渡级
16	首创股份	Ⅲ级	Ⅲ级	Ⅲ级	Ⅲ级	过渡级
17	宝新能源	Ⅲ级	Ⅲ级	Ⅲ级	Ⅲ级	过渡级
18	贵州燃气	Ⅱ级	Ⅳ级	Ⅲ级	Ⅲ级	过渡级
19	重庆燃气	Ⅲ级	Ⅳ级	Ⅱ级	Ⅲ级	过渡级
20	冀中能源	Ⅲ级	Ⅲ级	Ⅲ级	Ⅲ级	过渡级
21	兴蓉环境	Ⅲ级	Ⅲ级	Ⅱ级	Ⅲ级	过渡级
22	伊泰 B 股	Ⅲ级	Ⅲ级	Ⅲ级	Ⅲ级	过渡级
23	陕西煤业	Ⅲ级	Ⅲ级	Ⅲ级	Ⅲ级	过渡级
24	京能电力	Ⅲ级	Ⅲ级	Ⅲ级	Ⅲ级	过渡级
25	重庆水务	Ⅲ级	Ⅲ级	Ⅲ级	Ⅲ级	过渡级
26	国投电力	Ⅳ级	Ⅲ级	Ⅲ级	Ⅲ级	过渡级
27	昊华能源	Ⅲ级	Ⅱ级	Ⅲ级	Ⅲ级	过渡级
28	广州发展	Ⅲ级	Ⅲ级	Ⅱ级	Ⅲ级	过渡级
29	新集能源	Ⅲ级	Ⅲ级	Ⅱ级	Ⅲ级	过渡级
30	西山煤电	Ⅲ级	Ⅲ级	Ⅲ级	Ⅲ级	过渡级
31	黔源电力	Ⅲ级	Ⅱ级	Ⅲ级	Ⅲ级	过渡级

续表

序号	公司名称	经营状况	节能环保	安全健康	综合评价	综合评语
32	华电国际	Ⅳ级	Ⅲ级	Ⅱ级	Ⅲ级	过渡级
33	广汇能源	Ⅲ级	Ⅱ级	Ⅱ级	Ⅲ级	过渡级
34	兰花科创	Ⅲ级	Ⅲ级	Ⅲ级	Ⅲ级	过渡级
35	大众公用	Ⅲ级	Ⅲ级	Ⅱ级	Ⅲ级	过渡级
36	胜利股份	Ⅲ级	Ⅲ级	Ⅱ级	Ⅲ级	过渡级
37	华能国际	Ⅲ级	Ⅱ级	Ⅱ级	Ⅲ级	过渡级
38	深圳能源	Ⅲ级	Ⅲ级	Ⅱ级	Ⅲ级	过渡级
39	申能股份	Ⅳ级	Ⅱ级	Ⅱ级	Ⅲ级	过渡级
40	新疆浩源	Ⅲ级	Ⅱ级	Ⅱ级	Ⅲ级	过渡级
41	西昌电力	Ⅲ级	Ⅱ级	Ⅱ级	Ⅱ级	改进级
42	通宝能源	Ⅲ级	Ⅱ级	Ⅲ级	Ⅱ级	改进级
43	江南水务	Ⅲ级	Ⅲ级	Ⅱ级	Ⅱ级	改进级
44	中原环保	Ⅲ级	Ⅱ级	Ⅱ级	Ⅱ级	改进级
45	华电能源	Ⅲ级	Ⅲ级	Ⅱ级	Ⅱ级	改进级
46	平煤股份	Ⅳ级	Ⅱ级	Ⅱ级	Ⅱ级	改进级
47	川投能源	Ⅲ级	Ⅱ级	Ⅱ级	Ⅱ级	改进级
48	桂东电力	Ⅲ级	Ⅱ级	Ⅱ级	Ⅱ级	改进级
49	国中水务	Ⅳ级	Ⅱ级	Ⅰ级	Ⅱ级	改进级
50	中闽能源	Ⅲ级	Ⅱ级	Ⅰ级	Ⅱ级	改进级
51	闽东电力	Ⅲ级	Ⅱ级	Ⅱ级	Ⅱ级	改进级
52	创业环保	Ⅱ级	Ⅲ级	Ⅱ级	Ⅱ级	改进级
53	福能股份	Ⅲ级	Ⅱ级	Ⅱ级	Ⅱ级	改进级
54	海峡环保	Ⅲ级	Ⅱ级	Ⅱ级	Ⅱ级	改进级
55	蓝焰控股	Ⅲ级	Ⅱ级	Ⅱ级	Ⅱ级	改进级
56	钱江水利	Ⅲ级	Ⅱ级	Ⅱ级	Ⅱ级	改进级
57	上海能源	Ⅲ级	Ⅱ级	Ⅱ级	Ⅱ级	改进级
58	三峡水利	Ⅲ级	Ⅱ级	Ⅱ级	Ⅱ级	改进级
59	湖北能源	Ⅲ级	Ⅱ级	Ⅱ级	Ⅱ级	改进级
60	广安爱众	Ⅲ级	Ⅱ级	Ⅱ级	Ⅱ级	改进级
61	乐山电力	Ⅱ级	Ⅱ级	Ⅱ级	Ⅱ级	改进级

附表 6　能源行业上市公司一体化“绿度”评价结果（2016 年度）

序号	公司名称	经营状况	节能环保	安全健康	综合评价	综合评语
1	中国神华	Ⅳ级	Ⅴ级	Ⅴ级	Ⅳ级	可接受
2	中国石化	Ⅳ级	Ⅳ级	Ⅳ级	Ⅳ级	可接受
3	兖州煤业	Ⅲ级	Ⅳ级	Ⅳ级	Ⅳ级	可接受
4	中国核电	Ⅳ级	Ⅳ级	Ⅲ级	Ⅳ级	可接受
5	长江电力	Ⅲ级	Ⅳ级	Ⅲ级	Ⅳ级	可接受
6	中煤能源	Ⅳ级	Ⅳ级	Ⅲ级	Ⅲ级	过渡级
7	瀚蓝环境	Ⅲ级	Ⅲ级	Ⅳ级	Ⅲ级	过渡级
8	文山电力	Ⅲ级	Ⅳ级	Ⅲ级	Ⅲ级	过渡级
9	中国石油	Ⅳ级	Ⅲ级	Ⅲ级	Ⅲ级	过渡级
10	大唐发电	Ⅲ级	Ⅳ级	Ⅲ级	Ⅲ级	过渡级
11	潞安环能	Ⅲ级	Ⅲ级	Ⅲ级	Ⅲ级	过渡级
12	粤电力 A	Ⅲ级	Ⅲ级	Ⅳ级	Ⅲ级	过渡级
13	宝新能源	Ⅳ级	Ⅲ级	Ⅲ级	Ⅲ级	过渡级
14	伊泰 B 股	Ⅲ级	Ⅲ级	Ⅲ级	Ⅲ级	过渡级
15	兴蓉环境	Ⅲ级	Ⅲ级	Ⅲ级	Ⅲ级	过渡级
16	深圳燃气	Ⅲ级	Ⅲ级	Ⅲ级	Ⅲ级	过渡级
17	重庆燃气	Ⅲ级	Ⅲ级	Ⅲ级	Ⅲ级	过渡级
18	冀中能源	Ⅲ级	Ⅲ级	Ⅲ级	Ⅲ级	过渡级
19	国投电力	Ⅲ级	Ⅲ级	Ⅲ级	Ⅲ级	过渡级
20	陕西煤业	Ⅲ级	Ⅲ级	Ⅲ级	Ⅲ级	过渡级
21	国电电力	Ⅲ级	Ⅲ级	Ⅱ级	Ⅲ级	过渡级
22	大众公用	Ⅲ级	Ⅲ级	Ⅲ级	Ⅲ级	过渡级
23	新集能源	Ⅲ级	Ⅲ级	Ⅱ级	Ⅲ级	过渡级
24	平煤股份	Ⅲ级	Ⅲ级	Ⅱ级	Ⅲ级	过渡级
25	广汇能源	Ⅲ级	Ⅲ级	Ⅱ级	Ⅲ级	过渡级
26	华能国际	Ⅲ级	Ⅲ级	Ⅱ级	Ⅲ级	过渡级
27	昊华能源	Ⅳ级	Ⅱ级	Ⅱ级	Ⅲ级	过渡级
28	西山煤电	Ⅲ级	Ⅲ级	Ⅱ级	Ⅲ级	过渡级
29	广州发展	Ⅲ级	Ⅱ级	Ⅲ级	Ⅲ级	过渡级
30	黔源电力	Ⅲ级	Ⅲ级	Ⅲ级	Ⅲ级	过渡级

续表

序号	公司名称	经营状况	节能环保	安全健康	综合评价	综合评语
31	深圳能源	Ⅲ级	Ⅲ级	Ⅱ级	Ⅲ级	过渡级
32	京能电力	Ⅲ级	Ⅱ级	Ⅱ级	Ⅲ级	过渡级
33	上海能源	Ⅲ级	Ⅲ级	Ⅱ级	Ⅲ级	过渡级
34	胜利股份	Ⅱ级	Ⅲ级	Ⅲ级	Ⅲ级	过渡级
35	中闽能源	Ⅲ级	Ⅱ级	Ⅱ级	Ⅲ级	过渡级
36	华电能源	Ⅲ级	Ⅲ级	Ⅱ级	Ⅲ级	过渡级
37	福能股份	Ⅲ级	Ⅱ级	Ⅱ级	Ⅲ级	过渡级
38	申能股份	Ⅲ级	Ⅱ级	Ⅱ级	Ⅲ级	过渡级
39	桂东电力	Ⅲ级	Ⅱ级	Ⅲ级	Ⅱ级	改进级
40	＊ST 凯迪	Ⅲ级	Ⅲ级	Ⅱ级	Ⅱ级	改进级
41	兰花科创	Ⅲ级	Ⅱ级	Ⅱ级	Ⅱ级	改进级
42	三峡水利	Ⅲ级	Ⅱ级	Ⅱ级	Ⅱ级	改进级
43	江南水务	Ⅲ级	Ⅱ级	Ⅱ级	Ⅱ级	改进级
44	华电国际	Ⅲ级	Ⅱ级	Ⅱ级	Ⅱ级	改进级
45	蓝焰控股	Ⅳ级	Ⅱ级	Ⅱ级	Ⅱ级	改进级
46	创业环保	Ⅲ级	Ⅱ级	Ⅱ级	Ⅱ级	改进级
47	闽东电力	Ⅲ级	Ⅲ级	Ⅱ级	Ⅱ级	改进级
48	国中水务	Ⅲ级	Ⅲ级	Ⅱ级	Ⅱ级	改进级
49	川投能源	Ⅳ级	Ⅱ级	Ⅱ级	Ⅱ级	改进级
50	通宝能源	Ⅲ级	Ⅱ级	Ⅱ级	Ⅱ级	改进级
51	西昌电力	Ⅲ级	Ⅱ级	Ⅱ级	Ⅱ级	改进级
52	乐山电力	Ⅲ级	Ⅱ级	Ⅱ级	Ⅱ级	改进级
53	宁波热电	Ⅲ级	Ⅱ级	Ⅱ级	Ⅱ级	改进级
54	湖北能源	Ⅲ级	Ⅱ级	Ⅱ级	Ⅱ级	改进级
55	广安爱众	Ⅲ级	Ⅱ级	Ⅱ级	Ⅱ级	改进级
56	涪陵电力	Ⅲ级	Ⅱ级	Ⅱ级	Ⅱ级	改进级
57	金山股份	Ⅲ级	Ⅱ级	Ⅱ级	Ⅱ级	改进级

附表 7 能源行业上市公司一体化“绿度”评价结果（2015 年度）

序号	公司名称	经营状况	节能环保	安全健康	综合评价	综合评语
1	中国神华	Ⅳ级	Ⅴ级	Ⅴ级	Ⅳ级	可接受
2	兖州煤业	Ⅳ级	Ⅳ级	Ⅳ级	Ⅳ级	可接受
3	中国石化	Ⅳ级	Ⅳ级	Ⅳ级	Ⅳ级	可接受
4	瀚蓝环境	Ⅲ级	Ⅳ级	Ⅳ级	Ⅳ级	可接受
5	中国核电	Ⅳ级	Ⅳ级	Ⅲ级	Ⅳ级	可接受
6	长江电力	Ⅲ级	Ⅳ级	Ⅲ级	Ⅳ级	可接受
7	中煤能源	Ⅲ级	Ⅳ级	Ⅲ级	Ⅲ级	过渡级
8	潞安环能	Ⅳ级	Ⅲ级	Ⅲ级	Ⅲ级	过渡级
9	大唐发电	Ⅲ级	Ⅳ级	Ⅲ级	Ⅲ级	过渡级
10	深圳燃气	Ⅲ级	Ⅳ级	Ⅲ级	Ⅲ级	过渡级
11	中国石油	Ⅳ级	Ⅲ级	Ⅲ级	Ⅲ级	过渡级
12	文山电力	Ⅲ级	Ⅳ级	Ⅲ级	Ⅲ级	过渡级
13	国电电力	Ⅲ级	Ⅳ级	Ⅲ级	Ⅲ级	过渡级
14	粤电力 A	Ⅲ级	Ⅲ级	Ⅳ级	Ⅲ级	过渡级
15	宝新能源	Ⅲ级	Ⅲ级	Ⅲ级	Ⅲ级	过渡级
16	新集能源	Ⅲ级	Ⅳ级	Ⅲ级	Ⅲ级	过渡级
17	冀中能源	Ⅲ级	Ⅲ级	Ⅲ级	Ⅲ级	过渡级
18	深圳能源	Ⅲ级	Ⅲ级	Ⅲ级	Ⅲ级	过渡级
19	国投电力	Ⅲ级	Ⅲ级	Ⅱ级	Ⅲ级	过渡级
20	陕西煤业	Ⅲ级	Ⅲ级	Ⅱ级	Ⅲ级	过渡级
21	伊泰 B 股	Ⅲ级	Ⅲ级	Ⅱ级	Ⅲ级	过渡级
22	广汇能源	Ⅲ级	Ⅲ级	Ⅱ级	Ⅲ级	过渡级
23	平庄能源	Ⅲ级	Ⅲ级	Ⅱ级	Ⅲ级	过渡级
24	兴蓉环境	Ⅲ级	Ⅲ级	Ⅱ级	Ⅲ级	过渡级
25	西山煤电	Ⅲ级	Ⅲ级	Ⅲ级	Ⅲ级	过渡级
26	平煤股份	Ⅲ级	Ⅲ级	Ⅱ级	Ⅲ级	过渡级
27	大众公用	Ⅲ级	Ⅲ级	Ⅲ级	Ⅲ级	过渡级
28	华能国际	Ⅳ级	Ⅲ级	Ⅱ级	Ⅲ级	过渡级
29	黔源电力	Ⅲ级	Ⅲ级	Ⅲ级	Ⅲ级	过渡级
30	上海电力	Ⅲ级	Ⅲ级	Ⅲ级	Ⅲ级	过渡级

续表

序号	公司名称	经营状况	节能环保	安全健康	综合评价	综合评语
31	广州发展	Ⅲ级	Ⅱ级	Ⅲ级	Ⅲ级	过渡级
32	京能电力	Ⅲ级	Ⅱ级	Ⅱ级	Ⅲ级	过渡级
33	昊华能源	Ⅲ级	Ⅱ级	Ⅱ级	Ⅲ级	过渡级
34	上海能源	Ⅲ级	Ⅲ级	Ⅱ级	Ⅲ级	过渡级
35	胜利股份	Ⅲ级	Ⅱ级	Ⅱ级	Ⅲ级	过渡级
36	华电能源	Ⅲ级	Ⅲ级	Ⅱ级	Ⅲ级	过渡级
37	国中水务	Ⅲ级	Ⅲ级	Ⅱ级	Ⅱ级	改进级
38	申能股份	Ⅲ级	Ⅱ级	Ⅱ级	Ⅱ级	改进级
39	闽东电力	Ⅲ级	Ⅲ级	Ⅱ级	Ⅱ级	改进级
40	兰花科创	Ⅲ级	Ⅱ级	Ⅱ级	Ⅱ级	改进级
41	江南水务	Ⅲ级	Ⅱ级	Ⅱ级	Ⅱ级	改进级
42	创业环保	Ⅲ级	Ⅱ级	Ⅱ级	Ⅱ级	改进级
43	桂东电力	Ⅲ级	Ⅱ级	Ⅲ级	Ⅱ级	改进级
44	通宝能源	Ⅲ级	Ⅱ级	Ⅱ级	Ⅱ级	改进级
45	三峡水利	Ⅲ级	Ⅱ级	Ⅱ级	Ⅱ级	改进级
46	西昌电力	Ⅲ级	Ⅱ级	Ⅱ级	Ⅱ级	改进级
47	福能股份	Ⅲ级	Ⅱ级	Ⅰ级	Ⅱ级	改进级
48	川投能源	Ⅲ级	Ⅱ级	Ⅱ级	Ⅱ级	改进级
49	华电国际	Ⅲ级	Ⅱ级	Ⅱ级	Ⅱ级	改进级
50	中闽能源	Ⅲ级	Ⅱ级	Ⅱ级	Ⅱ级	改进级
51	蓝焰控股	Ⅲ级	Ⅱ级	Ⅱ级	Ⅱ级	改进级
52	湖北能源	Ⅲ级	Ⅱ级	Ⅱ级	Ⅱ级	改进级
53	乐山电力	Ⅲ级	Ⅱ级	Ⅱ级	Ⅱ级	改进级
54	宁波热电	Ⅲ级	Ⅱ级	Ⅱ级	Ⅱ级	改进级
55	涪陵电力	Ⅲ级	Ⅰ级	Ⅱ级	Ⅱ级	改进级
56	金山股份	Ⅲ级	Ⅱ级	Ⅱ级	Ⅱ级	改进级
57	广安爱众	Ⅲ级	Ⅱ级	Ⅱ级	Ⅱ级	改进级

附表 8 能源行业上市公司一体化"绿度"评价结果（2014 年度）

序号	公司名称	经营状况	节能环保	安全健康	综合评价	综合评语
1	中国神华	Ⅳ级	Ⅴ级	Ⅳ级	Ⅳ级	可接受
2	中国石化	Ⅳ级	Ⅳ级	Ⅳ级	Ⅳ级	可接受
3	兖州煤业	Ⅲ级	Ⅳ级	Ⅳ级	Ⅳ级	可接受
4	中煤能源	Ⅳ级	Ⅳ级	Ⅲ级	Ⅳ级	可接受
5	瀚蓝环境	Ⅳ级	Ⅳ级	Ⅳ级	Ⅳ级	可接受
6	长江电力	Ⅲ级	Ⅳ级	Ⅲ级	Ⅳ级	可接受
7	大唐发电	Ⅲ级	Ⅳ级	Ⅲ级	Ⅲ级	过渡级
8	潞安环能	Ⅳ级	Ⅳ级	Ⅲ级	Ⅲ级	过渡级
9	中国石油	Ⅳ级	Ⅲ级	Ⅲ级	Ⅲ级	过渡级
10	深圳燃气	Ⅲ级	Ⅳ级	Ⅲ级	Ⅲ级	过渡级
11	文山电力	Ⅲ级	Ⅳ级	Ⅲ级	Ⅲ级	过渡级
12	重庆燃气	Ⅲ级	Ⅲ级	Ⅲ级	Ⅲ级	过渡级
13	宝新能源	Ⅲ级	Ⅲ级	Ⅲ级	Ⅲ级	过渡级
14	粤电力 A	Ⅲ级	Ⅲ级	Ⅲ级	Ⅲ级	过渡级
15	国电电力	Ⅲ级	Ⅲ级	Ⅱ级	Ⅲ级	过渡级
16	平煤股份	Ⅳ级	Ⅲ级	Ⅱ级	Ⅲ级	过渡级
17	冀中能源	Ⅲ级	Ⅲ级	Ⅲ级	Ⅲ级	过渡级
18	广汇能源	Ⅲ级	Ⅲ级	Ⅲ级	Ⅲ级	过渡级
19	伊泰 B 股	Ⅲ级	Ⅲ级	Ⅱ级	Ⅲ级	过渡级
20	深圳能源	Ⅲ级	Ⅲ级	Ⅲ级	Ⅲ级	过渡级
21	平庄能源	Ⅲ级	Ⅲ级	Ⅱ级	Ⅲ级	过渡级
22	陕西煤业	Ⅲ级	Ⅲ级	Ⅱ级	Ⅲ级	过渡级
23	西山煤电	Ⅲ级	Ⅲ级	Ⅲ级	Ⅲ级	过渡级
24	新集能源	Ⅲ级	Ⅲ级	Ⅱ级	Ⅲ级	过渡级
25	上海电力	Ⅲ级	Ⅲ级	Ⅲ级	Ⅲ级	过渡级
26	国投电力	Ⅲ级	Ⅲ级	Ⅱ级	Ⅲ级	过渡级
27	兴蓉环境	Ⅲ级	Ⅲ级	Ⅱ级	Ⅲ级	过渡级
28	昊华能源	Ⅳ级	Ⅱ级	Ⅱ级	Ⅲ级	过渡级

续表

序号	公司名称	经营状况	节能环保	安全健康	综合评价	综合评语
29	华能国际	Ⅳ级	Ⅲ级	Ⅱ级	Ⅲ级	过渡级
30	胜利股份	Ⅲ级	Ⅱ级	Ⅱ级	Ⅲ级	过渡级
31	国中水务	Ⅳ级	Ⅲ级	Ⅱ级	Ⅲ级	过渡级
32	广州发展	Ⅲ级	Ⅱ级	Ⅲ级	Ⅲ级	过渡级
33	黔源电力	Ⅲ级	Ⅲ级	Ⅱ级	Ⅲ级	过渡级
34	华电能源	Ⅲ级	Ⅲ级	Ⅱ级	Ⅲ级	过渡级
35	上海能源	Ⅲ级	Ⅲ级	Ⅱ级	Ⅲ级	过渡级
36	闽东电力	Ⅲ级	Ⅲ级	Ⅱ级	Ⅱ级	改进级
37	申能股份	Ⅲ级	Ⅱ级	Ⅱ级	Ⅱ级	改进级
38	江南水务	Ⅲ级	Ⅱ级	Ⅱ级	Ⅱ级	改进级
39	通宝能源	Ⅲ级	Ⅱ级	Ⅱ级	Ⅱ级	改进级
40	桂东电力	Ⅲ级	Ⅱ级	Ⅲ级	Ⅱ级	改进级
41	京能电力	Ⅲ级	Ⅱ级	Ⅱ级	Ⅱ级	改进级
42	三峡水利	Ⅲ级	Ⅱ级	Ⅱ级	Ⅱ级	改进级
43	创业环保	Ⅲ级	Ⅱ级	Ⅱ级	Ⅱ级	改进级
44	西昌电力	Ⅲ级	Ⅱ级	Ⅱ级	Ⅱ级	改进级
45	大众公用	Ⅲ级	Ⅱ级	Ⅱ级	Ⅱ级	改进级
46	兰花科创	Ⅲ级	Ⅱ级	Ⅱ级	Ⅱ级	改进级
47	川投能源	Ⅳ级	Ⅱ级	Ⅱ级	Ⅱ级	改进级
48	华电国际	Ⅲ级	Ⅱ级	Ⅱ级	Ⅱ级	改进级
49	福能股份	Ⅲ级	Ⅱ级	Ⅰ级	Ⅱ级	改进级
50	广安爱众	Ⅲ级	Ⅱ级	Ⅱ级	Ⅱ级	改进级
51	蓝焰控股	Ⅱ级	Ⅱ级	Ⅱ级	Ⅱ级	改进级
52	涪陵电力	Ⅲ级	Ⅰ级	Ⅱ级	Ⅱ级	改进级
53	宁波热电	Ⅲ级	Ⅰ级	Ⅱ级	Ⅱ级	改进级
54	乐山电力	Ⅱ级	Ⅱ级	Ⅱ级	Ⅱ级	改进级
55	金山股份	Ⅲ级	Ⅰ级	Ⅱ级	Ⅱ级	改进级

附表 9 能源行业上市公司一体化“绿度”评价结果（2013 年度）

序号	公司名称	经营状况	节能环保	安全健康	综合评价	综合评语
1	中国神华	Ⅳ级	Ⅳ级	Ⅳ级	Ⅳ级	可接受
2	兖州煤业	Ⅲ级	Ⅳ级	Ⅳ级	Ⅳ级	可接受
3	瀚蓝环境	Ⅳ级	Ⅳ级	Ⅳ级	Ⅳ级	可接受
4	中国石化	Ⅳ级	Ⅳ级	Ⅲ级	Ⅳ级	可接受
5	长江电力	Ⅲ级	Ⅳ级	Ⅲ级	Ⅳ级	可接受
6	中煤能源	Ⅳ级	Ⅳ级	Ⅲ级	Ⅳ级	可接受
7	潞安环能	Ⅳ级	Ⅲ级	Ⅲ级	Ⅲ级	过渡级
8	大唐发电	Ⅲ级	Ⅳ级	Ⅲ级	Ⅲ级	过渡级
9	中国石油	Ⅳ级	Ⅲ级	Ⅲ级	Ⅲ级	过渡级
10	深圳燃气	Ⅲ级	Ⅳ级	Ⅲ级	Ⅲ级	过渡级
11	文山电力	Ⅲ级	Ⅳ级	Ⅲ级	Ⅲ级	过渡级
12	国电电力	Ⅲ级	Ⅲ级	Ⅲ级	Ⅲ级	过渡级
13	宝新能源	Ⅲ级	Ⅲ级	Ⅲ级	Ⅲ级	过渡级
14	冀中能源	Ⅲ级	Ⅲ级	Ⅲ级	Ⅲ级	过渡级
15	粤电力 A	Ⅲ级	Ⅲ级	Ⅲ级	Ⅲ级	过渡级
16	伊泰 B 股	Ⅲ级	Ⅲ级	Ⅱ级	Ⅲ级	过渡级
17	陕西煤业	Ⅳ级	Ⅲ级	Ⅱ级	Ⅲ级	过渡级
18	广汇能源	Ⅲ级	Ⅲ级	Ⅲ级	Ⅲ级	过渡级
19	西山煤电	Ⅲ级	Ⅲ级	Ⅱ级	Ⅲ级	过渡级
20	平庄能源	Ⅲ级	Ⅲ级	Ⅱ级	Ⅲ级	过渡级
21	国投电力	Ⅲ级	Ⅲ级	Ⅱ级	Ⅲ级	过渡级
22	露天煤业	Ⅲ级	Ⅲ级	Ⅱ级	Ⅲ级	过渡级
23	深圳能源	Ⅲ级	Ⅲ级	Ⅱ级	Ⅲ级	过渡级
24	上海电力	Ⅲ级	Ⅲ级	Ⅱ级	Ⅲ级	过渡级
25	国中水务	Ⅳ级	Ⅲ级	Ⅱ级	Ⅲ级	过渡级
26	华能国际	Ⅳ级	Ⅲ级	Ⅱ级	Ⅲ级	过渡级
27	平煤股份	Ⅳ级	Ⅱ级	Ⅱ级	Ⅲ级	过渡级
28	江南水务	Ⅲ级	Ⅱ级	Ⅱ级	Ⅲ级	过渡级

续表

序号	公司名称	经营状况	节能环保	安全健康	综合评价	综合评语
29	胜利股份	Ⅲ级	Ⅱ级	Ⅱ级	Ⅲ级	过渡级
30	昊华能源	Ⅳ级	Ⅱ级	Ⅱ级	Ⅲ级	过渡级
31	新集能源	Ⅲ级	Ⅲ级	Ⅱ级	Ⅲ级	过渡级
32	兰花科创	Ⅲ级	Ⅱ级	Ⅱ级	Ⅲ级	过渡级
33	华电能源	Ⅲ级	Ⅲ级	Ⅱ级	Ⅲ级	过渡级
34	桂东电力	Ⅲ级	Ⅱ级	Ⅲ级	Ⅲ级	过渡级
35	广州发展	Ⅲ级	Ⅱ级	Ⅲ级	Ⅲ级	过渡级
36	上海能源	Ⅲ级	Ⅲ级	Ⅱ级	Ⅱ级	改进级
37	通宝能源	Ⅲ级	Ⅱ级	Ⅱ级	Ⅱ级	改进级
38	闽东电力	Ⅲ级	Ⅲ级	Ⅱ级	Ⅱ级	改进级
39	申能股份	Ⅲ级	Ⅱ级	Ⅱ级	Ⅱ级	改进级
40	黔源电力	Ⅱ级	Ⅲ级	Ⅱ级	Ⅱ级	改进级
41	蓝焰控股	Ⅲ级	Ⅱ级	Ⅱ级	Ⅱ级	改进级
42	兴蓉环境	Ⅲ级	Ⅱ级	Ⅱ级	Ⅱ级	改进级
43	创业环保	Ⅲ级	Ⅱ级	Ⅱ级	Ⅱ级	改进级
44	三峡水利	Ⅲ级	Ⅱ级	Ⅱ级	Ⅱ级	改进级
45	大众公用	Ⅲ级	Ⅱ级	Ⅱ级	Ⅱ级	改进级
46	西昌电力	Ⅲ级	Ⅱ级	Ⅱ级	Ⅱ级	改进级
47	京能电力	Ⅲ级	Ⅱ级	Ⅱ级	Ⅱ级	改进级
48	川投能源	Ⅲ级	Ⅱ级	Ⅱ级	Ⅱ级	改进级
49	华电国际	Ⅲ级	Ⅱ级	Ⅱ级	Ⅱ级	改进级
50	宁波热电	Ⅲ级	Ⅱ级	Ⅱ级	Ⅱ级	改进级
51	涪陵电力	Ⅲ级	Ⅰ级	Ⅱ级	Ⅱ级	改进级
52	乐山电力	Ⅱ级	Ⅱ级	Ⅱ级	Ⅱ级	改进级
53	广安爱众	Ⅲ级	Ⅱ级	Ⅱ级	Ⅱ级	改进级
54	金山股份	Ⅲ级	Ⅰ级	Ⅱ级	Ⅱ级	改进级

附表 10 能源行业上市公司一体化“绿度”评价结果（2012 年度）

序号	公司名称	经营状况	节能环保	安全健康	综合评价	综合评语
1	中煤能源	Ⅳ级	Ⅳ级	Ⅳ级	Ⅳ级	可接受
2	中国神华	Ⅳ级	Ⅳ级	Ⅳ级	Ⅳ级	可接受
3	中国石化	Ⅳ级	Ⅳ级	Ⅲ级	Ⅳ级	可接受
4	长江电力	Ⅲ级	Ⅳ级	Ⅲ级	Ⅳ级	可接受
5	兖州煤业	Ⅲ级	Ⅳ级	Ⅲ级	Ⅲ级	过渡级
6	潞安环能	Ⅳ级	Ⅲ级	Ⅲ级	Ⅲ级	过渡级
7	中国石油	Ⅳ级	Ⅲ级	Ⅲ级	Ⅲ级	过渡级
8	大唐发电	Ⅲ级	Ⅳ级	Ⅲ级	Ⅲ级	过渡级
9	冀中能源	Ⅲ级	Ⅲ级	Ⅲ级	Ⅲ级	过渡级
10	文山电力	Ⅲ级	Ⅳ级	Ⅲ级	Ⅲ级	过渡级
11	宝新能源	Ⅲ级	Ⅲ级	Ⅲ级	Ⅲ级	过渡级
12	粤电力 A	Ⅲ级	Ⅲ级	Ⅲ级	Ⅲ级	过渡级
13	露天煤业	Ⅳ级	Ⅲ级	Ⅲ级	Ⅲ级	过渡级
14	深圳燃气	Ⅲ级	Ⅲ级	Ⅲ级	Ⅲ级	过渡级
15	伊泰 B 股	Ⅲ级	Ⅲ级	Ⅱ级	Ⅲ级	过渡级
16	国电电力	Ⅲ级	Ⅲ级	Ⅱ级	Ⅲ级	过渡级
17	西山煤电	Ⅲ级	Ⅲ级	Ⅱ级	Ⅲ级	过渡级
18	平庄能源	Ⅲ级	Ⅲ级	Ⅱ级	Ⅲ级	过渡级
19	深圳能源	Ⅲ级	Ⅲ级	Ⅲ级	Ⅲ级	过渡级
20	昊华能源	Ⅳ级	Ⅱ级	Ⅱ级	Ⅲ级	过渡级
21	陕西煤业	Ⅱ级	Ⅲ级	Ⅲ级	Ⅲ级	过渡级
22	上海能源	Ⅳ级	Ⅲ级	Ⅱ级	Ⅲ级	过渡级
23	广汇能源	Ⅲ级	Ⅲ级	Ⅱ级	Ⅲ级	过渡级
24	国投电力	Ⅲ级	Ⅲ级	Ⅱ级	Ⅲ级	过渡级
25	黔源电力	Ⅲ级	Ⅲ级	Ⅲ级	Ⅲ级	过渡级
26	兰花科创	Ⅲ级	Ⅱ级	Ⅱ级	Ⅲ级	过渡级
27	国中水务	Ⅲ级	Ⅲ级	Ⅱ级	Ⅲ级	过渡级
28	华能国际	Ⅳ级	Ⅲ级	Ⅱ级	Ⅲ级	过渡级
29	新集能源	Ⅲ级	Ⅲ级	Ⅱ级	Ⅲ级	过渡级

续表

序号	公司名称	经营状况	节能环保	安全健康	综合评价	综合评语
30	桂东电力	Ⅲ级	Ⅱ级	Ⅲ级	Ⅲ级	过渡级
31	江南水务	Ⅲ级	Ⅱ级	Ⅱ级	Ⅱ级	改进级
32	大众公用	Ⅲ级	Ⅱ级	Ⅱ级	Ⅱ级	改进级
33	广州发展	Ⅲ级	Ⅱ级	Ⅲ级	Ⅱ级	改进级
34	京能电力	Ⅲ级	Ⅱ级	Ⅱ级	Ⅱ级	改进级
35	闽东电力	Ⅲ级	Ⅲ级	Ⅱ级	Ⅱ级	改进级
36	通宝能源	Ⅲ级	Ⅱ级	Ⅱ级	Ⅱ级	改进级
37	蓝焰控股	Ⅲ级	Ⅱ级	Ⅱ级	Ⅱ级	改进级
38	申能股份	Ⅲ级	Ⅱ级	Ⅱ级	Ⅱ级	改进级
39	兴蓉环境	Ⅲ级	Ⅱ级	Ⅱ级	Ⅱ级	改进级
40	创业环保	Ⅲ级	Ⅱ级	Ⅱ级	Ⅱ级	改进级
41	西昌电力	Ⅲ级	Ⅱ级	Ⅱ级	Ⅱ级	改进级
42	三峡水利	Ⅲ级	Ⅱ级	Ⅱ级	Ⅱ级	改进级
43	胜利股份	Ⅱ级	Ⅱ级	Ⅱ级	Ⅱ级	改进级
44	华电国际	Ⅲ级	Ⅱ级	Ⅱ级	Ⅱ级	改进级
45	川投能源	Ⅲ级	Ⅱ级	Ⅱ级	Ⅱ级	改进级
46	乐山电力	Ⅲ级	Ⅱ级	Ⅱ级	Ⅱ级	改进级
47	涪陵电力	Ⅲ级	Ⅰ级	Ⅱ级	Ⅱ级	改进级
48	广安爱众	Ⅲ级	Ⅱ级	Ⅰ级	Ⅱ级	改进级
49	金山股份	Ⅲ级	Ⅰ级	Ⅱ级	Ⅱ级	改进级

附表 11　能源行业上市公司一体化“绿度”评价结果（2011 年度）

序号	公司名称	经营状况	节能环保	安全健康	综合评价	综合评语
1	中国神华	Ⅳ级	Ⅳ级	Ⅳ级	Ⅳ级	可接受
2	中国石化	Ⅳ级	Ⅳ级	Ⅲ级	Ⅳ级	可接受
3	中煤能源	Ⅳ级	Ⅳ级	Ⅲ级	Ⅳ级	可接受
4	兖州煤业	Ⅲ级	Ⅳ级	Ⅲ级	Ⅳ级	可接受
5	长江电力	Ⅲ级	Ⅳ级	Ⅲ级	Ⅲ级	过渡级
6	潞安环能	Ⅳ级	Ⅲ级	Ⅲ级	Ⅲ级	过渡级

续表

序号	公司名称	经营状况	节能环保	安全健康	综合评价	综合评语
7	中国石油	Ⅳ级	Ⅲ级	Ⅲ级	Ⅲ级	过渡级
8	大唐发电	Ⅲ级	Ⅳ级	Ⅲ级	Ⅲ级	过渡级
9	冀中能源	Ⅲ级	Ⅲ级	Ⅲ级	Ⅲ级	过渡级
10	伊泰 B 股	Ⅲ级	Ⅲ级	Ⅱ级	Ⅲ级	过渡级
11	露天煤业	Ⅲ级	Ⅲ级	Ⅲ级	Ⅲ级	过渡级
12	深圳燃气	Ⅲ级	Ⅲ级	Ⅲ级	Ⅲ级	过渡级
13	平庄能源	Ⅲ级	Ⅲ级	Ⅱ级	Ⅲ级	过渡级
14	粤电力 A	Ⅲ级	Ⅲ级	Ⅲ级	Ⅲ级	过渡级
15	文山电力	Ⅲ级	Ⅳ级	Ⅱ级	Ⅲ级	过渡级
16	宝新能源	Ⅲ级	Ⅲ级	Ⅲ级	Ⅲ级	过渡级
17	国电电力	Ⅲ级	Ⅲ级	Ⅱ级	Ⅲ级	过渡级
18	上海能源	Ⅲ级	Ⅲ级	Ⅱ级	Ⅲ级	过渡级
19	西山煤电	Ⅲ级	Ⅲ级	Ⅱ级	Ⅲ级	过渡级
20	蓝焰控股	Ⅲ级	Ⅱ级	Ⅱ级	Ⅲ级	过渡级
21	深圳能源	Ⅲ级	Ⅲ级	Ⅱ级	Ⅲ级	过渡级
22	广汇能源	Ⅲ级	Ⅲ级	Ⅱ级	Ⅲ级	过渡级
23	国投电力	Ⅲ级	Ⅲ级	Ⅱ级	Ⅲ级	过渡级
24	昊华能源	Ⅳ级	Ⅱ级	Ⅱ级	Ⅲ级	过渡级
25	黔源电力	Ⅱ级	Ⅱ级	Ⅲ级	Ⅲ级	过渡级
26	国中水务	Ⅲ级	Ⅲ级	Ⅱ级	Ⅱ级	改进级
27	兰花科创	Ⅲ级	Ⅱ级	Ⅱ级	Ⅱ级	改进级
28	西昌电力	Ⅲ级	Ⅱ级	Ⅱ级	Ⅱ级	改进级
29	闽东电力	Ⅲ级	Ⅲ级	Ⅱ级	Ⅱ级	改进级
30	华能国际	Ⅲ级	Ⅲ级	Ⅱ级	Ⅱ级	改进级
31	大众公用	Ⅲ级	Ⅱ级	Ⅱ级	Ⅱ级	改进级
32	通宝能源	Ⅲ级	Ⅱ级	Ⅱ级	Ⅱ级	改进级
33	桂东电力	Ⅲ级	Ⅱ级	Ⅲ级	Ⅱ级	改进级
34	申能股份	Ⅲ级	Ⅱ级	Ⅱ级	Ⅱ级	改进级
35	胜利股份	Ⅲ级	Ⅱ级	Ⅱ级	Ⅱ级	改进级
36	兴蓉环境	Ⅲ级	Ⅱ级	Ⅱ级	Ⅱ级	改进级
37	三峡水利	Ⅲ级	Ⅱ级	Ⅱ级	Ⅱ级	改进级
38	创业环保	Ⅲ级	Ⅱ级	Ⅱ级	Ⅱ级	改进级
39	京能电力	Ⅲ级	Ⅱ级	Ⅱ级	Ⅱ级	改进级
40	乐山电力	Ⅲ级	Ⅱ级	Ⅱ级	Ⅱ级	改进级

续表

序号	公司名称	经营状况	节能环保	安全健康	综合评价	综合评语
41	华电国际	Ⅲ级	Ⅱ级	Ⅱ级	Ⅱ级	改进级
42	川投能源	Ⅲ级	Ⅱ级	Ⅱ级	Ⅱ级	改进级
43	涪陵电力	Ⅲ级	Ⅰ级	Ⅱ级	Ⅱ级	改进级
44	金山股份	Ⅲ级	Ⅰ级	Ⅱ级	Ⅱ级	改进级
45	广安爱众	Ⅲ级	Ⅱ级	Ⅰ级	Ⅱ级	改进级

附表 12　能源行业上市公司一体化“绿度”评价结果（2010 年度）

序号	公司名称	经营状况	节能环保	安全健康	综合评价	综合评语
1	中国石化	Ⅳ级	Ⅳ级	Ⅲ级	Ⅳ级	可接受
2	中国神华	Ⅳ级	Ⅳ级	Ⅲ级	Ⅳ级	可接受
3	兖州煤业	Ⅲ级	Ⅳ级	Ⅲ级	Ⅳ级	可接受
4	中煤能源	Ⅳ级	Ⅳ级	Ⅲ级	Ⅲ级	过渡级
5	潞安环能	Ⅳ级	Ⅲ级	Ⅲ级	Ⅲ级	过渡级
6	长江电力	Ⅲ级	Ⅳ级	Ⅲ级	Ⅲ级	过渡级
7	中国石油	Ⅳ级	Ⅲ级	Ⅲ级	Ⅲ级	过渡级
8	冀中能源	Ⅲ级	Ⅲ级	Ⅲ级	Ⅲ级	过渡级
9	大唐发电	Ⅲ级	Ⅲ级	Ⅲ级	Ⅲ级	过渡级
10	文山电力	Ⅲ级	Ⅳ级	Ⅱ级	Ⅲ级	过渡级
11	粤电力 A	Ⅲ级	Ⅲ级	Ⅲ级	Ⅲ级	过渡级
12	西山煤电	Ⅲ级	Ⅲ级	Ⅱ级	Ⅲ级	过渡级
13	露天煤业	Ⅲ级	Ⅲ级	Ⅱ级	Ⅲ级	过渡级
14	国电电力	Ⅲ级	Ⅲ级	Ⅱ级	Ⅲ级	过渡级
15	上海能源	Ⅲ级	Ⅲ级	Ⅱ级	Ⅲ级	过渡级
16	蓝焰控股	Ⅲ级	Ⅱ级	Ⅱ级	Ⅲ级	过渡级
17	深圳能源	Ⅲ级	Ⅲ级	Ⅱ级	Ⅲ级	过渡级
18	宝新能源	Ⅲ级	Ⅲ级	Ⅱ级	Ⅲ级	过渡级
19	国投电力	Ⅲ级	Ⅲ级	Ⅱ级	Ⅲ级	过渡级
20	黔源电力	Ⅲ级	Ⅱ级	Ⅲ级	Ⅲ级	过渡级
21	兴蓉环境	Ⅲ级	Ⅱ级	Ⅱ级	Ⅱ级	改进级
22	胜利股份	Ⅲ级	Ⅱ级	Ⅱ级	Ⅱ级	改进级
23	兰花科创	Ⅲ级	Ⅱ级	Ⅱ级	Ⅱ级	改进级
24	华能国际	Ⅲ级	Ⅲ级	Ⅱ级	Ⅱ级	改进级

续表

序号	公司名称	经营状况	节能环保	安全健康	综合评价	综合评语
25	闽东电力	Ⅲ级	Ⅲ级	Ⅱ级	Ⅱ级	改进级
26	郴电国际	Ⅲ级	Ⅱ级	Ⅱ级	Ⅱ级	改进级
27	桂东电力	Ⅲ级	Ⅱ级	Ⅲ级	Ⅱ级	改进级
28	大众公用	Ⅲ级	Ⅱ级	Ⅱ级	Ⅱ级	改进级
29	申能股份	Ⅲ级	Ⅱ级	Ⅱ级	Ⅱ级	改进级
30	创业环保	Ⅲ级	Ⅱ级	Ⅱ级	Ⅱ级	改进级
31	三峡水利	Ⅲ级	Ⅱ级	Ⅱ级	Ⅱ级	改进级
32	京能电力	Ⅲ级	Ⅱ级	Ⅱ级	Ⅱ级	改进级
33	华电国际	Ⅲ级	Ⅱ级	Ⅱ级	Ⅱ级	改进级
34	川投能源	Ⅲ级	Ⅱ级	Ⅱ级	Ⅱ级	改进级
35	金山股份	Ⅲ级	Ⅱ级	Ⅱ级	Ⅱ级	改进级
36	广安爱众	Ⅲ级	Ⅱ级	Ⅰ级	Ⅱ级	改进级
37	涪陵电力	Ⅱ级	Ⅰ级	Ⅱ级	Ⅱ级	改进级

图书在版编目(CIP)数据

中国企业绿色发展程度评价：基于能源行业上市公司视角／陈红，龙如银，王宇杰著. --北京：社会科学文献出版社，2020.12

ISBN 978-7-5201-7150-2

Ⅰ.①中… Ⅱ.①陈… ②龙… ③王… Ⅲ.①能源工业-上市公司-绿色经济-研究-中国 Ⅳ.①F279.23

中国版本图书馆 CIP 数据核字（2020）第 159859 号

中国企业绿色发展程度评价

——基于能源行业上市公司视角

著　　者／陈　红　龙如银　王宇杰

出 版 人／王利民
组稿编辑／任文武
责任编辑／赵晶华

出　　版／社会科学文献出版社·城市和绿色发展分社（010）59367143
地址：北京市北三环中路甲 29 号院华龙大厦　邮编：100029
网址：www.ssap.com.cn
发　　行／市场营销中心（010）59367081　59367083
印　　装／三河市龙林印务有限公司

规　　格／开　本：787mm×1092mm　1/16
印　张：15.75　字　数：239 千字
版　　次／2020 年 12 月第 1 版　2020 年 12 月第 1 次印刷
书　　号／ISBN 978-7-5201-7150-2
定　　价／88.00 元

本书如有印装质量问题，请与读者服务中心（010-59367028）联系